Der EU-Verwaltungsvertrag

Titos Markopoulos

Der EU-Verwaltungsvertrag

PETER LANG
Frankfurt am Main · Berlin · Bern · Bruxelles · New York · Oxford · Wien

Bibliografische Information der Deutschen Nationalbibliothek
Die Deutsche Nationalbibliothek verzeichnet diese Publikation in der Deutschen Nationalbibliografie; detaillierte bibliografische Daten sind im Internet über http://dnb.d-nb.de abrufbar.

Gedruckt auf alterungsbeständigem, säurefreiem Papier.

ISBN 978-3-631-61790-8

www.peterlang.de

Dimitrios in Dankbarkeit gewidmet

«Χρώμεθα γάρ πολιτεία οὐ ζηλούσῃ τοὺς τῶν πέλας νόμους, παράδειγμα δὲ μᾶλλον αὐτοί ὄντες τισίν ἤ μιμούμενοι ἑτέρους. Καὶ ὄνομα μὲν διὰ τὸ μὴ ἐς ὀλίγους ἀλλ΄ ἐς πλείονας οἰκεῖν δημοκρατία κέκληται.»

„Wir leben nämlich in einer politischen Ordnung, die nicht die Gesetze anderer nachäfft; vielmehr dienen wir selber eher als Vorbild, als dass wir andere nachahmen. Man nennt sie Demokratie, weil die Macht nicht in den Händen weniger, sondern in den Händen der Mehrheit der Bürger ruht.“

Thukydides, Geschichte des Peloponnesischen Krieges, II, 37

Vorwort

Das vorliegende Buch befaßt sich mit einer unterbelichteten Rechtshandlungsform der Europäischen Union von enormer Bedeutung für die Rechtslehre und die Rechtspraxis.

Mehr als alle anderen möchte ich mich an dieser Stelle bei meinen Eltern bedanken, die in dieser äußerst schwierigen Zeit für mich die Veröffentlichung meines Manuskripts veranlaßten.

Für die wertvolle Unterstützung und ideelle Förderung möchte ich ganz besonders meinem verehrten Lehrer Professor Dr. Peter Christian Müller-Graff (Universität Heidelberg) danken. Ebenfalls möchte ich meinen Lehrern Professor Dr. Wernhard Möschel (Universität Tübingen) und Professor Dr. Rainer Pitschas (Deutsche Hochschule für Verwaltungswissenschaften) danken, die mich stets mit Rat und Tat unterstützt haben.

An dieser Stelle möchte ich auch meinen anderen Lehrern an der Ruprecht-Karls-Universität Heidelberg danken – vor allem Professor Dr. Erik Jayme, Professor Dr. Reinhard Mußgnug, Professor Dr. Winfried Brugge (+), Professor Dr. Görg Haverkate (+), Professor Dr. Winfried Tilmann, Professor Dr. Christian Katzenmeier, Professor Dr. Rudolf Nirk, dass ich so viel bei Ihnen lernen durfte.

Schließlich möchte ich mich auch bei Professor Dr. Claus-Dieter Ehlermann, Dr. Reinfried Fischer und Frau Ursula Hartenstein für die moralische Unterstützung in verschiedenen Abschnitten meines Lebens bedanken.

Das vorliegende Buch ist sowohl an Akademiker als auch an Praktiker gerichtet.

Abkürzungsverzeichnis

a.A.	anderer Ansicht
ABl.	Amtsblatt der Europäischen Gemeinschaften
Abs.	Absatz
AJDA,AJ	L'Actualité Juridique-Droit administratif
Anm.	Anmerkung(en)
AöR	Archiv für öffentliches Recht
Art.	Artikel
Aufl.	Auflage
BayVerwBl.	Bayerische Verwaltungsblätter
Bd.	Band
betr.	betreffend
BGB	Bürgerliches Gesetzbuch
BGBl.	Bundesgesetzblatt
BGH	Bundesgerichtshof
BGHZ	Amtliche Sammlung der Entscheidungen des BGH in Zivilsachen
Bsp.	Beispiel(e)
Bull.EG/EU	Bulletin der EG/EG
BVerfG	Bundesverfassungsgericht
BVerfGE	Amtliche Sammlung der Entscheidungen des BVerfG
BVerwG	Bundesverwaltungsgericht
BVerwGE	Amtliche Sammlung der Entscheidungen des BVerwG
bzw.	beziehungsweise
ca	circa
CdE	Conseil d' Etat (Staatsrat)
CMLR	Common Market Law Review
DA	Droit Administratif (jur. Zeitschrift)
Ders.	derselbe
d.h.	das heißt
Dies.	dieselbe
Dok.	Dokument
DÖV	Die Öffentliche Verwaltung
DV	Die Verwaltung
DVBl.	Deutsches Verwaltungsblatt
EA	Europa-Archiv
EAG	Europäische Atomgemeinschaft (EURATOM)

EAGV	Vertrag über die Gründung der EAG
EEA	Europäische Einheitliche Akte
EG(en)	Europäische Gemeinschaft(en)
EGKS	Europäische Gemeinschaft für Kohle und Stahl
EGKSV	Vertrag über die Gründung der EGKS
EGV	Vertrag zur Gründung der Europäischen Gemeinschaft
EIB	Europäische Investitionsbank
EL	Ergänzungslieferung
ELR	European Law Review
EMRK	Europäische Menschenrechtkonvention
endg.	endgültig
EP	Europäisches Parlament
etc.	et cetera
EU	Europäische Union
EuG	Gericht der Europäischen Union
EuGH	Gerichtshof der Europäischen Union
EuGRZ	Europäische Grundrechte-Zeitschrift
EuR	Europarecht (jur. Zeitschrift)
EUV	Vertrag über die Gründung der Europäischen Union
EuZW	Europäische Zeitschrift für Wirtschaftsrecht
e.V.	eingetragener Verein
EWG	Europäische Wirtschaftsgemeinschaft
EWGV	Vertrag über die Gründung der EWG
EWIV	Europäische Wirtschaftliche Interessenvereinigung
EWR	Europäischer Wirtschaftsraum
EZB	Europäische Zentralbank
f.	folgende
ff.	fortfolgende
Fn	Fußnote
FS	Festschrift
G	Gesetz
GA	Generalanwalt
GD	Generaldirektion
GG	Grundgesetz
ggf.	gegebenfalls
grdlg.	grundlegend
GS	Gedächtnisschrift
G/T/E	von der Groeben/Thiesing/Ehlermann, Kommentar zum EU-/EG-Vertrag

HdB	Handbuch
HdB des EU-WiR	Handbuch des EU-Wirtschaftsrechts
h.M.	herrschende Meinung
Hrsg.	Herausgeber
i.d.F.	in der Fassung
i.d.R.	in der Regel
i.e.S.	im engeren Sinne
IGH	Internationaler Gerichtshof
insb.	insbesondere
IPR	Internationales Privatrecht
i.V.m.	in Verbindung mit
i.w.S.	im weiteren Sinne
JA	Juristen Arbeitsblätter
JÖR	Jahrbuch des öffentlichen Rechts
Jura	Jura/Juristische Ausbildung
JuS	Juristische Schulung
JZ	Juristenzeitung
Kap	Kapitel
KMU	Kleine und Mittlere Unternehmen
KOM	Kommissionsdokument
Komm.	Kommentar
KSE	Kölner Schriften zum Europarecht
LG	Landgericht
lit.	Buchstabe
m.	mit
m.E.	meines Erachtens
MünchKomm	Münchener Kommentar zum Bürgerlichen Gesetzbuch
m.w.N.	mit weiteren Nachweisen
n.F.	neue Fassung
NJW	Neue Juristische Wochenschrift
Nr.	Nummer(n)
NVwZ	Neue Zeitschrift für Verwaltungsrecht
o.	oben
OLG	Oberlandesgericht
p.	page
RabelsZ	Rabels Zeitschrift für ausländisches und internationales Privatrecht

Rec.	Recueil des décisions du Conseil d' Etat statuant aux contentieux, du Tribunal des Conflits et depuis 1954 des jugements des Tribunaux Administratifs
RDP	Revue du droit public
Rn	Randnummer(n)
Rev.trim.droit europ.	Revue trimestrielle de droit europeéen
RL	Richtlinie
RMC	Revue du marché commun
Rs.	Rechtssache
Rspr.	Rechtsprechung
s.	Siehe
S.	Satz, Seite
SGB	Sozialgesetzbuch
Si.	Recueil Sirey; Recueil géneral des lois et des arrêts (mit diesem Namen bis 1964 veröffentlicht. Seit 1965 umgenannt in Dalloz-Sirey)
Slg.	Sammlung
sog.	sogenannter(-e,-es)
st.	ständig
str.	streitig
T.C.	Tribunal des Conflits =französischer Konfliktsgerichtshof
u.	unten, unter
u.a.	unter andere; unter anderem
UAbs.	Unterabsatz
u.a.m.	und andere mehr
UNO	United Nations Organization
USA	United States of America
Usw.	und so weiter
u.U.	unter Umständen
v.	von, vom
VerArch	Verwaltungsarchiv
VG	Verwaltungsgericht
vgl.	vergleiche
VO	Verordnung
VVDStR	Veröffentlichungen der Vereinigung der Deutschen Staatsrechtslehrer
VwGO	Verwaltungsgerichtsordnung
VwVfG	Verwaltungsverfahrensgesetz

WiR	Wirtschaftsrecht
WuW	Wirtschaft und Wettbewerb
ZaöRV	Zeitschrift für ausländisches öffentliches Recht und Völkerrecht
ZHR	Zeitschrift für das gesamte Handelsrecht und Wirtschaftsrecht
ZIP	Zeitschrift für Wirtschaftsrecht
ZPO	Zivilprozeßordnung
ZRvgl.	Zeitschrift für Rechtsvergleichung, internationales Privatrecht und Europarecht
z.T.	zum Teil
ZvglRWiss.	Zeitschrift für vergleichende Rechtswissenschaft
ZZP	Zeitschrif für Zivilprozeß

INHALTSVERZEICHNIS

A. Einführung

I. Umgrenzung und Gang der Untersuchung

Den Anstoß zur Beschäftigung mit dem Thema der Verträge, die die Europäische Union (EU), zumeist vertreten durch die Kommission, vorwiegend mit Unionsbürgern und „Unionsunternehmen“ abschließt, gab dem Verfasser die auffällige Großzahl dieser Verträge, die sich auf Grund der Einführung und Durchführung neuer Unionspolitiken im Laufe der Zeit vermehren. Wesentliche Politiken, wie etwa die Entwicklungshilfe, der Umweltschutz, die Förderung der Wissenschaft, die Forschungs- und Technologiepolitik, die Bildungs- und Kulturpolitik, die Energiepolitik, die Förderung von Investitionen in neue Technologien, die Regionalpolitik u.a. werden zum größten Teil mit Hilfe der Rechtshandlung „Vertrag“ verwirklicht[1]. Dazu kommt der Bereich des Beschaffungswesens[2]. Der EU-Haushalt sieht für das Jahr 2011 für Grundstücksinvestitionen, Miete von Gebäuden und deren Nebenkosten, für die Beschaffung von beweglichen Sachen und deren Nebenkosten, für laufende Sachausgaben für den Dienstbetrieb, für Telekommunikation und EDV-Infrastruktur sowie für die Bedürfnisse von Sitzungen und Einberufungen - nur zugunsten der Kommission - Ausgaben in Höhe von mehreren Milliarden Euro[3]. Für die Verträge im Rahmen der Forschungs- und Technologiepolitik sind Ausgaben von 8,6 Mrd. Euro vorgesehen[4].

Thema dieser Untersuchung ist die Zulässigkeit, die Merkmale, der Inhalt und die Ausführung des öffentlich-rechtlichen Verwaltungsvertrages in der EU-Rechtsordnung. Dennoch wird sich diese Untersuchung nicht auf beide Unionsverträge (EUV und AEUV) erstrecken, sondern sie wird sich vorwiegend und hauptsächlich auf den Vertrag über die Arbeitsweise der Europäischen Union (AEUV)[5] konzentrieren. Eine gründliche Untersuchung der Zulässigkeit und der Stellung des Verwaltungsvertrages im EUV war im Rahmen dieser Arbeit nicht erwünscht, nicht zuletzt weil vorwiegend andere Rechtshandlungen zur Ver-

---

1 s. bereits J. Grunwald, EuR 1984, S. 227, 228; vgl. T. v. Danwitz, Europäisches Verwaltungsrecht, S. 375; U. Stelkens, EuZW 2005, S. 299

2 vgl. W. Frenz, Handbuch des Europarecht, Band 5, S. 505 f.

3 Gesamthaushalt von 141,9 Milliarden Euro, s. Kommission, Gesamthaushaltsplan der Europäischen Union für das Haushaltsjahr 2011

4 s. Kommission, Gesamthaushaltsplan der Europäischen Union 2011

5 in der Fassung des Vertrages von Lissabon vom 13.12.2007, (ABl. Nr. C 306 S. 1, ber. ABl. 2008 Nr. C 111 S. 56 und ABl. 2009 Nr. C 290 S. 1)

wirklichung der speziell dort aufgeführten Politiken und Ziele eingesetzt werden.

Obwohl eines der Ziele diese Untersuchung es ist, die Zulässigkeit des öffentlich-rechtlichen Verwaltungsvertrages im EU-Recht zu untersuchen – im Sinne der Suche und Auffindung einer Rechtsgrundlage im EU-Recht – war es zuvor notwendig, den Terminus „öffentlich-rechtlicher Verwaltungsvertrag im EU-Recht" zu definieren und seine Merkmale herauszustellen. Das könnte auf den ersten Blick paradox erscheinen, denn der Versuch der Formulierung der Definition und der besonderen Merkmale einer bestimmten Rechtshandlung nur dann der Mühe Wert ist, wenn diese Rechtshandlung ja eingesetzt werden darf[6]. Dennoch ist es auch nicht logisch über die Zulässigkeit einer Rechtshandlung zu sprechen, über deren Bedeutung und Merkmale noch keine klare Vorstellung gewonnen worden ist. Aus diesem Grunde wurde im Rahmen dieser Untersuchung die Erläuterung des Begriffes „öffentlich-rechtlicher Verwaltungsvertrag im EU-Recht", die Untersuchung seiner Formen, seiner Merkmale und seines Inhalts der Suche einer Rechtsgrundlage für diese Rechtshandlung vorangestellt.

In dieser Untersuchung wird deutlich, daß die Erläuterung des Terminus „öffentlich-rechtlicher Verwaltungsvertrag im EU-Recht" sehr kompliziert ist, zumal das gesetzte EU-Recht nicht genügende und vor allem klare Anhaltspunkte bereithält, die uns eventuell zu einer unproblematischen Erfassung des Begriffsgehalts dieses Terminus verhelfen könnten[7]. Daher ist der Rückgriff auf die Erkenntnisquellen des ungeschriebenen Unionsrechts geboten, was wiederum eine Untersuchung der mitgliedstaatlichen Rechtsordnungen zur Auffindung eventuell bestehender gemeinsamer Rechtsprinzipien in Bezug auf die zu definierende Rechtshandlung bedingt. Der Rückgriff auf die Erkenntnis-quellen des ungeschriebenen Unionsrechts kann nicht, wie nachfolgend[8] gezeigt wird, zu einem befriedigenden Ergebnis führen. Immerhin zeigt die Rechtsprechung bestimmte Tendenzen zur einen oder anderen Version der in Frage stehenden Rechtshandlung in den verschiedenen Mitgliedstaaten, die aber nicht immer eindeutig sind. Die Rechtspraxis der Kommission vermittelt im Gegenteil ein deutlicheres Bild über das abzuzeichnende Verständnis dieses EU-Organs über die Rechtshandlung „EU-Verwaltungsvertrag", auch wenn sie die in Betracht kommenden Verträge nicht ausdrücklich als öffentlich-rechtliche Verwaltungsverträge bezeichnet[9]. Dennoch ist es nicht Gegenstand dieser Untersuchung, den öffentlich-rechtlichen EU-Verwaltungsvertrag genau zu definieren. Da sich die

6 vgl. die Fragestellung bei T. v. Danwitz, Europäisches Verwaltungsrecht, S. 375 m.w.N.
7 vgl. W. Frenz, Handbuch des Europarechts, S. 505
8 s. unten
9 s. unten

Rechtslehre bislang mit diesem Thema nicht eingehend beschäftigt hat[10], konnte sich diese Arbeit auch nicht auf eine umfangreiche Literatur zu diesem Thema stützen. Im Rahmen dieser Untersuchung konnte dem Begriff des EU-Verwaltungsvertrages nur subsidiär Achtung geschenkt werden, um dem Leser einen Einblick in die bestehende Problematik des Anwendungsbereichs und der Merkmale des EU-Verwaltungsvertrages zu verschaffen.

Im rechtsvergleichenden Teil der Untersuchung wird im Rahmen des Versuchs zur Auffindung allgemeiner Rechtsgrundsätze des Unionsrechts in Bezug auf die Merkmale des öffentlich-rechtlichen Verwaltungsvertrages die Rechtslage in zwei mitgliedstaatlichen Rechtsordnungen geschildert[11]. Das sind die deutsche und die französische Rechtsordnung. Der öffentlich-rechtliche Verwaltungsvertrag ist unter anderem in den belgischen, griechischen, portugiesischen, spanischen, italienischen, niederländischen, österreichischen und dänischen Rechtsordnungen bekannt[12]. Der öffentlich-rechtliche Verwaltungsvertrag ist als solcher in den britischen und irischen Rechtsordnungen nicht bekannt[13]. Die Rechtslage in der schwedischen, finnischen, luxemburgischen Rechtsordnung und in den neuen zentral- und osteuropäischen Mitgliedstaaten wurde nicht untersucht. Da diese Arbeit nicht uferlos werden dürfte und das belgische, griechische, portugiesische, spanische aber auch das manche erheblichere Besonderheiten und Abweichungen aufweisende italienische und niederländische Recht im Prinzip dem französischen System folgen[14], während sich das österreichische Recht dem deutschen Recht ähnelt[15], wurden die deutsche und die fran-

---

10 Ausnahmen: A. Bleckmann, der die deutsche Definition auf das Gemeinschaftsrecht überträgt; alle deutschsprachigen Autoren haben die Ansicht Bleckmanns angenommen. W. Spannowsky äußert Bedenkten insoweit, als ihm diese Lösung als einseitig „deutsch" scheint, s. unten

11 zur Notwendigkeit der Selektion U. Stelkens, EuZW 2005, S. 300

12 s. A. Bleckmann, Zur Dogmatik des Allgemeinen Verwaltungsrechts I, S. 329-331; s. jedoch für neuere Entwicklugen in der britischen Rechtslehre über die Notwendigkeit der Unterscheidung zwischen öffentlich-rechtlichen und privaten Verwaltungsverträgen, A. Davies, The Public Law of Government Contracts

13 vgl. A. Bleckmann, Zur Dogmatik, S. 329; M. Bullinger, Vertrag und Verwaltungsakt, s. 118-121; s. Craig, Administrative Law, S. 604 f., der seinen „Neid" auf die französischen Verwaltungsverträge ausdrückt: „The flexibility provided by the French Remedies is to be envied. Recognising the specialised nature of the problem, specialised solutions have been found. English law, by way of contrast, is woefully inadequate in this respect." „However where action taken by a public authority does not affect people generally, then a remedy akin to fait du prince would be most welcome."

14 s. A. Bleckmann, Zur Dogmatik des Allgemeinen Verwaltungsrechts I, S. 331

15 vgl. A. Bleckmann, Zur Dogmatik des Allgemeinen Verwaltungsrechts, S. 329

zösische als die zwei repräsentativsten Rechtsordnungen für die Zwecke der Rechtsvergleichung ausgewählt. Auf Grund der Notwendigkeit, den Umfang der Arbeit einzuschränken, wird sich die Darlegung der Merkmale des öffentlichrechtlichen Verwaltungsvertrags sowohl in der deutschen als auch in der französischen Fassung auf die für den EU-Verwaltungsvertrag erheblichen Aspekte beschränken. Aus diesem Grund wird sich die Erläuterung ausgewählter Merkmale des Verwaltungsvertrags in Deutschland mit den korrespondierenden Merkmalen des Verwaltungsvertrages in Frankreich nicht überschneiden.

Gegenstand dieser Untersuchung ist nur der EU-Verwaltungsvertrag zwischen einem EU-Organ und einer natürlichen oder juristischen Person des mitgliedstaatlichen Privatrechts und nicht zwischen einem EU-Organ und einer juristischen Person des mitgliedstaatlichen öffentlichen Rechts[16].

16 sogenannte Kooperationsverträge nach deutscher Rechtsterminologie

B. Der Begriff EU-Verwaltungsvertrag

I. Abwesenheit hinreichender Anhaltspunkte im AEUV

Der AEUV enthält keine vollständige Definition des öffentlich-rechtlichen und/oder des privatrechtlichen Vertrages. Nur in einem Artikel des AEUV werden die Termini öffentlich-rechtlicher und privatrechtlicher Vertrag erwähnt. Das ist Artikel 272 AEUV. Diesem Artikel ist zwar ein Merkmal dieser Verträge zu entnehmen. Er bestimmt wer nämlich der eine Vertragspartner bzw. das Rechtssubjekt ist, für das durch diesen Vertrag Rechte und Pflichten begründet werden können, bzw. das mittels des Vertrags Rechte erwerben und Verpflichtungen eingehen kann: Das ist die Europäische Union. Es kann also festgehalten werden, daß Art. 272 AEUV der Europäischen Union die Eigenschaft der Vertragspartei zuweist[17].

Die Aussagekraft des Art. 272 AEUV ist jedoch klein, denn die Definitionsmerkmale der in ihm enthaltenen Begriffe sind noch immer unbestimmbar. Die Verwendung der Attribute „öffentlich-rechtlich" und „privatrechtlich" deuten zwar auf den Zusammenhang der Verträge mit dem öffentlichen Recht und dem Privatrecht, daraus kann jedoch nicht erschlossen werden, was man unter öffentlich-rechtlich und privatrechtlich in der EU-Rechtsordnung versteht, die nicht identisch mit denjenigen Rechtsordnungen ist, von denen die Begriffe „öffentlich-rechtlich" und „privatrechtlich" abstammen[18]. Es ist auch nicht sichtbar, worin der Unterschied zwischen öffentlich-rechtlichem und privatrechtlichem Vertrag besteht. Vielmehr ist es unklar, woran die öffentlich-rechtliche bzw. die privatrechtliche Natur der Verträge zu erkennen sind. Ist sie am Gegenstand und am Anwendungsbereich dieser Verträge (so nach deutschem Verständnis), an der unterschiedlichen Ausgestaltung der zwei Vertragstypen (so nach der französischem Rechtsprechung und Lehre)[19] oder an anderen Merkmalen zu erkennen?

Aus alledem ergibt sich, daß das EU-Primärrecht keine vollständige und klare Definition des öffentlich-rechtlichen und des privatrechtlichen Vertrages liefert. Es muß daher untersucht werden, ob das Unionsrecht die in ihm enthal-

---

17 dazu s. näheres unten über die Zulässigkeit des öffentlich-rechtlichen und privatrechtlichen EU-Verwaltungsvertrags

18 s. dazu unten; vgl. eingehend Frenz, Handbuch Europarecht, Band 5, S. 23 ff.

19 s. dazu unten

tenen „leeren“ Begriffe mit einem spezifischen Rechtsgehalt zu füllen vermag. Diese Frage ist positiv zu beantworten: Das EU-Recht weiß durch Rückgriff auf die sogenannten allgemeinen Rechtsgrundsätze neue Rechtsnormen und -begriffe zu erschließen[20]. Seitens des Schrifttums wurde tatsächlich auf die theoretische Möglichkeit hingewiesen, auf der Grundlage eines Vergleichs der nationalen Rechtsordnungen nach dem Vorbild der Entwicklung allgemeiner Rechtsgrundsätze des Europäischen Unionsrechts gemeinsame Kriterien für den öffentlich-rechtlichen Verwaltungsvertrag im Recht der Europäischen Union herauszuarbeiten[21].

II. Rückgriff auf die Erkenntnisquellen des ungeschriebenen EU-Rechts

Bevor die Notwendigkeit des Rückgriffs auf die allgemeinen Rechtsgrundsätze endgültig bejaht werden kann, muß geprüft werden, ob Art. 272 AEUV so gedeutet werden kann, als enthielte er einen Verweis auf die nationalen Rechtsordnungen, wobei der Inhalt des Rechtsbegriffs öffentlich-rechtlicher bzw. privatrechtlicher Vertrag nach mitgliedstaatlichen Vorstellungen und Bedürfnissen zu bestimmen sei[22]. Eine solche Auslegung wäre ausdrücklich abzulehnen. Artikel 272 AEUV eröffnet der Europäischen Union die Möglichkeit[23], vertragliche Beziehungen einzugehen. Diese Verträge werden vorwiegend mit Unionsbürgern aus allen Mitgliedstaaten geschlossen[24].

Der Begriff privatrechtlicher Vertrag bereitet keine Probleme, da er in allen Mitgliedstaaten dieselbe Bedeutung hat. Der Begriff privatrechtlicher Vertrag und der Begriff Vertrag könnten als identisch betrachtet werden, wenn es nicht zur Entwicklung des öffentlich–rechtlichen Vertrages gekommen wäre. Die Hinzufügung des Attributs privatrechtlich hat erst an Bedeutung gewonnen, nachdem der einheitliche Oberbegriff „Vertrag“ durch die Schöpfung der neuen Unterart öffentlich-rechtlicher Vertrag „gespalten“ wurde. Daß auf den Privat-

---

20 insbesondere nach der sogenannten wertenden Rechtsvergleichungsmethode, s. im nächsten Kapitel; s. eingehend T. v. Danwitz, Europäisches Verwaltungsrecht, S. 168 ff.

21 s. A. Bleckmann, NJW 1978, S. 465; vgl. W. Spannowsky, Grenzen des Verwaltungshandelns durch Verträge und Absprachen, S. 496; vgl. Schlußanträge Generalanwältin Kokott, Rs. Kommission/AMI Semiconductor Belgium u. a., C-294/02, Slg. 2005, I-2175, I-2178, Nr. 57

22 vgl. zur Verweisung auf mitgliedstaatliche Rechtsordnungen, L.-J. Constantinesco, Das institutionelle Recht, Rn. 720, S. 810

23 Einzelheiten zur Begründung der Zulässigkeit der EU-Verwaltungsverträge und der Verträge der Gemeinschaft, die dem mitgliedstaatlichen Privatrecht unterliegen s. unten

24 s. zu der anderen Vertragspartei der Verträge gem. Art. 272 AEUV unten

rechtsvertrag in jedem Mitgliedstaat nicht gleich lautende Rechtsnormen – mit, in vielen Fällen, unterschiedlichem normativem Gehalt – anwendbar sind, ändert nichts an der grundsätzlichen Übereinstimmung der einzelstaatlichen Rechtsbegriffe des „privatrechtlichen Vertrags". Problematisch ist immerhin die divergierende Auslegung des Begriffes öffentlich–rechtlicher Vertrag, zumal keine einhellige Rechtsauffassung über diesen Begriff in den Mitgliedstaaten herrscht[25]. Dazu kommt, daß manche Mitgliedstaaten diese Rechtshandlung nicht kennen und sogar nicht zulassen[26]. Diese Divergenz kann sich als Hindernis für die Einheitlichkeit der EU-Rechtsordnung[27] und insbesondere seine Durchführung erweisen, da der öffentlich–rechtliche EU-Verwaltungsvertrag als Handlungsform des direkten externen Vollzugs von den EU-Organen in Anspruch genommen wird, worauf später einzugehen ist[28].

Der EuGH hat selbst für in EU-Normen enthaltene Rechtsbegriffe, wie z.B. „öffentliche Ordnung und Sicherheit oder Gesundheit" (s. z.B. Art. 52 AEUV), die nach seiner früheren Rechtsauffassung „Verweisungen auf die einzelstaatlichen Rechtsordnungen" enthielten[29] und grundsätzlich nicht von den EU-Organen, sondern von den Mitgliedstaaten ausgelegt werden mussten, judiziert, daß diese Begriffe nach unionsrechtlichem Verständnis ausgelegt werden müssen[30]. Der EuGH hat die Auslegung durch „Verweisung" mit dem Hinweis verworfen, daß die Begriffe des Europäischen Unionsrechts autonom sind[31].

---

25 dazu s. unten

26 z.B. Großbritannien, obwohl neue Stimmen in der Rechtslehre für die Eigenartigkeit öffentliche-rechtlicher Verwaltungsverträge plädieren, s. z.B. A. Davies, 'English Law's Treatment of Government Contracts: The Problem of Wider Public Interests' in J.-B. Auby and M. Freedland (eds), The Public Law/Private Law Divide: une entente assez cordiale?, Hart Publishing, London 2006

27 s. auch J.-L. Constantinesco, Das institutionelle Recht, Rn. 720, S. 810

28 dazu s. unten; vgl. Szczekalla, in Terhechte (Hrsg.), Verwaltungsrecht der Europäischen Union, S. 182 ff. 185

29 vgl. J.-L. Constantinesco, Das institutionelle Recht, Rn. 720, S. 811 und A. Bleckmann/S.-U. Pieper, in: M. Dauses (Hrsg.), HdB des EU-WiR, Bd. 1, B I, Rn. 55

30 vgl. die Entwicklung, die mit dem Urteil EuGH van Duyn, Rs. 41/1974, Slg. 1974, S. 1337 angefangen hat; Fortsetzung der Entwicklung mit den Urteilen: EuGH Rutili, Rs. 36/1975, Slg. 1975, S. 1219 ff.; EuGH Royer, Rs. 48/1975, Slg. 1976, S. 497 ff.; zur autonomen Definition der Begriffe öffentliche Sicherheit und Ordnung- EuGH Slg. 1982, S. 1665; zur autonomen Definition des Begriffes öffentliche Verwaltung- EuGH Slg. 1980, S. 3881 ff. (3900), EuGH Slg. 1982, S. 1845 ff. (1851); zur autonomen Definition des Begriffes „Arbeitnehmer" bereits EuGH Unger, Rs 75/1963, Slg 1964, S. 383; EuGH Hagen, Rs. 49/1971, Slg. 1972, S. 23

31 vgl. A. Bleckmann/S.-U. Pieper, in: Dauses (Hrsg.), HdB des EU-WiR, Bd. I, Rn. 55

Es muß besonders betont werden, daß diese unionsrechtlichen Begriffe grundsätzlich von den Mitgliedstaaten ausgelegt werden müssen, weil sie sich in Rechtsnormen befinden, die sich an sie und eventuell noch an die Unionsbürger richten. Sie befinden sich nämlich entweder in Rechtsnormen des Primärrechts, die vom EuGH für direkt anwendbar erklärt worden sind, oder in Rechtsetzungsakten (Verordnungen und Richtlinien) enthalten sind, die sich an die Organe des indirekten unmittelbaren Vollzugs, d.h. die mitgliedstaatlichen Verwaltungen, oder aber an die Organe des indirekten mittelbaren Vollzugs des EU-Rechts, d.h. die mitgliedstaatlichen Gesetzgeber und Verwaltungen, richten[32].

Wenn aber solche Begriffe nach EU-rechtlichen Gesichtspunkten ausgelegt werden müssen, umso mehr müssen diejenigen Begriffe EU-autonomen Inhalt haben, die sich in Rechtsnormen befinden, die das Tätigwerden der Europäischen Union und ihrer Organe selbst betreffen (so z.B. Art. 272 AEUV). Der öffentlich-rechtliche Vertrag ist eine Handlungsform der EU-Organe, mit deren Hilfe sie unionsrechtliche Ziele verfolgen[33]. Er muß genauso, wie die anderen verbindlichen Handlungsformen des Art. 288 AEUV (Verordnung, Richtlinie, Beschluß) nach einheitlichem unionsrechtlichem Verständnis in Anspruch genommen werden. Da der Begriff öffentlich–rechtlicher Verwaltungsvertrag nur im Rahmen der Rechtsetzungstätigkeit der EU-Organe und des direkten Vollzugs des Rechts der Europäischen Union relevant sein kann, ist es nicht möglich, ihn nach einzelstaatlichen Gesichtspunkten zu interpretieren[34].

Aus alle dem geht hervor, daß der AEUV durch Verwendung der Begriffe „öffentlich-rechtlicher“ und „privatrechtlicher Vertrag“ nicht auf die einzelstaatlichen Rechtsordnungen verweist[35]. Es liegt hier der Fall der sogenannten Rezeption[36] vor. Der AEUV hat in Artikel 272 eine mitgliedstaatliche „Rechtsfigur“[37] und zugleich einen Rechtsbegriff übernommen. Die Rezeption ist aber nicht ein Vorgang des bloßen Kopierens von einzelstaatlichen Rechtsinstituten und Rechtsbegriffen. Im Falle der Rezeption werden die jeweiligen Rechtsnormen und Rechtsbegriffe in ihrem Kern unionsrechtlich umgestaltet. Durch diese Umgestaltung werden sie mit der Normen- und Begriffswelt des Unionsrechts in Einklang gebracht und erhalten dieselbe Bedeutung und Rechtswirkung in der

32 zu diesen Differenzierungen und deren Bedeutung s. unten

33 s. dazu unten

34 s. auch Begründung unten

35 es wird noch nicht untersucht, ob auf die nach EU-rechtlichen Kriterien zu begreifenden „privatrechtlichen“ und „öffentlich-rechltlichen Verträge“ das einzelstaatliche Recht angewandt werden darf. Das ist eine andere Frage, die nachfolgend beantwortet wird

36 s. J.-L. Constantinesco, Das institutionelle Recht, Rn. 720, S. 810

37 Ausdruck von J.-L. Constantinesco, der hier paßt, s. vorige Fn.

ganzen EU[38]. Der Vorgang der Rezeption zieht als Arbeitsmethode insbesondere die Rechtsvergleichung zur Entdeckung der allgemeinen Rechtsgrundsätze heran, die den Mitgliedstaaten gemeinsam sind[39].

Die Bezeichnung Rückgriff auf die allgemeinen Rechtsgrundsätze, die allen Mitgliedstaaten gemeinsam sind, ist aber in Bezug auf die Rechtsbegriffe nicht konturenscharf. Im Hinblick auf Rechtsbegriffe, wäre die Bezeichnung Rechtsvergleichung zur Auffindung gemeinsamer Merkmale von Begriffen des EU-Rechts zutreffender. Dennoch sind die Methoden in beiden Fällen identisch, so daß man sich mit der überlieferten und verbreiteten Bezeichnung Rückgriff auf die allgemeinen Rechtsgrundsätze begnügen kann.

1. Voraussetzungen des Rückgriffs auf allgemeine Rechtsgrundsätze

Um die Notwendigkeit des Rückgriffs auf die allgemeinen Rechtsgrundsätze durch Rechtsvergleichung bejahen zu können, müssen gewisse Voraussetzungen erfüllt sein. Die erste Voraussetzung ist, daß das EU-Recht eine Rechtsfrage nicht abschließend geregelt haben muß[40]. Es muß also eine wesentliche Lücke[41] im gesetzten Recht bestehen, das seine Rechtswirkungen auf Grund dieser Lücke nicht vollständig und effektiv entfalten kann, es sei denn der Rechtsanwender greift auf einen allgemeinen Rechtsgrundsatz zurück[42]. Die zweite Voraussetzung ist, daß durch den Rückgriff auf allgemeine Rechtsgrundsätze der Anwendungsbereich des AEUV, der sich mit dem Zuständigkeitsbereich der EU-Organe deckt, nicht überschritten wird[43]. Diese Voraussetzung wird vom Prinzip der begrenzten Ermächtigung und den anderen Kompetenzabgrenzungs- aber auch Kompetenzerweiterungsprinzipien des EU-Rechts diktiert[44]. Die dritte Voraussetzung ist, daß ein solcher Grundsatz in den mitgliedstaatlichen Rechtsord-

---

38 vgl. J.-L. Constantinesco, Das institutionelle Recht, S. 812

39 vgl. S. Jacoby, Allgemeine Rechtsgrundsätze, S. 212 und dort Verweise unter Fn. 11, 12; vgl. T. v. Danwitz, Europäisches Verwaltungsrecht, S. 210 ff.

40 s. M. Herdegen, S. 38; A. Bleckmann/S.-U. Pieper, in: M. Dauses (Hrsg.), HdB des EU-WiR, Bd. I, Rn. 71

41 M. Schweitzer/W. Hummer, Europarecht, Rn. 15

42 T. Oppermann, Europarecht, Rn. 483; L.-J. Constantinesco, Das institutionelle Recht, S. 813

43 A. Bleckmann/S.-U. Pieper,in: Dauses (Hrsg.), HdB des EU-WiR, Bd. I, Rn. 71

44 zu diesen Prinzipien s. Einzelheiten unten; vgl.. I. Härtel, Europäische Rechtsetzung, S. 55 ff

nungen tatsächlich „gefunden“ - und nicht etwa „erfunden“ - wird[45]. Ob und inwiefern der gefundene Grundsatz bzw. eine Norm den Mitgliedstaaten gemeinsam sein muß[46], ist getrennt zu untersuchen.

2. Methode der Auffindung allgemeiner Rechtsgrundsätze

Die einzige Methode, die für die Auffindung der allgemeinen Rechtsgrundsätze, die den Mitgliedstaaten gemeinsam sind, geeignet ist, ist die systematische Rechtsvergleichung[47].

Die Rechtsgrundsätze, die der EuGH als allgemeine Rechtsgrundsätze der Mitgliedstaaten qualifiziert und anwendet, sind von ihm nicht systematisch rechtsvergleichend erforscht worden[48]. Sie bleiben auf der Ebene der allgemeinen Behauptungen oder Feststellungen[49] und lassen sich weder als Übernahme der Rechtsnormen, Rechtsbegriffe oder Rechtsgrundsätze eines bestimmten Mitgliedstaates noch als eine vom EuGH vorgenommene Verschmelzung verschiedener mitgliedstaatlicher Grundsätze, Rechtsnormen usf. bezeichnen[50]. Daher ist es fast niemals klar, wie der EuGH zu der Schlußfolgerung gekommen ist, daß ein Rechtsgrundsatz, ein gemeinsamer, allgemeiner Rechtsgrundsatz ist[51]. Ferner stellen die Darlegungen des EuGH zu den Methoden meistens obiter dicta dar. Der EuGH bleibt seinen früheren Methoden und Befunden in seiner späteren Rechtsprechung nicht treu[52]. Das hat L.-J. Constantinesco veranlaßt, zu schreiben: „Für den EuGH ist die Rechtsvergleichung eine empirische Technik, die er sporadisch und unvollkommen anwendet“[53]. Diese Haltung des EuGH

---

45 T. Oppermann, Europarecht, Rn. 483; L.-J. Constantinesco, Das institutionelle Recht, S. 813

46 A. Bleckmann/S.-U. Pieper,in M. Dauses (Hrsg.), Bd. I, Rn. 71; M. Herdegen, Die Haftung der EWG, S. 38 in Bezug auf ex Art. 288 EGV

47 L.-J. Constantinesco, Das institutionelle Recht, S. 816

48 manche Ausnahmen: Schlußanträge GA Lagrange und Urteil EuGH Algera, verb. Rs. 7/56 und 3/57, Slg. 1957, S. 83; Rs. 13/57, Slg. 1958, S. 271 (363)

49 z.B. „nach einem allgemeinen anerkannten Rechtsgrundsatz“, „der Gerichtshof hält es nicht für ausgeschlossen“, „Ausdruck eines allgemeinen Rechtsgrundsatzes“ usw. – s. L.-J. Constantinesco, Das institutionelle Recht, S. 816

50 L.-J. Constantinesco, Das institutionelle Recht, S. 817

51 H. Lecheler, Der Gerichtshof und die allgemeinen Rechtsgrundsätze, S. 188

52 A. Bleckmann/S.-U. Pieper, in: M. Dauses (Hrsg.), HdB des EU-WiR, Bd. I, Rn. 1

53 L.-J. Constantinesco, Das institutionelle Recht, S. 817; s. auch den Verweis auf Zieger, der schrieb: „Die generalisierende Bezugnahme auf einzelne national übereinstimmende

wird von einem Teil des Schrifttums darauf zurückgeführt, daß die wenigen methodischen Hinweise (wenn sie überhaupt vorhanden sind) meist von den Generalanwälten herkommen[54], weil der Konsens der Richter sich häufig auf bestimmte wünschenswerte Ergebnisse konzentriert. Aus diesen Feststellungen des Schrifttums folgt, daß sich der EuGH noch nicht mit der Frage beschäftigt hat, wie viele übereinstimmende mitgliedstaatliche Rechtsgrundsätze, Rechtsnormen, Rechtsbegriffe usf. aufgefunden werden müssen und wie deren Gemeinsamkeiten zu erfassen sind[55]. Es muß daher festgehalten werden, daß der Gerichtshof nicht davon ausgeht, daß die allgemeinen Rechtsgrundsätze allen Mitgliedstaaten gemeinsam sein müssen[56].

3. Die wertende Rechtsvergleichung

Der EuGH und die Lehre scheinen eine andere Rechtsmethode vorzuziehen, die zur Gewinnung von allgemeinen Rechtsgrundsätzen des EU-Rechts führen kann, die nicht zwangsläufig allen Mitgliedstaaten gemeinsam sein müssen. Das ist die wertende Rechtsvergleichung[57]. Die Generalanwälte des EuGH haben sich dieser Methode angeschlossen[58], die nach einer Meinung mit der teleologischen Auslegungsmethode verwandt ist[59]. Gemäß dieser Methode wird im Rahmen der Rechtsvergleichung zunächst festgestellt, ob in den verschiedenen Lösungen der Mitgliedstaaten zumindest Ähnlichkeiten oder eine bestimmte Richtung bzw. Tendenz zum Ausdruck kommt, die die Verfolgung desselben

---

Rechtsgrundsätze ohne Darlegung konkreter Rechtsvergleiche zeugt von der souveränen Haltung des Gerichtshofes“

54 vgl. Schlußanträge GA Langrange, EuGH, SNUPAT, SAFE/Hohe Behörde, verb. Rs. 32-33 und 42/1958, Slg. 1959, S. 325 (332); Schlußanträge GA Roemer, EuGH Hamborner Bergbau u.a./Hohe Behörde, Rs. 41 u. 50/1959, Slg. 1960, S. 1069 (1085); Schlußanträge GA Reischl, EuGH Conradsen/Ministerium für das Steuerwesen, Rs. 161/1978, Slg. 1979, S: 2248

55 so auch L.-J. Constantinesco, Das institutionelle Recht, S. 817

56 vgl. die ähnliche Lage im Völkerrecht: A. Bleckmann, Europarecht, Rn 573-574 und K.-M. Meessen, Zur Theorie allgemeiner Rechtsgrundsätze des internationalen Rechts, JIR (1974), S. 283 ff

57 diese Methode wurde zunächst von Zweigert und Wengler vorgeschlagen – s. Heldrich, EuR 1967, S. 344 (346)

58 vgl. Schlußanträge GA Gand in EuGH Kampffmeyer u.a. /Kommission, verb. Rs. 5,7, 13-24/1966, Slg. 1967, S. 361 (367); Schlußanträge GA Roemer in EuGH Zuckerfabrik Schöppenstedt/Rat, Rs. 5/1971, Slg. 1971, S. 987 (990); Schlußanträge GA Warner in EuGH van de Roy/Kommission, Rs. 92/1975, Slg. 1976, S. 352

59 vgl. L.-J. Constantinesco, Das institutionelle Recht, S. 817; W. Frenz, Handbuch des Europarechts, Band 5, S. 138 ff., 141 ff.

Rechtszwecks indizieren[60]. Der EuGH darf dann die „beste" Lösung übernehmen, die auch eine Kombination der einzelnen mitgliedstaatlichen Lösungen darstellen kann. Bei der Festlegung der Maßstäbe, an denen sich die „beste" Lösung zu orientieren hat und bei der Frage, nach welchen Kriterien eine Kombination bzw. eine Verschmelzung von mitgliedstaatlichen Lösungen vorgenommen werden kann, hat sich die Literatur eindeutig gegen die Theorie des kleinsten gemeinsamen Nenners bzw. gegen das Festhalten am gemeinsamen Minimum der mitgliedstaatlichen Regelungen positioniert[61]. Bei der Auffindung allgemeiner Rechtsgrundsätze hat der EuGH weder von einem Maximalstandard[62] noch von dem „kleinsten gemeinsamen Nenner" auszugehen, sondern er muß den für die EU am meisten geeigneten Standard herleiten, d.h. diejenige Lösung vorziehen, die in die Rechtsordnung der EU am besten integriert werden kann[63]. Er muß nach dem „Optimum" suchen[64]. Der EuGH orientiert sich allerdings in Bezug auf Grundrechte zumeist am Maximalstandard[65], was sehr lobenswert ist.

Im Falle, in dem die mitgliedstaatlichen Lösungen zu völlig divergierenden Ergebnissen führen, die sich sogar widersprechen, muß untersucht werden, welche der mitgliedstaatlichen Lösungen mit dem Unionsrecht kompatibel ist[66]. Es ist möglich, daß das Unionsrecht einer mitgliedstaatlichen oder einem Teil der sich übereinstimmenden mitgliedstaatlichen Lösungen näher steht, weil es selbst Indizien enthält, die für die Vorteilhaftigkeit dieser bestimmten Lösung sprechen. In diesem Fall enthält eigentlich das Unionsrecht bereits die Lösung,

---

60 vgl. P.-C. Müller-Graff, NJW 1993, S. 19 in Bezug auf die Entwicklung von Regeln des EU-Privatrechts

61 vgl. auch T. Oppermann, Europarecht, Rn. 483; H.-P. Ipsen, Gemeinschaftsrecht, § 5, Rn. 20; M. Schweitzer / W. Hummer, Europarecht, S. 50; A. Bleckmann/ U. Pieper, in; M. Dauses (Hrsg.), HdB des EU-WiR, Rn 68, 69; I. Pernice, in Grabitz/Hilf, EU-Komm, Art. 220 EGV

62 s. EuGH Hauer, Rs. 44/74, Slg. 1979, S. 491 ff.

63 vgl. P.-C. Müller-Graff, NJW 1993, S. 19 in Bezug auf die Rechtsetzung von EU-privatrechtlichen Normen

64 s. M. Hilf, Der Gerichtshof der EG als Integrationsfaktor, S. 32; E. Klein, Die materielle Bedeutung der EMRK für das EG- Recht, in: Grundrechtsschutz in Europa, Berlin 1977, S. 133 ff; K.M. Meessen, Zur Theorie allgemeiner Rechtsgrundsätze des internationalen Rechts, JIR (1974), S. 283 ff.

65 P. Pescatore, Referat in: Grundrechtsschutz in Europa, Berlin 1977, S. 64 ff., (68 f.)

66 T. Opperman, Europarecht, Rn. 483, mit Anführung eines Beispieles aus der Rechtsprechung des EuGH in der Rs 120/73: Findung der Zweitmonatsfrist für Stellungnahmen der Kommission in Beihilfesachen als Ausdruck des Rechtsstaatsprinzips

nur wird ihre Zweckmäßigkeit vom Recht eines Teils der Mitgliedstaaten oder sogar eines Mitgliedstaates bestätigt[67].

Die vom EuGH meistens pauschal durchgeführte und daher unvollständige Rechtsvergleichung zur Auffindung gemeinsamer allgemeiner Rechtsgrundsätze dient dazu, eine Art „Reserve von Lösungen zu ermitteln", unter denen der EuGH diejenige auswählt, die zum Unionsrecht am besten paßt. Dabei sucht sich der EuGH unter teleologischem Blickwinkel, insbesondere unter Beachtung des éffet-utile Prinzips, diejenige Lösung aus, die dem fraglichen Sachverhalt am besten gerecht wird und das Recht der EU fortentwickelt[68]. Diesen éffet-utile Blickwinkel hebt Generalanwalt Langrange deutlich hervor, wenn er ausführt: Der Gerichtshof „ ...würde in den einzelnen Ländern diejenigen Lösungen auswählen, die ihm im Hinblick auf die Vertragsziele als die besten, oder, wenn man diesen Ausdruck gebrauchen will, als die fortschrittlichsten erscheinen. Das ist im Übrigen der Geist, von dem der Gerichtshof sich bisher hat leiten lassen [69]".

4. EU-Organe, die allgemeine Rechtsgrundsätze auffinden und anwenden

Eine „verbindliche" Findung von allgemeinen Rechtsgrundsätzen obliegt in erster Linie dem Gerichtshof. Es können aber auch andere EU-Organe solche Grundsätze anwenden, wenn sie sie für gegeben halten. Auch EU-Bürger können sich auf sie berufen[70]. Nachdem der EuGH einen allgemeinen Rechtsgrundsatz herausgestellt hat, dürfen die EU-Organe ihn in Rechtsetzungsakten und Rechtsvollzugsakten näher konkretisieren, es sei denn es handelt sich um einen Verfassungsgrundsatz, der die Normen des Sekundärrechts vorgibt [71]. Die Richter oder sonstige Rechtsanwender dürfen sich aber nicht an die Stelle des Unionsgesetzgebers setzen, wenn dieser bei Bedarf in der Lage ist, schnell genug rechtsetzend einzugreifen. Daher ist die Ergänzung des sekundären Unionsrechts durch allgemeine Rechtsgrundsätze nicht gebräuchlich[72].

---

67 vgl. A. Bleckmann, Europarecht, Rn. 605

68 L.-J. Constantinesco, Das institutionelle Recht, S. 817; vgl. W. Frenz, Handburch des Europarechts, Band 5, S. 505 über die Begründung der Zuständigkeit der EU, Verträge abzuschließen, mithilfe des effet-utile-Gedankes

69 GA Lagrange, Schlußanträge Rs 14/61, Slg 1962, S. 570

70 T. Oppermann, Europarecht, Rn. 482

71 A. Bleckmann, Europarecht, Rn 745

72 T. Oppermann, Europarecht, Rn 483

III. Definition des EU-Verwaltungsvertrages durch Rückgriff auf allgemeine Rechtsgrundsätze

Aufgrund mangelnder Regelungen, die das Primär- und Sekundärrecht zur Herausarbeitung und Formulierung einer Definition des öffentlich-rechtlichen EU-Verwaltungsvertrages nicht bereithalten, kann die vorstehend beschriebene Methode der Lückenschließung behilflich sein, die auch als hermeneutische Methode herangezogen wird, wenn ein Begriff des Unionsrechts autonom ausgelegt werden muß[73]. Um die Methode des Rückgriffs auf die allgemeinen Rechtsgrundsätze richtig anwenden zu können, muß man deren Erkenntnisquellen darlegen und zwar die mitgliedstaatlichen Rechte untersuchen, die die Rechtshandlung des öffentlich-rechtlichen Verwaltungsvertrages kennen.

---

73 vgl. D. Triantafyllou, Vom Vertrags- zum Gesetzesvorbehalt, S. 292 in Bezug auf die Unterscheidungskriterien zwischen öffentlich-rechtlicen und privatrechtlichen Verträgen

C. Begriff und Ausgestaltung des öffentlich-rechtlichen Verwaltungsvertrages in ausgewählten Mitgliedstaaten

I. Der öffentlich-rechtliche Verwaltungsvertrag in Deutschland

Ein öffentlich-rechtlicher Verwaltungsvertrag ist „ein Vertrag, durch den ein Rechtsverhältnis auf dem Gebiet des öffentlichen Rechts begründet, geändert oder aufgehoben wird“ (§ 54 Satz 1 VwVfG). Der Gegenstand des öffentlich-rechtlichen Verwaltungsvertrages rührt von der öffentlich-rechtlichen Teilrechtsordnung her. Als Gegenstand des Verwaltungsvertrages werden von der herrschenden Meinung die Rechtsfolgen betrachtet, die die Erfüllung der vertraglichen Pflichten auf dem Gebiet des öffentlichen Rechts entfaltet[74]. Der öffentlich-rechtliche Verwaltungsvertrag hat also die Herbeiführung von Rechtsfolgen des Verwaltungsrechts durch Einigung von mindestens zwei Rechtssubjekten zum Inhalt[75].

Nach der herrschenden Lehre steht der Verwaltungsvertrag der Verwaltung alternativ neben dem Verwaltungsakt zur Verfügung, die statt einer einseitigen eine einvernehmliche Regelung auswählen und somit einen Verwaltungsvertrag mit dem betreffenden Bürger abschließen kann[76].

Die Willenserklärung der Verwaltung, die auf den Abschluß eines Verwaltungsvertrages gerichtet ist, stellt nach der herrschenden Lehre keinen Verwaltungsakt dar[77]. Der Rechtserfolg des Verwaltungsvertrages wird auf Grund der vertraglichen Einigung und nicht kraft einer einseitig hoheitlichen Bindungswirkung herbeigeführt. Die übereinstimmenden schriftlichen Willenserklärungen müssen auf einen gemeinsamen Rechtserfolg gerichtet sein[78].

---

74 vgl. H.-U. Erichsen, S. 394

75 H.-U. Erichsen, 391; vgl. H. Maurer, 352, Rn 6

76 vgl. H. Maurer, S. 347

77 Kopp/Ramsauer, § 54, Rn 20

78 Kopp/Ramsauer, § 54, Rn 20

1. Anwendungsbereich des öffentlich-rechtlichen Verwaltungsvertrages

Es wird von der Lehre der Begriff verwaltungsrechtlicher Vertrag oder Verwaltungsvertrag eingeführt, um die Tatsache wiederzugeben, daß der Vertragstypus, den das VwVfG regelt, nur diejenigen Materien betrifft, die sich auf die öffentlich-rechtliche Verwaltungstätigkeit im Sinne des § 1 VwVfG beziehen[79]. Durch diese begriffliche Festlegung wird klargestellt, daß der öffentlich-rechtliche Verwaltungsvertrag eine Unterkategorie der öffentlich- rechtlichen Verträge darstellt, zu denen Völkerrechtsverträge, Staatsverträge, staatskirchenrechtliche Verträge usf. zählen[80]. Die Bezugnahme auf das öffentliche Recht dient ferner der Abgrenzung zum privatrechtlichen Vertrag[81].

2. Die Teilrechtsordnungen

Die drei wichtigsten Theorien zur Abgrenzung von Privatrecht und öffentlichem Recht, die nach einer Meinung in ihrer Gesamtheit hilfreich sein können, um sich eine richtige Zuordnung zu vergewissern[82], sind:

a) Die Interessentheorie, nach der die dem öffentlichen Interesse dienenden Rechtsnormen dem öffentlichen Recht und die dem privaten Interesse dienenden Rechtssätze dem Privatrecht zuzuordnen sind[83]
b) Die Subordinationstheorie, nach der das Verhältnis der Über-Unterordnung für das öffentliche Recht charakteristisch ist, während im Privatrecht die Gleichordnung herrscht.
c) Die Zuordnungstheorie, nach der dem öffentlichen Recht diejenigen Rechtsnormen angehören, die sich ausschließlich an den Staat oder einen sonstigen Hoheitsträger[84] richten, während dem Privatrecht diejenigen Rechtssätze angehören, die sich an jedermann richten. Das öffentliche Recht ist das Sonderrecht des Staates, das Privatrecht dagegen das Recht für jedermann, zu dem „jedermann" auch der Staat gehört[85].

---

79 vgl. H. Maurer, S. 354, Rn 7; Kopp/Ramsauer, § 54, Rn 3

80 vgl. H. Maurer, S. 353 mit Beispielen

81 H. Maurer, S. 353, Rn. 7

82 vgl. H. Maurer, S. 45

83 auf Ulpian zurückzuführen: publicum est quod ad statum rei Romanae spectat, privatum quod ad singulorum utilitatem.

84 „in seiner Eigenschaft als Hoheitsträger" nach einer modifizierten Fassung derselben Theorie

85 für weitere nicht herrschende Theorien, s. H. Maurer, S. 46-47

3. Abgrenzung öffentlich-rechtlicher/privatrechtlicher Vertrag

Es herrscht keine Einigung über die Kriterien der Einteilung und Einordnung der Verträge der Verwaltung in öffentlich-rechtliche und privatrechtliche Verträge. Die Frage ist gerade deshalb von großer Bedeutung, weil die Verwaltung sowohl öffentlich-rechtlich als auch privatrechtlich tätig werden kann und von der Beantwortung dieser Frage das anwendbare Vertragsrecht, die Haftungsregeln, die Vollstreckungsmöglichkeiten und der Rechtsweg abhängen[86]. Die öffentlich-rechtliche oder privatrechtliche Natur des fraglichen Vertrags ist objektiv zu bestimmen. Die subjektiven Vorstellungen der Vertragspartner sind nicht maßgeblich. Dennoch besitzt die Verwaltung im Bereich der *Leistungstätigkeit* ein begrenztes Formenwahlrecht und es wird anerkannt, daß der Wille der Verwaltung in diesem Bereich wichtig ist[87]. Keine Zweifel bestehen im Fall der *gesetzlichen Vorordnung und -bestimmung* der Rechtsqualität von Verwaltungsverträgen. Für die öffentlich-rechtlichen Verwaltungsverträge geschieht das, wenn sie vom Gesetz ausdrücklich als Vollzugsform der in ihm enthaltenen Regelungen festgelegt werden und dieses Gesetz als Teil der öffentlich-rechtlichen Teilordnung eingestuft werden kann[88]. Ein Beispiel dafür sind die städtebaulichen Verträge des § 11 BauGB.

Problematisch ist die Zuordnung von Verwaltungsverträgen, die nicht von einer gesetzlichen Regelung ausdrücklich als Vollzugsmittel der Verwaltung zur Verfügung gestellt werden. Die Rechtsprechung und ein großer Teil der Lehre untersuchen in diesem Fall den *Gegenstand des Vertrages*[89], der als die vom Vertrag zu entfaltenden Rechtsfolgen bezeichnet wird. § 54 S. 1 VwVfG bringt dies zum Ausdruck, wenn er von einem Rechtsverhältnis auf dem Gebiet des öffentlichen Rechts spricht, auf das durch den Verwaltungsvertrag eingewirkt wird[90]. Deswegen nimmt man an, daß ein öffentlich-rechtlicher Verwaltungsvertrag nur dann vorliegt, wenn er als Instrument zur Entfaltung von Rechtsfolgen im Rahmen von Rechtsverhältnissen herangezogen wird, die als öffentlich-rechtlich konzipiert worden sind[91]. Dies ist insbesondere dann der Fall, wenn die vertraglich übernommene Verpflichtung oder die vertraglich vollzogene Verfü-

---

86 vgl. H. Maurer, S. 354, Rn 8

87 vgl. H. Maurer, S. 354, Rn 9

88 H.-U. Erichsen, S. 393- Rn. 2 mit Beispielen

89 BVerwGE 74, 368; BVerwGE 30, 65, 67; BVerwGE 42, 331; Kopp/Ramsauer, § 54, Rn 27; H. Maurer, 355, Rn 10

90 H.-U. Erichsen, S. 394

91 H.-U. Erichsen, S. 394; Kopp/Ramsauer, § 54, Rn 28

gung mindestens einer Vertragspartei öffentlich-rechtlichen Charakter hat[92]. Außer im Falle der vorstehend beschriebenen gesetzlichen Vorbestimmung der Rechtsqualität der Verträge liegt ein Verwaltungsvertrag z.B. auch dann vor

a. Wenn er die Verpflichtung zum Erlaß eines Verwaltungsaktes oder einer sonstigen hoheitlichen Amtshandlung enthält (z.B. Erlaß einer Baugenehmigung)[93].
b. Wenn er sich auf eine öffentlich-rechtliche Berechtigung oder Verpflichtung des Bürgers bezieht und daher öffentlich-rechtliche Sachverhalte gestaltet[94] (z.B. in Bezug auf die Pflicht des Antragstellers auf Erteilung einer Baugenehmigung, Abstellplätze für Kraftfahrzeuge vor seinem Haus bereitzustellen bzw. eine Garage zu bauen)[95]

4. Vertragspartner der Verwaltung

Der öffentlich-rechtliche Verwaltungsvertrag steht im deutschen Recht als Instrument zur Begründung, Änderung oder Aufhebung von Rechtsbeziehungen nicht nur mit Privatpersonen[96] sondern auch mit anderen Verwaltungsträgern[97] zur Verfügung. Auf dieser Differenzierung beruht auch die Unterscheidung und Ausgestaltung von zwei verschiedenen Vertragstypen, nämlich des subordinations- und des koordinationsrechtlichen Vertrages:

Ein subordinationsrechtlicher Vertrag liegt vor, wenn der Vertragspartner und die Verwaltung im Verhältnis der Über- und Unterordnung zueinander stehen[98]. Die herrschende Meinung legt das Über- und Unterordnungsverhältnis dahin aus, daß dieses Verhältnis außerhalb des Vertragsverhältnisses bestehen muß, also in den außervertraglichen Rechtsbeziehungen des Bürgers/Vertragspartners mit der Verwaltung[99]. Deswegen gelangt die herrschende

92 H. Maurer,S. 355, Rn 11

93 Kopp/Ramsauer, § 54, Rn 33; U. Di Fabio, DVBl. 1990, 342

94 BVerwGE 60, 209; vgl. BVerwGE NJW 1995, 1105; BGHZ, NJW 1971, 1842; BVerwGE DÖV 1981, 878

95 s. H. Maurer, S. 355, 356, Rn 11

96 Rechtssubjekte des Außenrechts nach H. U. Erichsen, Allgemeines Verwaltungsrecht, S. 392

97 Zuordnungssubjekte des Innenrechts der Verwaltung nach H. U. Erichsen, Allgemeines Verwaltungsrecht, S. 392

98 vgl. H.-U. Erichsen, Allgemeines Verwaltungsrecht, S. 392

99 s. näher H.-U. Erichsen, Allgemeines Verwaltungsrecht, 392; vgl. J. Salzwedel, Die Grenzen der Zulässigkeit des öffentlich- rechtlichen Vertrages, Berlin 1958, S. 1 ff, 113 ff., 132 f. und E. Stein, in AöR 86 (1961), S. 327 ff., die die Bedienung des Verwaltungsvertrages als Verzicht auf ihre Überordnung ansehen

Meinung zum Ergebnis, daß immer dann ein Subordinationsvertrag vorliegt, wenn der Vertragspartner der Verwaltung kein Träger öffentlicher Verwaltung ist, oder positiv gesagt, wenn die Verwaltung einen öffentlich-rechtlichen Vertrag mit einem Privaten abschließt[100]. Eine andere Meinung behauptet (gestützt auf den Wortlaut des § 54, Satz 2 VwVfG), daß es ausschlaggebend ist, ob die Parteien hinsichtlich des Vertragsgegenstandes gleichgeordnet sind, oder sich im Subordinationsverhältnis gegenüberstehen, was wiederum bedeutet, daß der Behörde in Bezug auf den Vertragsgegenstand die Befugnis zur Vornahme einseitig-hoheitlicher Handlungen zusteht[101]. Das ist der Fall, wenn die Verwaltung anstelle eines Verwaltungsaktes einen Verwaltungsvertrag (Verwaltungsakt-Ersatzgeschäft) abschließt[102].

Der Subordinationsvertrag enthält teilweise die Verpflichtung zum Erlaß eines Verwaltungsaktes (z.B. Verpflichtung der Behörde zum Erlaß eines Baudispenses), ersetzt teilweise einen Verwaltungsakt (Vertrag über die Erfüllung einer Polizeipflicht, Vertrag zur Gewährung einer Subvention), steht aber teilweise auch in keinem unmittelbaren Zusammenhang mit einem Verwaltungsakt (Vertrag über die Benutzung einer öffentlichen Anstalt).

Die meisten Subordinationsverträge sind Verpflichtungsverträge[103], die der Erfüllung bedürfen. Ein Verpflichtungsvertrag liegt vor, wenn sich ein oder beide Vertragspartner zu bestimmten Leistungen verpflichten und der jeweils andere Vertragspartner einen Anspruch auf Erfüllung der vom anderen Partner übernommenen Leistungspflichten erhält[104]. Der Verfügungsvertrag[105] führt dagegen in Erfüllung vertraglicher und/oder gesetzlicher Verpflichtungen eine unmittelbare Rechtsänderung herbei. Die Erfüllung der meisten verpflichtenden Verwaltungsverträge besteht im Erlass eines begünstigenden Verwaltungsaktes (z.B. eines Baudispenses) durch die Verwaltung bzw. in der Bezahlung von Geldbeträgen oder der Erbringung einer anderen Leistung durch den Bürger.

---

100 vgl. H.-U. Erichsen, Allgemeines Verwaltungsrect, S. 393

101 vgl. A. Bleckmann, Zur Dogmatik, Ders., DVBl. S. 261 f.; H. U. Erichsen, Allgemeines Verwaltungsrecht S. 392 m.w.N.

102 zu den Argumenten dieser Meinung s. H. Maurer, 359, Rn. 13 mit überzeugender Ablehnung: „Der mißglückte Wortlaut des §54 S. 2 VwVfG soll zum Ausdruck bringen, daß es sich um Verträge des Bereiches handelt, der generell auch durch Verwaltungsakt, also subordinationsrechtlich, geregelt werden kann. Im übrigen ermächtigt diese Vorschrift, einen durch Verwaltungsakt regelbaren Sachverhalt auch durch Verwaltungsvertrag zu regeln“

103 H.-U. Erichsen nennt sie Schuldrechtsverträge, Allgemeines Verwaltungsrecht, S. 402

104 so H. Maurer, S. 360

105 H.-U. Erichsen, S. 402

Wie vorstehend gezeigt wurde, gibt es aber auch Verwaltungsverträge, die einen Verwaltungsakt ersetzen und als Verfügungsverträge angesehen werden könnten. Das ist dann der Fall, wenn der Verwaltungsakt rechtsgestaltenden Charakter hat (z.B. eine Baugenehmigung). Es gibt aber auch Verwaltungsverträge, die Verwaltungsakte ersetzen, die Berechtigungen und Verpflichtungen zum Gegenstand haben und somit verpflichtungsvertragsähnliche Konturen aufweisen (z.B. Polizeiverfügungen). Diese bedürfen der Ausführung[106]. Den Hauptanwendungsbereich des Verwaltungsvertrages, der einen Verwaltungsakt ersetzt macht die zweite Gruppe von Sachverhalten aus.

5. Vertragsabwicklung und anwendbares Recht

Die sich aus dem Inhalt des Vertrages ergebenden Leistungspflichten müssen ordnungsgemäß erfüllt werden. Die Bestimmungen des VwVfG über den Verwaltungsvertrag sind fragmentarisch und die Rechtsnormen, nach denen die ordnungsgemäße Erbringung der geschuldeten Leistungen zu beurteilen ist, existieren nicht. Nach § 62 VwVfG gelten subsidiär die übrigen Vorschriften des VwVfG, die sich ebenso wenig zur Regelung der Abwicklung des Verwaltungsvertrages eignen[107]. Aus diesem Grund werden gemäß § 62 VwVfG die Vorschriften des BGB herangezogen[108]. Das gilt insbesondere für Leistungsstörungen bzw. für die positive Vertragsverletzung und für Grundsätze über die culpa in contrahendo[109]. Bei der Anwendung dieser Vorschriften muß beachtet werden, daß der Verwaltungsvertrag eigenartig ist. Dabei ist die Vereinbarkeit der privatrechtlichen Vorschrift und ihres Rechtsgrundes (ratio) mit verwaltungsrechtlichen Grundsätzen zu prüfen[110]. Die Vorschriften des BGB werden daher ergänzend und subsidiär angewandt[111]. Die Verwaltung begibt sich nicht auf die Ebene des Privatrechts, wenn sie seine Rechtsnormen heranzieht, um Lücken des Verwaltungsrechts auszufüllen, sondern sie verwendet diese Normen als öffentliches Recht[112].

Die Verwendung privatrechtlicher Vorschriften wird dadurch rechtfertigt, daß es allgemeine Rechtsgrundsätze gibt, die zwar im BGB normiert und konkretisiert sind, die aber unabhängig davon allen Rechtsbereichen vorgegeben

106 H. Maurer, S. 360

107 s. zu den "übrigen Vorschriften des VwVfG" H. Maurer,S. 347, Rn 2

108 H. Maurer, S. 389, Rn. 52;

109 vgl. BGHZ 71, 386; 76, 343; BGH DVBl. 1986, 409

110 H. Maurer, S. 55, Rn 49

111 vgl. BVerwG DVBl. 1978, 610, 613; M. Bullinger, DÖV 1977, 812 ff.

112 vgl. H. Maurer, S. 55, Rn 28

sind und daher auch im öffentlichen Recht unmittelbar gelten. Die Bezugnahme auf das BGB dient nur der inhaltlichen Verdeutlichung der an sich schon im öffentlichen Recht geltenden allgemeinen Rechtsgrundsätze[113]. Nach anderer Auffassung werden die privatrechtlichen Vorschriften des BGB analog (im Sinne der Rechtsfogenverweisung) im öffentlichen Recht angewandt[114]. Voraussetzung ist das Bestehen einer Lücke im Verwaltungsrecht, die durch Heranziehung öffentlich-rechtlicher Vorschriften nicht geschlossen werden kann, und eine Ähnlichkeit der Sachverhalte in "rechtlich-wertender Hinsicht"[115].

6. Die Vollstreckung aus subordinationsrechtlichen Verträgen

Wenn der Bürger oder die Verwaltung ihre Rechte aus einem Subordinationsvertrag zwangsweise durchsetzen wollen, so müssen sie Klage vor den Verwaltungsgerichten erheben[116] und sich mit dem Urteil einen Vollstreckungstitel verschaffen. Ein Vollzug des Vertrages durch Leistungsbescheid d.h. durch Verwaltungsakt ist *ohne besondere gesetzliche Ermächtigung*[117] unzulässig[118]. Etwas anderes gilt, wenn ein Gesetz eine abweichende Regelung vorsieht und die Durchsetzung vertraglich übernommener Pflichten durch Verwaltungsakt zuläßt[119].

§ 61 Abs. 1 VwVfG sieht jedoch vor, daß sich jeder Vertragspartner der sofortigen Vollstreckung aus einem Subordinationsvertrag unterwerfen kann. Die Unterwerfungserklärung gestaltet den Vertrag zu einem Vollstreckungstitel um. Die Behörde kann dann ihre Forderungen aus dem Vertrag nach den Vorschriften über die Vollstreckung von Verwaltungsakten (gem. Verwaltungsvollstreckungsgesetz) selbst durchsetzen[120] und der Bürger seine Forderungen aus

---

113 vgl. BGHZ, 58, 386, 392 ff

114 jedoch bereits schon von O. Mayer, Deutsches Verwaltungsrecht I, 1924 (1961/69) abgelehnt

115 zu den Voraussetzungen einer Gesetzesanalogie s. im allgemeinen Larenz/Canaris, Methodenlehre der Rechtswissenschaft, 3. Auflage, S. 191 ff; H. Maurer, 56, Rn 29

116 vgl. Kopp/Ramsauer, VwVfG, § 61, Rn. 5

117 BVerwGE 50, S. 171; BVerwGE 59, S. 60; BVerwGE 82, S. 283; BverwG NJW 1992, S. 2846

118 vgl. BVerwGE 50, S. 171; BSG, NJW 1973, S. 776; H. Maurer, 390, Rn 55; Kopp/Ramsauer, VwVfG, § 61, Rn. 1

119 BVerwGE 50, S. 171; BVerwGE 59, S. 60; BVerwG, NJW 1992, S. 2846

120 Es findet das Verwaltungsvollstreckungsgesetz des Bundes und der Länder Anwendung, s. näheres bei Kopp/Ramsauer, VwVfG, § 61, Rn. 10

dem Vertrag nach den Vorschriften über die Vollstreckung verwaltungsgerichtlicher Urteile [121] eintreiben[122].

Die Verwaltung macht den Abschluß des Verwaltungsvertrages in den meisten Fällen von einer Unterwerfungserklärung des Bürgers abhängig, was zur Angleichung der Ausführung des Verwaltungsvertrages mit der des Verwaltungsaktes führt[123]. Im Gegenteil ist eine Unterwerfungserklärung der Verwaltung in einem Verwaltungsvertrag fast nie anzutreffen[124].

II. Merkmale des contrat administratif in Frankfreich

In Frankreich fehlt es an einer Rechtsnorm, wie sie in Deutschland im VwVfG zu finden ist, die eine allgemeine Definition des öffentlich-rechtlichen Verwaltungsvertrages enthält. Der contrat administratif ist das Produkt einer historischen Rechtsentwicklung, die zur Emanzipation vom schuldrechtlichen Privatrechtsvertrag und zur Schöpfung eines eigenständigen Verwaltungsrechtsinstitutes geführt hat. Die Abspaltung vom schuldrechtlichen Privatrechtsvertrag ist zunächst durch Ausweisung eines bestimmten mehr oder weniger klar abgegrenzten Anwendungsbereichs des Verwaltungsvertrages gelungen[125].Vom starren Festhalten am Ausschluß jedes einvernehmlichen Verwaltungshandelns und der strengen Betrachtung des Vertrages als rein privatrechtliches Instrument ausgehend, ging die Verwaltungsrechtsgeschichte Frankreichs dank dem bahnbrechenden Arrêt «Blanco»[126] in eine neue Epoche über. Der contrat administratif sollte nunmehr nicht nur ein lediglich in prozeßrechtlicher Hinsicht unterschiedlicher contrat civil sein. Er sollte vielmehr einen besonderen Anwendungsbereich haben, der ihm eine eigene Identität verleihen würde.

---

121 gem. § 170 Abs. 1-3 VwGO

122 vgl. § 61 Abs. 2 VwVfG, vgl. H.-U. Erichsen, 422

123 H. Maurer, 391, Rn 56

124 u.E. wäre eine solche Unterwerfung trotz der Versicherungsvorgaben des § 56 Abs. 1 S. 2 bis 4 merkwürdig und sie wäre ein Indiz für einen gem. § 138 BGB i.V.m. § 59 Abs. 1 VwVfG nichtigen Verwaltungsvertrag, zumal sie den Verdacht der Umkehrung des Überordnungsverhältnisses und sogar noch des Ausverkaufs von Hoheitsrechten entgegen dem öffentlichen Interesse und zugunsten von Privaten erwecken könnte

125 vgl. U. Lüthje, Die Theorie des contrat administratif, S. 13

126 Entscheidung in der Sache Agnès Blanco des Tribunal des Conflits (Konfliktsgerichtshof). Das Tribunal des Conflits wurde kraft des loi (Gesetzes) vom 24.5.1872 errichtet, mit der Aufgabe, die Rechtswegszuweisungsstreitigkeiten beizulegen – zum Tribunal des Conflits s. Guy Braibant, Le Droit administratif francais, Paris 1992, S. 440.

1. Anwendungsbereich des contrat administratif

Der Verwaltungsvertrag unterscheidet sich von den privatrechtlichen Verträgen der öffentlichen Verwaltung nicht auf Grund eines allgemeinen einheitlichen Konzepts der Abgrenzung von öffentlichem und Privatrecht, sondern auf der Grundlage von besonderen, bereichsspezifischen Kriterien[127]. Diese sind der Begriff des service public und die clauses exorbitantes ou dérogatoires du droit commun[128]. Die französische Rechtsprechung und Lehre haben die große Schwierigkeit der Bewältigung des grundsätzlichen Problems der Unterscheidung zwischen öffentlichem und Privatrecht nach einem einzigen einheitlichen Gesichtspunkt erkannt und deshalb die Unterscheidung entsprechend relativiert. Sie haben eher pragmatisch versucht, die allgemeine Unterscheidung von öffentlichem und Privatrecht nach geschichtlichen, traditionellen, politischen, und anderen praktischen Kriterien und Zweckmäßigkeitsgesichtspunkten für jedes einzelne Verwaltungsrechtsgebiet zu konkretisieren[129].

Die Verwaltungstätigkeiten (les activités de l' administration) werden in zwei Kategorien unterteilt: Auf der einen Seite steht die „police" und auf der anderen die „services publics". Maßgebliches Unterscheidungskriterium ist das Ausmaß der Bedürfnisse des Gemeinwohls, nach dem sich die Einschaltung der Verwaltung in einem bestimmten Bereich gesellschaftlicher Tätigkeiten richtet. Bei der „police" verlangt das Gemeinwohl auf Grund mangelnder Interessen der Allgemeinheit an einer öffentlichen Tätigkeit, die Enthaltung der Verwaltung von diesem Tätigkeitsbereich. Das öffentliche Interesse ist an diesen Tätigkeiten nur negativ beteiligt: Es verlangt nämlich vom Bürger, der eine private Tätigkeit ausübt, daß er Handlungen unterläßt, die die Mitbürger, die öffentliche Sicherheit und Ordnung beeinträchtigen können. Die Tätigkeit der Verwaltung, die der Wahrung der Sicherheit und Ordnung gewidmet ist, heißt „police". Der Bereich der „police" umfaßt die Finanzverwaltung, die allgemeine Ordnungspolizei und die sektorielle Ordnungsverwaltung, insbesondere die Wirtschafts- und Gewerbeverwaltung sowie den Bereich der Aufsicht über gefährliche Bauten und Anlagen[130]. Für sie gilt der Grundsatz der Legalität uneingeschränkt. Die Verwaltung darf in diesem Bereich keine Verwaltungsverträge abschließen[131].

---

127 P.-M. Efstratiou, Die Bestandskraft, S. 35

128 Vgl. U. Stelkens, EuZW 2005, S. 300

129 P.-M.Efstratiou, Die Bestandskraft, S. 36

130 vgl. W. Spannowsky, Grenzen des Verwaltungshandelns, S. 477

131 vgl. J. Rivero/J. Waline, Droit administratif, S. 122, Rn. 122; U. Lüthje, Die Theorie, S. 26; s. auch C. Autexier, VVDStRL 52 (1993), S. 293: Wenn der Verwaltungsbehörde kraft Gesetzes die Ermächtigung zum Erlaß von Verordnungen verliehen wurde, dann

Die zweite Kategorie der Verwaltungstätigkeiten umfaßt gesellschaftliche Tätigkeitsbereiche, in denen das öffentliche Interesse entweder den Ausschluß von Privatinitiativen und das Tätigwerden der Verwaltung, oder aber die Beteiligung der Verwaltung an den Privatinitiativen gebietet. Im letzteren Fall kann die Teilnahme der Verwaltung dadurch gerechtfertigt sein, daß die Bürger ohne Förderung durch den Staat keine Initiative im betreffenden Tätigkeitsbereich zu ergreifen wagen, entweder weil sie nicht über hinreichende Finanzmittel verfügen, oder weil sie von der Tätigkeit keine namhaften Gewinne erwarten können. Schließlich kann die Einmischung der Verwaltung trotz des Tätigwerdens der Bürger gerechtfertigt sein, wenn letztere nicht effektiv genug sind und keine besonders hochwertigen Leistungen erbringen (Zweck: Wettbewerbsbelebung/Effizienzsteigerung). Solche Tätigkeiten, die das öffentliche Interesse positiv berühren und entweder von der Verwaltung in eigener Regie betrieben werden oder aber ihrer unmittelbaren Weisungsbefugnis unterstehen, werden als services publics bezeichnet[132].

Die Durchführung eines service public ist eine hoheitliche Tätigkeit und insofern können die Schuldverhältnisse, die zwischen der Verwaltung und einem Bürger in Bezug auf einen service public begründet werden, öffentlich-rechtlicher Natur sein. Die Vertragsmöglichkeiten zwischen einem Bürger und der Verwaltung sind sehr zahlreich. Die Verwaltung kann ihn zu Hilfeleistungen bei der Durchführung eines service public heranziehen, indem sie Werkverträge, Kaufverträge, Dienstverträge, Forschungsverträge, Entwicklungsverträge usf. mit ihm abschließt. Die Verwaltung kann auf der Grundlage eines contrat de concession de service public sogar die gesamte Ausübung des service public auf einen Privaten übertragen[133].

2. Der service public

A. de Laubadére definiert den service public als "eine Tätigkeit, die von einer öffentlichen-rechtlichen Person ausgeübt wird, mit dem Ziel, Bedürfnisse von öffentlichem Interesse zu befriedigen".[134] Der contrat administratif bezieht sich

---

ist sie verpflichtet, sich einseitig-hoheitlicher Rechtsakte zu bedienen und keine Vereinbarungen zu treffen

132 so U. Lüthje, Die Theorie, S. 26

133 U. Lüthje, Die Theorie, S. 26

134 A. de Laubadère, Traité élémentaire de droit administratif, Bd. I, S. 536. Der Begriff „service public“ läßt sich nicht genau und zutreffend ins Deutsche übersetzen. Es wurden seitens der deutschen und französischen Lehre folgende Übersetzungen vorgeschlagen: „öffentliche Anstalt“ laut Otto Mayer, in: Theorie des Französischen Verwaltungsrechts, 1886, S. 225 f.; „öffentliche Aufgabe“ laut Fromont, in: Rechtsschutz gegenüber

auf einen service public im Sinne, daß er als Instrument der Verwaltung zur Erbringung öffentlicher Leistungen an die Allgemeinheit bzw. zur Erfüllung öffentlicher Aufgaben herangezogen wird[135]. Somit ist der contrat administratif ein Mittel zur Ausführung eines service public[136].

3. Abgrenzung contrat administratif/contrat civil

Die Kriterien, die ein Vertrag derzeit erfüllen muß, um als öffentlich- rechtlicher Verwaltungsvertrag bezeichnet werden zu können, sind drei:

1. Die Vertragspartner: Ein Vertrag ist ein öffentlich-rechtlicher Verwaltungsvertrag, wenn mindestens einer der Vertragspartner eine juristische Person des öffentlichen Rechts (critère organique)[137] oder aber eine juristische Person des Privatrechts ist, die aber vom Staat gesellschaftsrechtlich kontrolliert wird und mit dem öffentlichen Sektor eng verbunden ist[138]. Wenn der Vertrag zwischen zwei Privaten abgeschlossen wird, kann niemals ein öffentlich-rechtlicher Verwaltungsvertrag vorliegen[139]. Die Erfüllung dieses Kriteriums ist eine notwendig Bedingung, um das Vorliegen eines contrat administratif bejahen zu dürfen aber sie ist keine hinreichende Bedingung[140]. Die contrats, die zwischen einer juristischen Person des öffentlichen Rechts und einer Person des Privatrechts geschlossen werden, sind nicht administratifs, es sei denn sie erscheinen als Hoheitsakte, was entweder an ihrem Gegenstand oder an den in ihnen enthaltenen Vertragsklauseln bzw. an ihrem Regime erkannt werden kann[141]. Es müssen daher die folgenden zwei Kriterien ebenfalls erfüllt sein[142].

---

der Verwaltung in Deutschland, Frankreich und den Europäischen Gemeinschaften, 1967, S. 26 f. und laut Imboden, Der verwaltungsrechtliche Vertrag, 1958, S. 200ff.; „öffentlicher Dienst" laut Jéze, in: Das Verwaltungsrecht der französischen Republik, 1913; „Dienst an der Öffentlichkeit" laut Lüthje, in: Die Theorie das contrat administratif im französischen Verwaltungsrecht, 1964, S. 56 f. All diese Definitionen sind jedoch ungenau

135 vgl. U. Lüthje, Die Theorie, S. 57

136 P.-M. Efstratiou, 89; zum Begriff des service public eingehend Rüfner, in Formen öffentlicher Verwaltung im Bereich der Wirtschaft, 265 ff.; G. Beinhardt, VerwArch 55 (1964), 153 ff. und 167 f

137 J. Rivero/J. Waline, Droit administratif, S. 118

138 R. Chapus, Droit administratif, S. 501

139 vgl. R. Chapus, Droit administratif, S. 505

140 R. Chapus, Droit administratif, S. 502

141 TC Urteil vom 20. Januar 1986, Coop. Agricole de l' Arne, DA 1986, S. 446

142 J. Rivero/ J. Waline, S. 120

2. Der Gegenstand des Vertrages: Der Vertrag muß der Durchführung eines service public dienen. Der service public, der für die Unterscheidung zwischen öffentlich-rechtlichem und privatrechtlichem Verwaltungsvertrag entscheidend war, ist heutzutage nicht mehr ausschlaggebend[143]. Der Gegenstand eines Vertrages, nämlich die Erfüllung öffentlicher Aufgaben macht ihn nicht zwangsläufig zum contrat administratif, weil service public und öffentliches Recht nicht zwangsläufig zusammenfallen müssen[144].

3. Die hoheitlichen außerordentlichen Vertragsklauseln: Dieses Kriterium wurde zum ersten Mal durch das Urteil des Conseil d' Etat „Granits des Vosges" im Jahre 1912 eingeführt. Wenn ein Vertrag nicht die Durchführung eines service public zum Gegenstand hat, dann ist er eben kein öffentlich-rechtlicher Verwaltungsvertrag, es sei denn, er enthält eine dem gemeinen Recht abweichende Klausel (clause exorbitant ou dérogatoire du droit commun)[145]. Aber auch ein Vertrag, der der Durchführung eines service public dient, ist kein öffentlich-rechtlicher Verwaltungsvertrag, es sei denn, er enthält eine clause exorbitante[146]. Der Schwerpunkt bei der Bestimmung des contrat administratif hat sich somit vom service public auf die clauses exorbitantes bzw. von einem „objektiven" auf ein „subjektives" Kriterium verlagert[147].

Dieses Merkmal des contrat administratif wurde vom Conseil d' Etat zunächst in seiner o.g. Entscheidung „Sté de granits porphyroides des Vosges" vom 31.7.1912[148] zum entscheidenden, maßgeblichen Kriterium jedes contrat administratif erhoben[149]. Dort umschreibt der Conseil d Etat die clauses exorbitantes du droit commun als „clauses attribuant à la puissance public des prérogatives exorbitantes ou dérogatoires du droit commun ou civil". Üblicherweise stellt der Conseil d' Etat mit folgendem Ausdruck fest, daß ein Verwaltungsvertrag voliegt: „Auf Grund der clauses exorbitantes, die in diesem Vertrag auftau-

---

143 J. Rivero/ J. Waline, S. 118

144 U. Lüthje, Die Theorie, S. 66

145 J. Rivero/ J. Walin, S. 118

146 CdE Urteil vom 10. Mai 1963, Sté Prospérité Fermière; veröffentlicht in R.D.P., 1963, S. 597

147 A. de Laubadère, Traité élémentaire, Bd. I, S. 558

148 Rec. 1912, S. 909 ff.)

149 für zahlreiche Verweise auf weitere Entscheidungen, s. P.-M.Efstratiou, S. 91, Fn 34

chen, ist der Vertrag ein contrat administratif". Oder umgekehrt: „Weil der Vertrag keine clauses exorbitantes enthält, ist er ein Privatrechtsvertrag[150].

2. Die clauses exorbitantes

Die außerordentlichen Hoheitsklauseln weisen einen Vertrag als Verwaltungsvertrag aus und unterscheiden ihn von einem Privatrechtsvertrag. Durch ihre Einführung in einen Vertrag bringt die Verwaltung zum Ausdruck, daß sie den durch den Vertrag zu gestaltenden Lebenssachverhalt hoheitlich regeln will. Daher werden die clauses exorbitantes allgemein als Ausdruck der puissance public (=Hoheitsgewalt) der Verwaltung angesehen[151].

Es stellt sich die Frage, woran man die clauses exorbitantes erkennen kann. Der Vertrag wird vom Richter in seinen Einzelheiten unabhängig vom Parteiwillen auf das Bestehen von clauses exorbitantes hin geprüft. Sie zeichnen sich dadurch aus, daß sie von den Normen des Privatrecht erheblich abweichen. Die clauses exorbitantes wären in privatrechtlichen Verträgen ein Fremdkörper[152], unmöglich (impossible)[153,] unzulässig (illicite), unüblich[154] oder unwahrscheinlich (inusuelle, inhabituelle)[155]. Die Feststellung der Existenz mehrerer clauses exorbitantes in dem Vertrag erleichtert seine Qualifizierung als contrat administratif[156]. Es steht nicht fest, daß das entscheidende Merkmal der clauses exorbitantes darin besteht, daß sie zur Nichtigkeit eines privatrechtlichen Vertrags führen würden, wenn sie in diesem Vertrag enthalten wären[157].

Die clauses exorbitantes sind also Vertragsbestimmungen, die den Vertragspartner einseitig dem Willen der Verwaltung in einer dem Privatrecht fremden Weise unterwerfen[158]. Der Grundsatz des Schuldrechts, dem Vertragspartner

---

150 CdE in Prade, Si. 1938. 3. 59; G. Péquignot, La théorie, S. 129; A. de Laubadère, Contrats, Bd. 1, S. 89

151 s. bereits CdE in Societe des Granits porphyroides des Vosges vom 31.07.1912, R.D.P. 1914, S. 145; vgl. P.-M. Efstratiou, S. 91; J. Rivero/ J. Waline, Droit administratif, Rn 111, S. 121

152 vgl. R. Chapus, Droit administratif, S. 508, Rn. 724

153 R. Chapus, Droit administratif, S. 508, Rn. 725

154 CdE vom 18.1.1924, Ville de Paris, Rec., S. 58; CdE vom 23.12.1953, Dame Vwe Lillo, Rec., S. 573

155 P.-M. Efstratiou, S. 92; A. de Laubadère, Contrats I (Fn. 31), S. 72 ff. (100 ff.)

156 vgl. R. Chapus, Droit administratif, S. 508

157 so CdE vom 15.2.1935, Ste fr. de Centralisation, Rec., S. 201; CdE StE minière de Cap corse, Rec., S. 383; TC vom 20.4.1959, Ste nouvelle d'exploitation des plages, Rec., S. 866

158 vgl. R. Chapus, Droit administratif, S. 509, Rn. 726

seine persönliche Unabhängigkeit und Entscheidungsfreiheit nicht zu berühren und der anderen Vertragspartei bei Pflichtverletzungen nur Gegenansprüche zu gewähren, wird zugunsten der Verwaltung durchbrochen. So hat z.B. die Behörde, die öffentliche Bauarbeiten ausgeschrieben und vergeben hat, das Recht, das noch im Entstehen begriffenes Werk des Unternehmers uneingeschränkt zu inspizieren, Weisungen zu erteilen, das Personal des Vertragspartners auf seine Befähigung hin zu überprüfen, die Entlassung der ihr als ungeeignet erscheinenden Angestellten zu verlangen, sowie die Buchhaltung in einem solchen Umfang zu kontrollieren, der an die entsprechenden Befugnisse des Finanzamtes erinnert[159].

3. Anwendbares Recht und Inhalt der clauses exorbitantes

Der contrat administratif ist zunächst wie der contrat civil ein Vertrag, d.h. eine auf bestimmte Rechtsfolgen gerichtete Willensübereinstimmung von zwei Rechtssubjekten. Die Wirkungen des contrat administratif treten ein, weil sie gewollt sind. Da es sich in beiden Fällen um Verträge handelt, müssen ihnen auch jene Eigenschaften gemeinsam sein, die sich aus dem Begriff Vertrag selbst ergeben. Daher sind die allgemeinen Grundsätze des Privatrechts über Willensmängel, über Leistungsumfang, Leistungserfüllung usf. auch auf die contrats administratifs anwendbar[160]. Dennoch werden die Vorschriften des code civil nicht direkt, sondern erst nach Überprüfung ihrer Vereinbarkeit mit den Prinzipien des Verwaltungsvertrags als allgemeine Rechtsgrundsätze des Verwaltungsrechts angewendet[161]. Die Notwendigkeit der Heranziehung der Vorschriften des code civil ergibt sich, weil es wie in Deutschland an eigenständigen Rechtsvorschriften des droit administratif fehlt, die alle Abschnitte des Rechtslebens der contrats administratifs normieren würden, z.B. vom Abschluß bis hin zur Abwicklung und Schuldentilgung.

Die clauses exorbitantes, die von der Verwaltung in die contrats administratifs einzufügen sind, sind nicht kodifiziert. Sie sind in vielen speziellen „Rechtstexten" verstreut. Diese sind auf die Tätigkeit verschiedener Verwaltungsorgane zugeschnitten und enthalten besondere Rechtsvorschriften für die verschiedenen Leistungsgegenstände[162]. Diese Rechtstexte sind die documents

159 vgl. weitere Beispiele bei R. Chapus, Droit administratif, S. 509

160 J. Rivero/ J. Waline, Rn. 112, S. 122; A. de Laubadere, Contrats, Bd. 2, S. 39

161 U. Lüthje, Die Theorie, S. 35; s. ähnlich in Deutschland im vorhergehenden Abschnitt über den öffentlich-rechtlichen Verwaltungsvertrag in Deutschland

162 U. Lüthje, Die Theorie, S. 35

généraux, die spezielleren cahiers des clauses administratives générales und die cahiers des clauses techniques générales[163]. Diese Rechtstexte werden auf Grund ministerieller Entscheidung oder Präsidialdekrets (beide Rechtsakte entsprechen der Rechtsverordnung des deutschen Rechts) angenommen. Dadurch erhalten die clauses exorbitantes dennoch keine normative Geltungskraft. Die Rechtstexte sind nur für die Verwaltung verbindlich. Die clauses exorbitantes erzeugen Rechtsfolgen zugunsten und zulasten des Vertragspartners der Verwaltung nur nachdem sie einvernehmlich in den Vertrag eingefügt worden sind[164].

Die clauses exorbitantes sind Ausdruck folgender Grundsätze:

a. Grundsatz der Kontinuität und der Mutabilität des service public

Für den Verwaltungsvertrag muß Kontinuität gewährleistet werden, er darf seine Anpassungsfähigkeit an veränderte Umstände und wechselnde Bedürfnisse niemals verlieren[165]. Dieser Grundsatz hat vor allem bei langfristigen contrats administratifs große Bedeutung. Aufgrund dieses Grundsatzes kommt der Verwaltung die Gewährung kraft clauses exorbitantes folgender Sonderrechte zugute:

b. Das außerordentliche Überwachungs- und Eingriffsrecht

Der Grundsatz der Kontinuität der services publics wirkt sich in folgender Weise aus: Wenn die Verwaltung die Erbringung von im öffentlichen Interesse liegenden Leistungen (service public) – auf der Grundlage eines Konzessionsvertrags – einem Individuum bzw. einem Unternehmen anvertraut bzw. wenn sie gleichermaßen die Dienste oder Sachleistungen der vorgenannten natürlichen oder juristischen Personen zur Erfüllung des service public in Anspruch nimmt, dann muß sie als Garant der Durchführung des service nicht wie ein Gläubiger im Privatrecht abwarten, ob der Schuldner seiner Leistungspflicht ordnungsgemäß nachkommt. Sie kann sich nicht wie ein Privater mit nachträglichen Zwangsmitteln und Ersatzansprüchen gegen den säumigen Schuldner begnügen. Daß die Verwaltung nur am Ende mehrjähriger Prozesse ihre Rechte als Gläubigerin durchsetzen kann, würde nur dann reichen, wenn es um gleichwertige, private Interessen ginge, deren Träger insofern ebenfalls gleichgeordnet wären. Das öffentliche Interesse gebietet, daß die geschuldeten Leistungen auf jeden

---

163 Einzelheiten zu diesen Rechtstexten in: J. Rivero/ J.Waline, Droit administratif, S. 126, 127

164 vgl. J. Rivero/J. Waline, Droit administratif, S. 127, Rn. 118; vgl. Kritik von A. Bleckmann, Zur Dogmatik, S. 337

165 vgl. J. Rivero/J. Waline, Droit administratif, S. 128; CdE vom 2.2.1983, Union des transports publics urbains, R.D.P. 1984, S. 212

Fall rechtzeitig und ordnungsgemäß erbracht werden. Daraus folgt, daß der Verwaltung im Vertrag eine so dominierende Stellung zukommt, daß ihr Vertragspartner bei der Abwicklung des Vertrages weitgehend ihrem Willen unterworfen ist[166].

c. Das Prüfungs-, Überwachungs- und Weisungsrecht

Die Verwaltung kann die Erbringung der geschuldeten Leistungen in allen Einzelheiten überwachen und ständig prüfen. Die Befugnisse der Verwaltung reichen weiter: Sie besitzt ein Weisungsrecht[167]. Bei den marchés de travaux publics[168] zum Beispiel haben die Verwaltungsingenieure freien Zutritt zu den Baustellen, sie können jede Art von Kontrollen vornehmen und können insbesondere Weisungen selbst dann erteilen, wenn sie im Widerspruch stehen zu dem, was vertraglich vereinbart worden war[169]. Der Vertragspartner kann zwar gegen derartige Anordnungen Einspruch bei der Verwaltung einlegen, ein solcher Rechtsbehelf hat aber keinen Suspensiveffekt/aufschiebende Wirkung[170].

d. Das Sanktionsrecht

Die Nichterfüllung oder die Schlechterfüllung der übernommenen Pflichten durch den Vertragspartner stellt nicht nur eine Vertragsverletzung sondern auch ein Vergehen gegen den service public dar. Der Vertragspartner steht also in einem doppelten Pflichtverhältnis, dem vertraglichen und demjenigen, das sich

---

166 vgl. U. Lüthje, Die Theorie des contrat administratif, S. 95

167 vgl. J. Rivero/J. Waline, Droit administratif, S. 128, 1o

168 Sie sind die ältesten contrats administratifs und wurden durch den loi du pluviôse an VII von Napoléon in die Rechtswelt gesetzt. Sie sind synallagmatische Verträge, die die Errichtung oder Erhaltung von Bauwerken oder sonstige Werkleistungen auf öffentlichen Grundstücken als Leistungsanspruch der Verwaltung vorsehen (vgl. Rivero/Waline, Droit administratif, S. 116) Der Leistungsanspruch des Privaten (des Unternehmens) besteht in der Zahlung der Kosten für die Bau- bzw. Werkarbeiten durch die Verwaltung. (Lüthje, Die Theorie, S.14). Das herzustellende Werk muß dem öffentlichen Interesse dienen (but d' utilité générale) (s. Rivero/Waline, 116). Das üblichste Beispiel eines marché de travaux public ist der Bau von Autobahnen, von Krankenhäusern, von Kasernen, von Universitäten usw. Dagegen gelten in der Regel als contrats civils Verträge, die lediglich der wirtschaftlichen Nutzung staatlicher Domäne dienen, z.B. ein Vertrag, in dem sich ein Unternehmer verpflichtet, Holz in einem Staatsforst zu Holzkohle zu verarbeiten. Die marchés de travaux publics dienen somit der Herstellung oder Erhaltung der Infrastruktur des Staates.

169 vgl. auch CdE vom 22.2.1959, Ste pour l' exploitation des procédés Ingrand, Rec., S. 1300

170 vgl. Beispiele bei R. Chapus, S. 511, Rn. 728

aus seiner Mitwirkung bei der Ausführung des service public ergibt[171]. Die Vertragsverletzung wird deswegen in besonderer Weise sanktioniert. Das Sanktionsrecht hat eine doppelte Rechtsgrundlage: Einerseits den Vertrag und andererseits die öffentliche Gewalt, über die die Verwaltung als maître du service public verfügt[172].

Im Gegensatz zum Privatrecht, wo das Schadensersatzprinzip auf den finanziellen Ausgleich des vertragswidrig entstandenen Schadens einer Partei abzielt, folgt aus dem Grundsatz der Kontinuität der services publics, daß das Sanktionsrecht der Verwaltung eine generalpräventive Funktion erfüllt und vor allem auf vorbeugenden Rechtsschutz gerichtet ist[173]. Das Sanktionsrecht der Verwaltung existiert ex lege, also auch wenn es in keiner Vertragsklausel vorgesehen ist[174]. Die Sanktionen werden einseitig von der Verwaltung verhängt, ohne daß es einer vorherigen richterlichen Feststellung des vertragswidrigen Verhaltens ihres Vertragspartners bedarf[175]. Eine der schwerwiegendsten Sanktionen, die Verwaltung verhängen kann, ist die einseitige Auflösung bzw. die bedingungslose Kündigung des Vertrages[176].

e. Le privilège du préalable

Dieser Begriff drückt die Überlegenheit der Verwaltung gegenüber ihren Vertragspartnern aus. Diese Überlegenheit besteht darin, über den Eintritt gewisser, den contrat administratif gestaltenden Rechtswirkungen alleine und verbindlich zu entscheiden und die Verwirklichung ihrer Rechtsansprüche selber zu erzwingen. Es sind zwei Aspekte du privilège du préalable hervorzuheben:

f. Befugnis der Verwaltung zur verbindlichen Tatsachenfeststellung

Der Vertragspartner darf von der Erbringung der geschuldeten Leistung nicht schon deshalb absehen, weil nach seinem persönlichen Empfinden, Umstände vorliegen, die ihn von seiner Leistungspflicht befreien. Seine Leistungspflicht bleibt solange bestehen, bis die Verwaltung entscheidet, daß dem in Frage ste-

171 A. de Laubadere, Contrats, Bd. 2, S. 178

172 A. de Laubadere, Contrats, Bd. 2, S. 137

173 vgl. J. Rivero/J. Waline, S. 129

174 vgl. CdE vom 31.5.1907, Deplanque, Rec., S. 514, mit conclusions Romieu; J. Rivero/J. Waline, S. 129

175 J. Rivero/J. Waline, S. 129; zu den verschiedenen Arten von Sanktionen, die die Verwaltung ihrem vertragsverletzenden Vertragspartner auferlegen kann, s. J. Rivero/J. Waline, S. 129, 3o

176 J. Rivero/J. Waline, S. 130

henden Sachverhalt eine leistungsbefreiende Wirkung zuzuschreiben ist. Nach Art. 1184 Abs. 3 Code Civil kann ein Vertragspartner nicht durch einfache Willenserklärung vom Vertrag zurücktreten. Die Wirkungen seines Rücktritts treten erst durch ein richterliches, rechtsgestaltendes Urteil ein. Dieses Gestaltungsrecht steht beim contrat administratif der Verwaltung zu, ohne zuvor ein diesbezügliches gerichtliches Urteil erwirken zu müssen.

Dieses Gestaltungsrecht der Verwaltung hat den Charakter einer hoheitlichen Verfügung (eines Verwaltungsaktes). Diese ist zwar anfechtbar, jedoch muß vor der Anrufung des Verwaltungsgerichts vor der zuständigen Verwaltungsbehörde Einspruch erhoben werden. Dem richterlichen Verfahren wird also ein Verwaltungsverfahren vorgeschaltet[177].

g. Das einseitige Gestaltungsrecht der Verwaltung[178]

Im Gegensatz zum Privatrecht[179] bildet im Verwaltungsvertragsrecht die nachträgliche Änderung von Verträgen keinen Ausnahmefall, der einschränkend auszulegen und anzuwenden ist, sondern das normale, sich aus der Mitarbeit an einem service public ergebende Risiko des Vertragspartners, dem der contrat administratif Rechnung trägt.

Die Verwaltung besitzt ein einseitiges Gestaltungsrecht in Bezug auf den Inhalt einzelner Vertragsklauseln. Dies kann folgende Formen annehmen: Die geschuldete Leistung des Vertragspartners kann erhöht, gemindert oder inhaltlich verändert werden[180] oder andere Vertragsmodalitäten können einseitig festgelegt werden[181]. Das Recht der Verwaltung, sich über ihre vertraglichen Vereinbarungen unabhängig vom Willen ihres Vertragspartners hinwegzusetzen, ist nicht auf bestimmte Vertragstypen beschränkt. Dennoch übt die Verwaltung ihre Gestaltungsrechte bei manchen Vertragstypen häufiger. Das ist auf die unterschiedliche Bedeutung jedes einzelnen Vertragstyps für die Wahrnehmung öffentlicher Interessen zurückzuführen[182].

---

177 Dekret vom 30.9.1953, Art. 3: Klagefrist von 2 Monaten nach Verkündung des Ablehnungsbescheids im Verwaltungsverfahren

178 dieses Recht wurde zuletzt durch die Entscheidung des Conseil d' Etat vom 2.2.1983, Union des transport publics urbains, R.D.P. 1984, S. 212 bestätigt und rechtsdogmatisch verfestigt

179 vgl. J. Rivero/J.Waline, Droit administratif, S. 128, 2o

180 s. Beispiele bei R. Chapus, Droit administratif, S. 510

181 vgl. auch J. Rivero/J. Waline, S. 128, 2o

182 Beispiel: Grand Arrêt, CdE vom 21.03.1910, Societé générale française des tramways, Rec., S. 216 mit conclusions Blum;

h. Das Rücktrittsrecht der Verwaltung

Die Verwaltung kann einseitig vom Vertrag zurücktreten, wenn sich ihr Vertragspartner einer gravierenden Vertragsverletzung schuldig wird. Außerdem kann sie auch vom Vertrag zurücktreten, wenn Gründe des Allgemeinwohls so etwas diktieren[183]. Im letzten Fall gebührt die Verwaltung ihrem ex Vertragspartner Schadensersatz[184].

Auf die Wirksamkeitsvoraussetzungen der Ausübung des einseitigen Gestaltungsrechts bzw. des Rücktrittsrechts der Verwaltung kann hier nicht im Einzelnen eingegangen werden[185].

i. Théorie de l' équilibre financier du contrat[186]

Um dem Vertragspartner der Verwaltung den mit dem contrat administratif einhergehenden Unsicherheitsfaktor erträglich zu machen, ist das Prinzip des équilibre financier oder équité financière entwickelt worden, der im Privatrecht unbekannt ist[187].

Die rechtstheoretische Bedeutung des Prinzips besteht darin, dass die Verwaltung damit den Vertragscharakter des contrat administratif erhalten will: Dies erreicht sie durch die Wiederherstellung der Synallagmatik zwischen Leistung und Gegenleistung, indem sie ihrem Vertragspartner einen Ausgleichsanspruch einräumt[188]. Es müssen also das finanzielle Gleichgewicht und die Wechselbeziehung der gegenseitigen Leistungen unantastbar bleiben[189]. Das entspricht dem gemeinsamen Willen der Parteien bzw. ihrem Konsens, so wie er in dem abgeschlossenen contrat administratif zum Ausdruck gebracht wurde und auf Grund einer interprétation raisonnable de la commune intention des parties[190] auszulegen ist[191]. Über den Umfang des Ausgleichsanspruchs und die Ar-

183 s. J. Rivero/J. Waline, S. 133, 134 für Details; vgl. ähnliche Rechtslage in Deutschland, oben

184 s. CdE vom 10.11.1927, Guinard, Rec., S. 949

185 Diese müßten in einer weiteren Untersuchung über die Abwicklung der EU-Verwaltungsverträge analysiert werden

186 grundlegende Entscheidung CdE, Arrêt Cie générale française des Tramways de Marseille v. 21.3.1910, Rec. 1910, 216 ff.

187 U. Lüthje, Die Theorie, S. 105 f., Fn. 36

188 vgl. A. de Laubadère, Contrats, Bd. 2, S. 38

189 vgl. P.M. Efstratiou, Die Bestandskraft, S. 179

190 vgl. § 1156 Code Civil

191 P.M. Efstratiou, Die Bestandskraft, S. 179

ten der Eingriffe, die den Ausgleichsanspruch begründen, kann hier nicht näher eingegangen werden[192].

III. Probleme der Herausarbeitung einer unionsrechtlichen Definition

1. Entwicklung unionseigener Begriffsmerkmale

Die wenigen Autoren, die sich mit dem öffentlich-rechtlichen EU-Verwaltungsvertrag beschäftigt haben, sind zum Schluß gekommen, daß der Weg des Rückgriffs auf allgemeine Rechtsgrundsätze für die Formulierung einer unionsrechtlichen Definition des öffentlich-rechtlichen Vertrages der Europäischen Union nicht gangbar ist. Das liegt daran, daß "nicht nur etwa das britische Recht öffentlich-rechtliche Verträge nicht kennt, sondern auch weil etwa die französische und die deutsche Auffassung über die Frage zu weit voneinander abweichen"[193]. Es muß jedoch in diesem Zusammenhang eine Bemerkung über die mitgliedstaatlichen Rechtsordnungen gemacht werden, die den öffentlich-rechtlichen Vertrag nicht kennen oder sogar als Handlungsinstrument ablehnen: Wenn im AEUV eine Rechtsgrundlage vorhanden ist, auf der sich die allgemeine Zulässigkeit des öffentlich-rechtlichen EU-Verwaltungsvertrages begründen läßt, dann ist es nicht mehr gerechtfertigt, diejenigen mitgliedstaatlichen Rechtsordnungen heranzuziehen, die ihn nicht kennen oder sogar nicht zulassen. Diese mitgliedstaatlichen Rechtsordnungen dürfen einfach nicht berücksichtigt werden, wenn es um die Zulässigkeit und um den Versuch der Formulierung einer Definition dieser Rechtshandlung geht. Das folgt daraus, daß die EU-Rechtsordnung bei jedem Beitritt eines neuen Mitgliedstaates unverändert bleibt[194]. Der EuGH hat dies durch den Grundsatz der „sofortigen vollumfängli-

192 dazu s. u.a. J. Rivero/J. Waline, Droit administratif, S. 131, Rn. 124; U. Lüthje, Die Theorie, S. 106

193 A. Bleckmann, NJW 1978, S. 465; Ders., Zur Dogmatik, S. 332; vgl. W. Spannowsky, S. 495 jedoch in Bezug auf die Inhaltskontrolle

194 Eine Neuverhandlung, bei welcher die Integrationsverträge und ihr Folgerecht („acqui communautaire") wesentlich zur Disposition stünden, ist ausgeschlossen - vgl. ex Art. 49 EUV, der von „Aufnahmebedingungen" und erforderlich werdenden „Anpassungen" des Vertrages spricht und die Beitrittspraxis von 1973, 1981, 1986, 1995, bei der kraft Art. 49 (in seiner jeweiligen Fassung) nur notwendige technische Anpassungen vorgenommen und Übergangsregelungen zur Eingliederung der neuen Mitgliedstaaten in die unberührte EU-Rechtsordnung eingeführt wurden – s. T. Oppermann, Rn 1847, vgl. auch Rn 1854; s. eingehend W. Frenz, Handbuch des Europarechts, Band 5, S. 3 ff., 23 ff.

chen Anwendung des EU-Rechts auf die neuen Mitgliedstaaten" zum Ausdruck gebracht[195]. Insofern kann jeder neue Beitritt[196] die Zulässigkeit und die Existenz der eigenständigen Rechtshandlung öffentlich-rechtlicher Verwaltungsvertrag der EU-Organe nicht gefährden, vorausgesetzt, es gibt eine vertragliche Rechtsgrundlage, auf die sich seine Zulässigkeit stützen läßt, wie noch zu zeigen ist[197]. Der EuGH hat den gefestigten Bestand des EU-Rechts, das "acqui communautaire", mehrmals für unantastbar erklärt[198].

Wegen dieser Unstimmigkeiten besteht nur die Möglichkeit, „die Frage des öffentlich-rechtlichen Charakters eines Vertrags nach europarechtlichen Kriterien zu entscheiden"[199]. Damit wird wahrscheinlich auf die wertende Rechtsvergleichungsmethode hingewiesen, die im Falle der Unvereinbarkeit oder Unstimmigkeit der mitgliedstaatlichen Lösungen zur Annahme der für die EU-Rechtsordnung optimalsten rät bzw. die Verschmelzung von Elementen aus verschiedenen mitgliedstaatlichen Rechtsordnungen zur Gestaltung autonomen EU-Rechts gebietet[200].

2. Grundunterschiede zwischen den mitgliedstaatlichen Verwaltungsverträgen

Die Unterschiede zwischen den beiden vorstehend präsentierten Verwaltungsvertragsmodellen beruhen sind grundsätzlich zwei und betreffen zum einen den Anwendungsbereich bzw. den Gegenstand des Verwaltungsvertrages und zum anderen das Verhältnis zwischen den Vertragsparteien bei der Ausführung des Vertrages. Der Anwendungsbereich des deutschen öffentlich-rechtlichen Verwaltungsvertrages ist einerseits weiter als der des französischen Verwaltungsvertrages, weil er auch die "police", also den Bereich der Eingriffsverwaltung erfasst, der Teil des öffentlichen Rechts (§ 54 VwVfG) ist. In diesem Bereich wurzelt der Verwaltungsakt als vorzuziehende Handlungsform der Verwaltung. Im Gegensatz dazu läßt das französische Recht die Ersetzung eines Verwaltungsaktes durch einen contrat administratif nur auf denjenigen Gebieten zu, die,

195 EuGH Rs. 259/81, Slg. 1982, S. 4261 ff.

196 wie z.B. der Beitritt des Vereinigten Königreichs am 1.1.1973- s. P.-C. Müller-Graff, in: M. Dauses (Hrsg.), HdB des EU-WiR, EL 8, Rn. 35

197 s. unten

198 vgl. Generalanwalt Römer, Schlußanträge vom 18.9.1973, ver. Rs. 63-69/1972, Slg. 1258; Gilsdorf, EuR 1975, S. 94

199 A. Bleckmann, NJW 1978, S. 465

200 s. dazu oben

wie das Subventionsrecht, vom Gesetzgeber nicht durchnormiert worden sind[201]. Die Ersetzung eines Verwaltungsaktes durch einen contrat administratif ist in Fällen, in denen das Gesetz den acte administratif als Handlungsform der Verwaltung vorschreibt, unzulässig[202]. Der Anwendungsbereich des contrat administratif ist andererseits ebenfalls breiter als der des öffentlich-rechtlichen Verwaltungsvertrages, weil er große Bereiche des Beschaffungswesens umfaßt, die im deutschen Recht als Fiskalgebiete aufgefasst und dem Privatrecht unterstellt werden. Nach deutschem Verständnis sind die contrats administratifs, die das Beschaffungswesen betreffen nichts anderes als Privatrechtsverträge, auf die im Falle der Berührung öffentlicher Interessen öffentlich-rechtliche Regeln anwendbar sind und die somit in öffentlich-rechtliche Verträge umgewandelt werden[203].

IV. Definition des öffentlich-rechtlichen EU-Verwaltungsvertrages

1. Rechtstheoretische Fundierung

Eine Definition des öffentlich-rechtlichen Verwaltungsvertrages der Europäischen Union hat als Erster Albert Bleckmann entworfen[204]: "Nach ihm ist ein Verwaltungsvertrag ein Vertrag, den die EG mit einer Behörde oder einer unterstaatlichen juristischen Person des öffentlichen Rechts der Mitgliedstaaten oder mit Verbänden oder Individuen auf dem Gebiet des öffentlichen Rechts abschließt". Alle Autoren, die sich bis jetzt mit dem Thema mehr oder weniger befaßt haben, haben diese Definition übernommen[205]. Nach Bleckmann sind der EU-Vertrag und der AEUV-Vertrag nach den drei (deutschen) Theorien der Abgrenzung von öffentlichem und Privatrecht[206] eindeutig dem öffentlichen Recht zuzuordnen[207]. So kommt er zum Ergebnis, daß alle Verträge, die in Zusam-

---

201 s. A. Bleckmann, Zur Dogmatik, S. 339

202 s. Verweise unter Fn. 129 dieser Untersuchung und A. Bleckmann, Zur Dogmatik, S. 339

203 so A. Bleckamnn, Zur Dogmatik, S. 332; vgl. U. Stelkens, EuZW 2005, S. 299

204 s. A. Bleckmann, DVBl. 1981, S. 889; Ders., Zur Dogmatik des allgemeinen Verwaltungsrechts, S. 342 - Es handelt sich dort um den Abdruck der Originalabhandlung in DVBl. 1981, S. 889

205 vgl. nur U. Karpenstein, in: Grabitz/Hilf (Hrsg.), EU-Kommentar, EL 16, Art. 238, Rn. 17; I. Härtel, Europäische Rechtsetzung, S. 455 und Verweise unter Fn. 626 und 637 dieser Untersuchung

206 s. oben

207 A. Bleckmann, DVBl. 1981, S. 894

menhang mit Materien der EU-Verträge stehen, Verwaltungsverträge und somit Verträge des öffentlichen Rechts sind. Um katholischen Geltungsanspruch haben zu können, setzt diese Definition voraus, daß der öffentlich-rechtliche EU-Verwaltungsvertrag nach dem Vorbild des deutschen öffentlich-rechtlichen Verwaltungsvertrages (§§ 54 VwVfG ff.) konzipiert und ausgestaltet ist bzw. wird.

Es wurde zurecht angemerkt, daß diese Definition zu sehr vom deutschem Verständnis geprägt ist, obwohl die Unterscheidung zwischen öffentlichem Recht und Privatrecht in Deutschland und in Frankreich nicht nach den Kriterien der Abgrenzung zwischen privatrechtlichen und öffentlich-rechtlichen Verträgen erfolgt[208]. Es wurde aber auch eine Definition vorgeschlagen, die sowohl die deutschen wie die französischen Kriterien und Merkmale des öffentlich-rechtlichen Verwaltungsvertrags harmonisch miteinander verknüpft.

Nach dieser Definition ist ein Vertrag öffentlich-rechtlicher Natur, wenn er im Rahmen der Materien des EG-Vertrages die Ziele dieses Vertrags unmittelbar verfolgt[209]. Diese Definition fußt auf einer Kombination der französischen Version, nach der ein öffentlich-rechtlicher Verwaltungsvertrag dann vorliegt, wenn er unmittelbar die in der Präambel, die in Art. 3 und 21 EUV und die in den Einzelbestimmungen des AEUV genannten Ziele verfolgt[210], mit der deutschen Version, nach der ein Verwaltungsvertrag dann vorliegt, wenn er in Zusammenhang mit den materiellrechtlichen Normen des EU- bzw. des AEU-Vertrages geschlossen wurde. Die „französische" Version des EU-Verwaltungsvertrages lehnt sich an die französische Lehre vom service public an, die im engeren Sinne die unmittelbare Verfolgung öffentlicher Interessen zum Inhalt hat[211].

Nach dem „deutschen Modell" muß zur Anerkennung der Qualität eines Vertrages als Verwaltungsvertrag untersucht werden, ob er öffentlich-rechtlichen Inhalt hat[212] bzw. ob er anstelle von Rechtsakten im Sinne von Art. 288 AEUV treten kann[213]. Nach dem „französischen Modell" liegt die öffentlich-rechtliche Natur eines Vertrages auf der Hand, wenn er der Ausführung öf-

---

208 W. Spannowsky, Grenzen des Verwaltungshandelns, S. 491

209 so A. Bleckmann, NJW 1978, S. 465

210 die die Aufgaben der EU festlegen und die als services publics umgedeutet werden könnten

211 A. Bleckmann, NJW 1978, S. 465 mit Verweis auf A. de Laubadère, Traité de droit administrativ I, 7. Auflage, S. 345 ff

212 zur Abgrenzung zwischen öffentlichem und privatem Recht s. oben

213 vgl. D. Triantafyllou,Vom Vertrags- zum Gesetzesvorbehalt, S. 292

fentlicher Aufgaben (service public) dient[214], wobei als öffentliche Aufgaben die Verfolgung aller im AEUV gesetzten Politikziele anzusehen sind.

2. EuGH-Rechtsprechung zu den EU-Individualverträgen

Die Rechtsprechung des Gerichtshofs zu den Rechtsstreitigkeiten, die in Zusammenhang mit der Abwicklung von Verträgen entstanden sind, die die Europäische Union mit Individuen abgeschlossen hat, könnte ein mehr oder weniger klares Bild über das Verständnis des Gerichtshofs von der Rechtshandlung des öffentlich-rechtlichen EU-Verwaltungsvertrages vermitteln.

Der EuGH hat den Anstellungsvertrag eines Bediensteten, der Nichtigkeitsklage gegen seine Entlassung erhoben hat, als öffentlich-rechtlich qualifiziert. Die Begründung lautete: "Der streitige Vertrag sei von einer juristischen Person des öffentlichen Rechts geschlossen worden"[215]. Ein Teil der Lehre hat gemeint, daß der EuGH dabei offenbar von der „im deutschen Recht überwiegend und vom Gesetzgeber im Vertragsrecht ausdrücklich abgelehnten einfachen Subjektstheorie ausgegangen ist, nach der aus der Beteiligung des Staates als Vertragspartner auf öffentliches Recht zu schließen ist. Dies scheint vielmehr damit zusammenzuhängen, daß die Verwaltungslehre im französischen Recht zur Bestimmung der "contrats administratifs par nature" grundsätzlich prüft, ob sich der Vertrag auf die Ausführung eines "service public" bezieht, und betont, daß ein Vertrag grundsätzlich nur dann öffentlich-rechtlicher Natur sein kann, wenn wenigstens eine der Parteien eine juristische Person des öffentlichen Rechts ist“[216]. Diese Rechtsprechung des EuGH zeigt jedoch, daß der EuGH hauptsächlich auf das Kriterium des service public für die Bejahung des Vorliegens eines öffentlich-rechtlichen Verwaltungsvertrages abgestellt hatte[217]. Im selben Urteil Fiddelaar/Kommission[218] hat der Gerichtshof diesem Vertrag öffentlich-rechtlichen Charakter zuerkannt, denn:

a. Einer der Vertragspartner war die Kommission, die für die EWG handelte. Die EWG besaß gem. ex Art. 210 EWGV=ex Art. 47 i.V.m. Art. 1 Abs. 3 S. 3 EUV Rechtspersönlichkeit. Diese Rechtspersönlichkeit ist nach dem Gerichtshof "angesichts der mit ihr verbundenen Befugnisse und Funktionen öf-

214 vgl. D. Triantafyllou, Vom Vertrags- zum Gesetzesvorbehalt, S. 292
215 EuGH Fiddelaar/Kommission, Rs. 44/1959, Slg. 1960, S. 1119 ff. (1134)
216 W.Spannowsky, Grenzen des Verwaltungshandelns, S. 491
217 vgl. auch D. Triantafyllou, Vom Vertrags- zum Gesetzesvorbehalt, S. 294
218 EuGH, Rs. 44/59, Slg. 1960, S. 1117 ff.

fentlich-rechtlicher Natur". Der Vertrag ist somit von einer juristischen Person des öffentlichen Rechts geschlossen worden[219].

b. Der Vertrag ist "im Hinblick auf die Tätigkeit des Sprachendienstes der Kommission geschlossen worden". Diese Tätigkeit ist öffentlich-rechtlicher Natur, weil sie "darin besteht, den amtlichen Verlautbarungen der Kommission einen inhaltlich gleichen Ausdruck in den vier Amtssprachen der Europäischen Warengemeinschaft zu geben" und daher "einen wesentlichen Beitrag zu dem Verfahren leistet, welches auf die Annahme der Texte dieser Verlautbarungen in den einzelnen Amtssprachen gerichtet ist".

Aus diesen Ausführungen des Gerichtshofs geht hervor, daß er die öffentlich- rechtliche Natur eines Vertrages daran erkennt, daß der Vertrag der Durchführung eines service public dient. Der service public wird vom Gerichtshof lebhaft geschildert. Er besteht in der Erbringung einer Dienstleistung von öffentlichem Interesse, durch die den amtlichen Verlautbarungen der Kommission ein inhaltlich gleicher Ausdruck in den Amtssprachen der EU gegeben wird[220].

In einem früheren Urteil, Kergal/Gemeinsame Versammlung, Rs. 1-55, Slg *1955 S. 11ff.*, hat der Gerichtshof einen Anstellungsvertrag der Gemeinschaft (EGKS) als öffentlich-rechtlich qualifiziert. Diese Verträge sind aufgrund *„des Paragraphen 7 Absatz 3 des Abkommens über die Übergangsbestimmungen geschlossen worden. Sie stellen eine Vorstufe zum endgültigen Statut dar und räumen den Bediensteten eine Anwartschaft auf eine Dauerstellung ein".* An anderer Stelle wiederholte der Gerichshof, daß der Vertrag auf Grund seiner *Bezugnahme auf diese Übergangsbestimmung sich als Vorstufe zum endgültigen Statut darstellt . Deswegen ist der Gerichtshof der Ansicht, „daß die Anstellung des Klägers ein Rechtsverhältnis geschaffen hat, welches über den Rahmen eines privatrechtlichen Dienstvertrages hinausgeht".* Der Gerichtshof gelangt zu folgendem Ergebnis: „Schließlich ist der Anstellungsvertrag des Klägers öffentlich-rechtlicher Natur. Es handelt sich um einen Vertrag über die Anstellung bei einer öffentlichen Behörde; in dieser Stellung hatte der Kläger öffentliche Funktionen auszuüben. Schließlich nimmt der Vertrag auf ein von dieser Behörde aufgestelltes „règlement intérieur" Bezug. Daraus folgt, daß die Rechtstellung

---

219 der vorstehend zitierte Autor- W. Spannowsky- hat nur diese Aussage des Gerichtshofs berücksichtigt

220 D. Triantafyllou, vom Vertrags- zum Gesetzesvorbehalt, S. 294, bemerkt, daß der Vertrag auch nach deutschem Recht ein Verwaltungsvertrag sein würde, weil das Kriterium der Austauschbarkeit der Vertragsform mit dem Verwaltungsakt der Einstellung erfüllt war.

des Klägers die eines öffentlichen Beamten mit vorläufigem Anstellungsverhältnis ist".

In dieser Rechtsprechung ist wieder die Bezugnahme des Gerichtshofs auf den service public Begriff erkennbar: Der Vertrag dient der Anstellung eines Individuums bei einer öffentlichen Behörde. Dort hat der Kläger öffentliche Funktionen auszuüben. Dennoch steht in dieser Entscheidung das „deutsche Verständnis" vom öffentlich-rechtlichen Vertrag im Vordergrund. Dieser Vertrag wurde aufgrund einer Übergangsbestimmung eines Abkommens (also einer öffentlich-rechtlichen Vorschrift) geschlossen. Der Vertrag stellt eine Vorstufe zum endgütligen Statut der Beamten dar, das ein öffentlich-rechtlicher Rechtsetzungsakt ist, nach dessen Vorschriften Beamtenverhältnisse, d.h. öffentlich-rechtliche Verhältnisse begründet werden. Der Vertrag verleiht dem Beschwerdeführer ein Anwartschaftsrecht auf Dauereinstellung gemäß diesem Beamtenstatut. Schließlich nimmt der Vertrag auf ein „règlement intérieur" Bezug, das offensichtlich ebenfalls öffentlich-rechtlicher Natur ist.

Die neuere Rechtsprechung liefert das Beispiel eines Vertrages, der vom Generalanwalt Lenz als öffentlich-rechtlicher Vertrag bezeichnet wurde. In seinen Schlußanträgen Kommission/Feilhauer[221], charakterisierte der Genaralanwalt Lenz den in Betracht kommenden Vertrag als „öffentlich-rechtlichen Subventionsvertrag, der der Verwirklichung der Ziele der Verordnung Nr. 1302/1978 dient"[222]. Aus der Rechtsnatur des Vertrages zieht der Generalanwalt schwerwiegende Folgen auch in Bezug auf das anwendbare Recht: „Zwar ist richtig, daß die Parteien hierin global auf deutsches Recht verwiesen haben. Diese Verweisung muß jedoch in dem Zusammenhang betrachtet werden, in dem sie steht. Der vorliegende Vertrag ist ein öffentlich-rechtlicher Subventionsvertrag, der der Verwirklichung der Ziele der Verordnung Nr. 1302/78 dient. Die Parteien haben mit den einzelnen Vertragsklauseln diese besondere, keineswegs typische Interessenlage regeln wollen, wobei sie auf eine Kodifikation des EU-Rechts nicht zurückgreifen konnten. Angesichts dieser Besonderheiten leuchtet es ein, daß im Rahmen des Artikels 14 Vorschriften des deutschen Rechts nicht angewandt werden können, deren Heranziehung mit Wesen und Zielsetzung des Vertrags oder einzelner seiner Vorschriften nicht vereinbar ist, so wie sie sich aus Wortlaut, Aufbau und Kontext der Regelung ergeben. Artikel 14 ist daher in diesem Sinne einschränkend auszulegen. Das gilt namentlich auch für die Vorschriften des BGB, an die mit der Verweisung auf das "deutsche Recht" mit Sicherheit gedacht war".

---

221 EuGH, Rs. C- 209/1990, Slg. 1992 S. I-2613

222 s. Erwägungsgrund 22, Schlußanträge des Generalanwalts Lenz vom 22. Oktober 1991, in Slg. 1992, S. I-2613 ff

Der Generalanwalt hatte zuvor angemerkt, daß der streitige Vertrag auf der Grundlage von Art. 8 der VO Nr. 1302/78 über die Gewährung einer finanziellen Unterstützung für Vorhaben zur Nutzung alternativer Energiequellen geschlossen worden war[223].

Aus den Ausführungen des Generalanwalts geht hervor, daß er den öffentlich-rechtlichen Vertrag als Handlungsform der Kommission zur Durchführung der Verordnung Nr. 1302/78 versteht. Der öffentlich-rechtliche Vertrag dient also dem direkten externen Vollzug des EU-Rechts bzw. seiner Anwendung im Einzelfall[224]. Der Generalanwalt scheint somit auf das „deutsche Modell" des öffentlich-rechtlichen Verwaltungsvertrages abzustellen: Der Vertrag ist öffentlich-rechtlich, weil er auf die Ermächtigung einer öffentlich-rechtlichen Rechtsnorm zurückgeht (hier eines Artikels in einer Verordnung zur Förderung der Nutzung alternativer Energiequellen). Der Vertrag wird zum Vollzug des mit dieser Verordnung gesetzten Rechts geschlossen. Dennoch steht der service-public Gedanke ebenfalls hinter seinen Ausführungen: Der zu beurteilende Vertrag dient der Verwirklichung der Ziele der Verordnung Nr. 1302/1978 und ist deswegen öffentlich-rechtlicher Natur. Der Generalanwalt scheint auf die öffentlich-rechtliche Zielsetzung, die Erfüllung öffentlicher Aufgaben und somit auf die Ausführung eines service public hinzudeuten.

Der Gerichtshof hat in seinem entsprechenden Urteil den strittigen Vertrag nicht ausdrücklich als öffentlich-rechtlich eingestuft, er hat ihn dennoch einem deutschen öffentlich-rechtlichen Subventionsvertrag gleichgestellt. Trotzdem hat er nicht das deutsche Recht angewandt, sondern er hat die Auffassung des Generalanwalts Lenz geteilt und die Vorschriften der Verordnung, also das EU-Recht für maßgeblich gehalten[225].

Von besonderem Interesse ist das Urteil des EuGH Kommission/SNUA Srl.[226]. Dort ging es wiederum um einen Subventionsvertrag. Der Vertrag wurde aufgrund der VO Nr. 3640/1985[227] zur Förderung von Demonstrationsvorhaben und industriellen Pilotvorhaben im Energiebereich geschlossen. Der Gerichtshof führte aus, daß er zwar den Rechtsstreit nach dem nationalen Recht, das auf den Vertrag anwendbar ist, zu entscheiden hat. Er hat dennoch hinzugefügt, daß er den Rechtsstreit auch „in dem Zusammenhang, in dem dieser Vertrag steht, zu

223 Artikel 8 der VO ermächtigte die Kommission, zur Durchführung der genehmigten Vorhaben die erforderlichen Verträge auszuhandeln und abzuschliessen

224 s. dazu unten

225 s. Erwägungsgründe 43-45 des Urteils

226 Rs. C-69/97, Slg. 1999, S. I-2363

227 ABlEG. 1985, L 350, S. 29 ff.

entscheiden“ hat[228]. Der zu berücksichtigende Sachzusammenhang war, daß „die Entscheidung über die finanzielle Beihilfe zugunsten der Beklagten nach den Bestimmungen der Verordnung Nr. 3640/1985 getroffen wurde“[229]. Der Gerichtshof hatte zu beurteilen, ob die Ausübung des einseitigen Auflösungsrechts der Kommission gem. Art. 8 des Vertrages wegen Nichterfüllung der vertraglichen Pflichten ihres Kontrahenten auch unabhängig vom Vorliegen eines Verschuldens (verschuldensunabhängig) rechtmäßig war. Der Gerichtshof hat das Vorbringen der Beklagten, sie habe die Nichterfüllung des Vertrages nicht zu vertreten, zunächst nach dem vereinbarten Inhalt des Vertrages beurteilt. Er judizierte, daß Artikel 8 des Vertrages zu entnehmen sei, daß die Auflösung nicht das Verschulden des Vertragspartners, sondern lediglich die Nichterfüllung bestimmter vertraglicher Pflichten voraussetzt, gleichgültig aus welchem Grund oder Anlaß. Gleichwohl hat er sich als verpflichtet gesehen, Art. 8 nach seiner Vereinbarkeit mit dem für anwendbar erklärten italienischen Recht zu prüfen und ihn entsprechend auszulegen. Seine Ausführungen indizieren aber eine andere Absicht. Der Gerichtshof führte aus: „Obwohl die Rechtsprechung der Corte Suprema di Cassazione die Anwendung ausdrücklicher Aufhebungsklauseln im Sinne des Artikel 1456 des Codice Civile davon abhängig macht, daß die vertragsbrüchige Partei die Nichterfüllung des Vertrages zu vertreten hat, räumt Artikel 1322 dieses Gesetzbuchs den Parteien im Rahmen der Vertragsautonomie das Recht ein, den Vertragsinhalt innerhalb der gesetzlichen Grenzen frei zu bestimmen. Das italienische Zivilgesetzbuch steht also der vertraglichen Vereinbarung einer Auflösungsklausel nicht entgegen, die abweichend vom allgemeinen italienischen Vertragsrecht nicht voraussetzt, daß die Nichterfüllung verschuldet ist. Im vorliegenden Fall haben die Parteien offenkundig spezifische Auflösungsbedingungen beabsichtigt, die vor allem *den besonderen Charakter der Beziehungen zwischen der Gemeinschaft und dem Unternehmen, dem sie auf der Grundlage der Verordnung Nr. 3640/85 eine Beihilfe gewährt, sowie die praktischen Möglichkeiten der Kommission berücksichtigten, die Durchführung des Arbeitsprogramms zu verfolgen.* Die Kommission konnte sich somit auf Artikel 8 des Vertrages stützen, um die Auflösung zu erklären“[230]. Es ist bemerkenswert, daß der Generalanwalt La Pergola in seinen Schlußanträgen zur selben Rechtssache genau das Gegenteil behauptet hatte. Er hat nämlich die Recht-

228 s. Erwägungsgrund 18 und 19

229 s. Erwägungsgrund 19

230 s. Erwägungsgründe 23-25

sprechung der Corte Suprema di Cassazione unverändert übernommen und ist zu einem Ergebnis zugunsten der Beklagten gelangt[231].

Der Gerichtshof wollte durch diese Rechtsprechung darlegen, daß für die Wirksamkeit der Ausübung des Auflösungsrechts der Kommission kein Verschulden vorliegen musste, obwohl Art. 8 in Bezug auf das Verschuldenserfordernis grammatisch unklar war. Er hat daher (auch weil sich die Beklagte darauf berufen hat) das „für anwendbar" erklärte italienische Recht herangezogen. Der EuGH folgte aber der Rechtsprechung der Corte Suprema di Cassazione nicht und unternahm dagegen eine eigenständige, autonome Auslegung des italienischen Zivilrechts. Er modifizierte und paßte das auf den Vertrag für anwendbar erklärte mitgliedstaatliche Recht an den *„besonderen Charakter der Beziehungen zwischen der Gemeinschaft und dem Unternehmen [an], dem sie auf der Grundlage der Verordnung Nr. 3640/1985 eine Beihilfe gewährt"hatte.* Eigentlich erkennt und unterstreicht der Gerichtshof mit seinen Ausführungen die unterschiedliche Interessenlage, auf die die Rechtsprechung der Corte Suprema di Cassazione zugeschnitten war. Der Vertrag, den die Kommission auf der Grundlage der Verordnung Nr. 3640/85 abschließt, wird weder zwischen zwei gleichgestellten Personen abgeschlossen, noch verfolgt sie gleichgeordnete Interessen, wie die Privatrechtsverträge des Codice Civile. Das ist der entscheidende Gedanke, der hinter den Ausführungen des EuGH steht. Sein Gedankengang ist identisch mit demjenigen eines deutschen, französischen, griechischen usw. Verwaltungsgerichts, das zivilrechtliche Rechtsnormen heranzieht, um Lücken des öffentlichen Rechts zu füllen und die zivilrechtlichen Vorschriften als allgemeine Rechtsgrundsätze des öffentlichen Rechts modifiziert und an die eigentümliche Interessenlage dieses Rechtsgebiets anpaßt[232].

Im Vorlageverfahren Pommerehnke u.a./Bundesanstalt für Landwirtschaftliche Marktordnung[233] ging es um die Auslegung einer Verordnungsvorschrift, die für die Ausgestaltung von Verträgen zur Durchführung des EU-Rechts auf der Ebene des indirekten unmittelbaren Vollzugs von Bedeutung war. In Art. 6 Abs. 2 der VO Nr . 349/1973 der Kommission vom 31.1.1973[234] über den Absatz von Butter zu herabgesetzten Preisen aus den Beständen der Interventionsstellen für den direkten Verbrauch in Form von Buttereinfett wurde angeordnet, daß die Interventionsstellen den Kaufvertrag mit den Käufern

---

231 s. Schlußanträge Generalanwalt La Pergola vom 15. Oktober 1998, EuGH Kommission/SNUA Srl., Rs. C-69/97, Slg. 1999 S. I-2363

232 s. dazu oben; vgl. EuG v. 17.06.2010, verb. Rs T-428/07 und T-455/07, Centre d'étude et de valorisation des algues SA (CEVA)/Europäische Kommission, Rn. 60

233 EuGH, verb. Rs. 66 und 99/1981, Slg. 1982, S. 1363 ff

234 ABlEG 1973 L 40 , S . 1

schriftlich abschliessen müssen. In den Vertrag mußte die Feststellungserklärung des Vertragspartners der Interventionsstelle eingefügt werden, daß ihm die vom betreffenden Mitgliedstaat festzulegenden Sanktionen mitgeteilt wurden, denen er bei Nichterfüllung der im Vertrag vorgesehenen Verpflichtungen ausgesetzt wäre. Der Gerichtshof betonte, daß Zweck dieser Verordnung der Absatz der Interventionsbestände an Butter *zu herabgesetzten Preisen für den direkten Verbrauch* war. „Somit ergibt sich aus diesem Artikel unter Berücksichtigung der mit dieser öffentlich-rechtlichen Regelung insgesamt verfolgten Ziele eindeutig, daß der Begriff „Kaufvertrag“ eine andere Bedeutung als normalerweise im Privatrecht hat“. Der Gerichtshof scheint die praktische Bedeutung seiner dogmatischen Erkenntnis darin zu sehen, daß *“es nämlich im Hinblick auf diese Regelung wesentlich ist, daß der Käufer schriftlich bescheinigt, von den Sanktionen Kenntnis genommen zu haben, denen er sich bei Nichtbeachtung der Verpflichtungen ... aussetzt.* Im vorliegenden Fall sind die Garantien für die Verwendung der zu herabgesetzten Preisen verkauften Butter gemäß den Anforderungen der Verordnung und die gegebenfalls anwendbaren Sanktionen in den Richtlinien der Interventionsstelle vom 13.2.1973 detailliert geregelt. Ihre Auslegung hat somit nach nationalem Recht zu erfolgen“.

Der Gerichtshof scheint somit die Ankündigung von „Sanktionen“ im Falle der Nichterfüllung der von einem Vertragspartner eingegangenen *öffentlich-rechtlichen* Verpflichtungen als Merkmal eines öffentlich-rechtlichen Vertrages anzusehen. Dennoch stellt er für die Bezeichnung des Vertrages nicht auf die Vertragsklauseln ab, sondern auf die Verfolgung eines öffentlich-rechtlichen Zwecks. Gleichzeitig stellt er aber auch auf den öffentlich-rechtlichen Charakter der Regelung, der die Ermächtigung zum Abschluß dieser Verträge zu entnehmen ist („...unter Berücksichtigung der mit dieser öffentlich-rechtlichen Regelung...“). Er klärt jedoch nicht, woran er den öffentlich-rechtlichen Charakter des Art. 6 Abs. 2 dieser Verordnung erkennt. Es ist daher möglich, daß er der Auffassung war, daß durch diese Regelung die Verfolgung von öffentlich-rechtlichen Interessen ihr öffentlich-rechtlichen Charakter verleiht[235].

Im EuGH-Urteil im Fall Maag/Kommission[236] hatte der Gerichtshof über die Klage eines Aushilfsdolmetschers zu entscheiden, mit der er die Verurteilung der Kommission zur Zahlung von Verzugszinsen aus vier Nachzahlungen von Tagesvergütungen für erbrachte Arbeitsleistungen und die Aufhebung der *Entscheidung* der Kommission begehrte, mit der diese die Zahlung der Zinsen verweigert hatte. Der Kläger hatte mit der Kommission einen Vertrag aufgrund

---

235 vgl. service-public Begriff und deutsche Interessentheorie; s. eingehend oben im Kapitel über den contrat administratif

236 EuGH, Rs. 43/1984, Slg. 1985, S. 2581

der internen Regelung der Kommission (ohne Außenwirkung) für die freiberuflich tätigen – Freelance – Konferenzdolmetscher abgeschlossen.

In Bezug auf den Antrag zur Aufhebung der vermeintlichen *Entscheidung* machte die Kommission geltend, „Artikel 173 [EWGV] sei nur anwendbar, wenn die Entscheidung, deren Aufhebung verlangt wird, in die Zuständigkeit des Gerichtshofs falle. Dies sei bei einer ablehnenden Entscheidung über einen Antrag auf Zahlung von Verzugszinsen aus Beträgen, die aufgrund eines Vertrages geschuldet waren, der nicht dem EWG-Recht unterliege und keine Schiedsklausel enthielte, nicht der Fall“. Der Gerichtshof hat sich der Ansicht der Kommission angeschlossen: „... der Rechtsstreit hatte seinen Ursprung in der angeblichen Verspätung der Zahlung rückständiger Vergütungen durch die Kommission, die diese dem Kläger aufgrund von Verträgen schuldete, die mit diesem außerhalb des Anwendungsbereichs des Statuts und der Beschäftigungsbedingungen der sonstigen Bediensteten der Gemeinschaft geschlossen worden waren und die keine Schiedsklausel enthielten. Der Gerichtshof ist nicht zuständig, über einen solchen Rechtsstreit zu entscheiden.“

Obwohl dieses Urteil vorwiegend prozeßrechtliche Bedeutung hat, ist es trotzdem auch in materiellrechtlicher Hinsicht wichtig, weil dort die Formulierung der Kommission „... Vertrag ... der nicht dem Gemeinschaftsrecht unterliege“ und die zustimmende konkretisierende Formulierung des Gerichtshofs „... außerhalb des Anwendungsbereichs des Statuts und der Beschäftigungsbedingungen...“ auftauchen.

Der Gerichtshof hat noch eine Streitigkeit bezüglich der Beendigung eines Arbeitsverhältnisses beigelegt. Im EuGH-Urteil im Fall Mills/Europäische Investitionsbank[237] ging es um die Rechtmäßigkeit der Kündigung eines auf unbestimmte Zeit abgeschlossenen Vertrages gem. Art. 16 Abs. 3 der Personalordnung der Europäischen Investitionsbank. Die Kündigungserklärung stellte einen einseitigen Rechtsakt bzw. eine Entscheidung dar, und der Gerichtshof prüfte, ob sie eine verschleierte Disziplinarmaßnahme darstellte oder ob der Europäischen Investitionsbank ein Verfahrens- oder Ermessensmißbrauchsfehler unterlaufen war. Es ist deutlich, daß der Gerichtshof dem Arbeitsverhältnis des Klägers mit der Beklagten öffentlich-rechtliche Natur beimißt, zumal die Ausübung des Kündigungsrechts der Europäischen Investitionsbank, das ein Gestaltungsrecht ist, gleich wie im griechischen Verwaltungsvertragsrecht[238] in Form einer Entscheidung (bzw. eines Verwaltungsaktes) ergeht. Dennoch sind im Urteil auch Zeichen des deutschen Verständnisses vom öffentlich-rechtlichen Verwaltungsvertrag spürbar, wenn der Gerichtshof die Ausübung des Kündigungsrechts

---

237 Rs. 110/1975, Slg. 1976, S. 1613

238 s. E. Spiliotopoulos, Enheiridio Dioiketikou Dikaiou I, S. 205

als vereinbar mit „dem Wesen der arbeitsrechtlichen Regelung, die die Bank getroffen und in ihrer Personalordnung bestätigt hat“ ansieht.

D. Verträge zur Durchführung von EU-Politiken

Nachfolgend werden der Inhalt, die typischen Merkmale und Regeln der repräsentativsten EU-Verwaltungsvertragsmuster, die die Kommission zur Durchführung des EU-Rechts entwickelt hat. Diese Muster vermitteln einen guten Überblick über die Ausgestaltung der öffentlich-rechtlichen Verwaltungsverträge der EU und veranschaulichen deren Ähnlichkeit mit den contrats administratifs der französischen Verwaltung. Als erstes wird ein älterer Vertragstypus aus dem Technologie- und Forschungsbereich präsentiert, dessen Klauseln große Ähnlichkeit mit denen eines contrat administratif aufweisen. Es muß hervorgehoben werden, daß die meisten Verträge auf diesem Rechtsgebiet die selbe oder eine sehr ähnliche Ausgestaltung wie der darzustellende Vertragstyp erfahren haben:

I. Ältere öffentlich-rechtliche EU-Verwaltungsvertragsmuster

Art. 12 des Beschlußes 1999/65/EG des Rates vom 22.12.1998[239], ermächtigte die Kommission zum Abschluß von Verträgen, die ausgewählte Vorschläge für eine indirekte Forschungs-Technologie-Entwicklungsaktion (FTE) betreffen (Art. 12 Abs. 1). Art. 12 Abs. 2 bestimmte, daß sich die Verträge auf den einschlägigen Mustervertrag stützen müssen, den die Kommission im Benehmen mit den Mitgliedstaaten, gegebenfalls unter Berücksichtigung der verschiedenen betroffenen FTE-Tätigkeiten, erstellt.

Das diesbezügliche Muster für den Kooperationsforschungsvertrag (Craft) für KMU[240], sah in Art. 3, Abs. 3, UAbs.4 (über den Finanzbeitrag der Gemeinschaft) vor: „Die von der Kommission hinsichtlich der von ihr getätigten Zahlungen erlassene Aufforderung zur Rückzahlung wird dem rückzahlungspflichtigen Vertragspartner zugestellt und *ist ein vollstreckbarer Titel* im Sinne von Art. 256 EG-Vertrag“[241]. Statt eines Anspruches aus ungerechtfertigter Berei-

---

239 ABl 1999, L 26/46

240 der Mustervertrag kann von der offiziellen Internetseite der Kommission bzw. der Generaldirektion Forschung für die FTE-Politik heruntergeladen werden: www.cordis.lu/fp5/management/provisions/r_provisions.htm (letztmaliger Abruf: 01.03.2002), s. dort unter Aktionen für KMU

241 s. auch EuG v. 8.10.2008, Rs. T-122/06, Helkon Media AG/Kommission, Rn. 13

cherung bzw. eines Herausgabeanspruchs räumt der Vertrag der Kommission hier die Befugnis des Erlasses eines Beschlusses gem. Art. 288 AEUV ein[242], der gem. Art. 299 AEUV ein vollstreckbarer Titel ist. Dieser Vertragsklausel kann nur die Qualität einer clause exorbitante zugeschrieben werden[243].

In Art. 3 Abs. 5 wird vorgesehen, daß im Falle der Feststellung während einer Finanzprüfung *nach Vertragserfüllung,* nach Kündigung des Vertrages usw. von Betrug oder schwerwiegenden finanziellen Unregelmäßigkeiten, die Kommission vom Vertragspartner die Rückzahlung des gesamten, ihm überwiesenen EU-Betrages zuzüglich Zinsen fordern kann bzw. muß[244]. Die Kommission scheint hiermit eine unionsrechtliche Sanktion einführen zu wollen[245], zumal sie sich mit der Rückforderung derjenigen entrichteten Summen nicht begnügt, die tatsächlich eine Vermögensmehrung ihres Vertragspartners bewirkt haben, sondern sie kann, bzw. muß die Rückzahlung des gesamten EU-Betrages anfordern[246]. Auf die zurückgeforderten Geldbeiträge, die über den Anspruch der Kommission aus ungerechtfertigter Bereicherung hinausgehen, ist ein Gegenanspruch ihres Vertragspartners ausgeschlossen.

---

242 Zu der Beziehung zwischen der ehemaligen Handlungsform Entscheidung und dem adressatenbezogenen Beschluß, der sie ersetzt hat, s. eingehend W. Frenz, Handbuch Europarecht, Band 5, S. 365 ff.

243 Diese Vertragsklausel scheint von der deutschen Regelung des § 61 VwVfG inspiriert worden zu sein; vgl. BVerwGE 52, 71: Rückforderung durch Erlaß eines Verwaltungsaktes von zuviel gezahlter Ausbildungsbeihilfe auf Grund eines Verwaltungsvertrages.

244 vgl. EuG v. 17.06.2010, verb. Rs T-428/07 und T-455/07, Centre d'étude et de valorisation des algues SA (CEVA)/Europäische Kommission, Rn. 21, 28 f.

245 diese Vertragsstrafe nimmt eine generalpräventive Funktion ein, die die Sanktionen des französischen Verwaltungsvertragsrechts ebenfalls kennzeichnet, s. in dieser Unteruchung Abschnitt über den contrat administratif und Fn. 168-173; zu den Sanktionen im EU-Recht, s. z.B. K. Lenaerts, Sanktionen der EU-Organe gegenüber natürlichen und juristischen Personen, EuR 1997, S. 17 ff.; H. Teske, Die Sanktion von Vertragsverstößen im Gemeinschaftsrecht, EuR 1992, S. 265 ff.; I. Appel, Sanktionen als Mittel zur Durchsetzung des Gemeinschaftsrechts, DVBl. 1995, S. 280 ff.; Vgl. EuG v. 17.06.2010, verb. Rs T-428/07 und T-455/07, vgl. Centre d'étude et de valorisation des algues SA (CEVA)/Europäische Kommission, Rn. 128: „Dagegen sieht Art. 3 Abs. 5 des Anhangs II, falls im Zuge einer Finanzprüfung ein Betrug oder schwerwiegende finanzielle Unregelmäßigkeiten festgestellt werden, für die Kommission die Möglichkeit vor, den gesamten von der Union gezahlten Finanzbeitrag zurückzufordern, und hat damit die Abschreckung zum Ziel (vgl. entsprechend Urteil des Gerichts vom 26. September 2002, Sgaravatti Mediterranea/Kommission, T-199/99, Slg. 2002, II-3731, Randnr. 136)."

246 vgl. EuG v. 17.06.2010, verb. Rs T-428/07 und T-455/07, Centre d'étude et de valorisation des algues SA (CEVA)/Europäische Kommission, Rn. 28 f.

In Art. 5 UAbs. 2 über den Abschluß von Unterverträgen ist vorgesehen, daß der Vertragspartner die vorherige Zustimmung der Kommission einzuholen hat, wenn die Unterverträge einen bestimmten Wert übersteigen, wenn der Unterauftragnehmer seinen Sitz in einem Drittland hat und der Vertragspartner der Kommission dort nicht ansässig ist, oder aber wenn der Untervertrag zur Durchführung von Koordinierungsaufgaben geschlossen wurde. Diese Befugnis erinnert an die Befugnis der französischen Verwaltung, als maître des service public die Art und Weise der Erbringung der geschuldeten Leistungen mitzubestimmen[247], als ob sie den service public in eigener Regie durchführen wollte.

In Art. 6 Abs. 2 UAbs. 2 wird bestimmt, daß im Falle höherer Gewalt die vertragsschließenden Parteien die zu ergreifenden Maßnahmen zu vereinbaren haben. Es wird festgelegt, daß gewisse Umstände nicht als höhere Gewalt angesehen werden dürfen. Diese Klausel, die im Falle höherer Gewalt die automatische Befreiung der Vertragsparteien von den vertraglichen Bindungen ausschließt, ist eine innovative Klausel, die, soweit ersichtlich, in den contrats administratifs nicht vorzufinden ist. Dort entfaltet der Fall höherer Gewalt befreiende Wirkung.

In Art. 7 sind weitreichende Kündigungsmöglichkeiten der Kommission vorgesehen.:

Art. 7 Abs. 1: „Die Kommission kann den Vertrag kündigen, wenn: ... b) die Nutzungsmöglichkeiten der Projektergebnisse wesentlich eingeschränkt werden.

Art. 7 Abs 3c: Die Kommission kann den Vertrag unverzüglich kündigen, wenn „beim Vertragspartner eine Änderung in den Kontrollverhältnissen eingetreten ist, die das Projekt oder *die Interessen der Gemeinschaft* erheblich beeinträchtigen dürfte.“

Art. 7 Abs. 4: „In folgenden Fällen kündigt die Kommission unverzüglich diesen Vertrag oder *erklärt* die Teilnahme eines Vertragspartners mit dem Eingang des Einschreibens mit Rückschein für *beendet*:

a. Die in den Art. 3 bis 12 des Beschlusses festgelegten Bedingungen für die Teilnahme am Projekt sind nicht mehr erfüllt, es sei denn, das Projekt ist für die Durchführung des spezifischen Programmes unabdingbar
b. Ein Vertragspartner hat falsche Angaben gemacht, wofür er belangt werden kann, oder vorsätzlich Unterlassungen mit dem Ziel begangen, den

247 im hiesigen Kontext betrifft die Befugnis der Kommission, die Hilfspersonen mitzubestimmen, die ihr Vertragspartner zur Erbringung der vertraglichen Leistungen heranziehen möchte

Finanzbeitrag der Gemeinschaft oder einen anderen Vorteil aus dem Vertrag zu erlangen[248].

Der Ausdruck „erklärt für beendet“ ist in diesem Absatz auffällig. Er scheint auf einen einseitig-hoheitlichen Beschluss im Sinne von Art. 288 AEUV hinzudeuten. Das kann im ersten Fall gerechtfertigt sein, wenn der Vertragspartner nämlich die Voraussetzungen nicht mehr erfüllt, die in einem einseitig-hoheitlichen Rechtsakt – dem Beschluß – vorgesehen sind[249]. Im Übrigen wird der Kommission auf Grund dieser Klauseln ein Sonderkündigungsrecht eingeräumt, das ausgeübt werden kann, wenn das öffentliche Interesse dies gebietet[250]. Dennoch kann dem Wortlaut des Vertrages nicht entnommen werden, daß dem Vertragspartner der Kommission ein Schadensersatzanspruch zusteht[251]. In Art. 7 Abs. 4 b wird der Kommission ein Kündigungsrecht eingeräumt, das im Falle von Betrug ausgeübt werden darf, ohne daß die vorherige richterliche Feststellung des Betrugs zur Voraussetzung der rechtswirksamen Ausübung dieses Gestaltungsrechts der Kommission gemacht wird. Die eigene Überzeugung der Kommission stellt eine ausreichende Grundlage für einen so gravierenden Eingriff dar.

Art. 26 (Finanzprüfung) sieht in Abs. 1 vor, daß die Kommission oder ein von ihr bevollmächtigter Vertreter während der Vertragsdauer und *bis zu fünf Jahren* nach Zahlung der von der Gemeinschaft geschuldeten Beträge jederzeit eine Finanzprüfung beim Vertragspartner einleiten darf. Abs. 2 sieht vor, daß der Kommission zu jeder angemessenen Zeit Zugang zu den mit dem Projekt befaßten Mitarbeitern des Vertragspartners sowie zu Unterlagen, Computeraufzeichnungen und Geräten, die die Kommission für sachdienlich erachtet, gewährt werden muß. Die Kommission kann jederzeit überprüfen, *wie* die Vertragspartner den EU-Beitrag verwendet haben. In Abs. 3, UAbs. 3 ist vorgesehen, daß die Kommission auf der Grundlage der Ergebnisse der Finanzprüfung Maßnahmen ergreifen darf, etwa die Ausstellung einer Aufforderung zur Rückzahlung eines Teils oder aller von ihr geleisteten Beiträge. In Abs. 4 wird auch dem Rechnungshof die Befugnis eingeräumt, die Verwendung des Beitrags der Union nach seinen Bestimmungen zu prüfen[252].

---

248 vgl. EuG v. 17.06.2010, verb. Rs T-428/07 und T-455/07, Centre d'étude et de valorisation des algues SA (CEVA)/Europäische Kommission, Rn. 20

249 vgl. die Ausübung des Gestaltungsrechts der französischen Verwaltung oben im Abschnitt über den contrat administrativ

250 genau so wie in Frankreich, Deutschland, Griechenland, Spanien usw.

251 anders aber das deutsche und französische Verwaltungsvertragsrecht, s. unten

252 s. z.B. Art. 287 Abs. 3 AEUV

Die sehr langen Nachprüfungsfristen und die weitreichenden Finanzprüfungsbefugnisse, die der Kommission eingeräumt werden, erinnern an die entsprechenden Befugnisse der Verwaltung in Frankreich, die sich den Befugnissen eines Finanzamtes sehr ähneln[253]. In Art. 27 (Technische Kontrolle des Projekts) ist Ähnliches vorgesehen. Gemäß Abs. 2 hat die Kommission Zugang zum Ort und zu den Räumlichkeiten der Arbeiten, zu allen Schriftstücken und Belegen. Diese Befugnis der Kommission ähnelt ihren Kontrollbefugnissen im Kartellverfahren[254].

Verträge, die der Vertragspartner der Gemeinschaft mit anderen Individuen als seine Unterauftragnehmer zur Erfüllung eines oder mehrerer Teile der Verpflichtungen abschließt, die er gegenüber der Gemeinschaft übernommen hat, darf er nicht frei gestalten. Es wird in einer von der Gemeinschaft herausgearbeiteten Standardvereinbarung, die ihr Vertragspartner mit seinem Unterauftraggeber abzuschließen hat, bestimmt, daß „diese Mustervereinbarung zwar durch weitere Bestimmungen erweitert oder präzisiert werden kann, sofern diese aber nicht im Widerspruch zu der folgenden Vereinbarung...stehen. Bei den Bestimmungen dieser Vereinbarung handelt es sich um Mindestvorgaben“, die zwischen dem Vertragspartner der Gemeinschaft und seinem Unterauftraggeber vereinbart werden müssen[255]. Die Kommission schränkt hier die Vertragsfreiheit ihres Kontrahenten ein, um die technische und rechtliche Art und Weise der Durchführung des Projekts, wofür sie einen Finanzbeitrag leistet, in vollem Umfang zu kontrollieren und somit Leistungsstörungen vorzubeugen.

---

253 vgl. oben Kapitel B II, 2.e.β.i

254 vgl. Art. 14 VO Nr. 17 des Rates, ABlEG. 1962, S. 204 ff

255 vgl. EuG v. 22.5.2007, Rs. T-500/04, Kommission/IIC Informations-Industrie Consulting GmbH, Rn. 128: „Das vertragliche Erfordernis, Subunternehmern die gleichen Verpflichtungen aufzuerlegen, die für die Beklagte galten, war gerechtfertigt und notwendig, um eine vollständige Überprüfung der geltend gemachten Kosten zu gewährleisten und auszuschließen, dass sich die Beklagte durch die bloße Einschaltung von Subunternehmern Kosten erstatten lassen konnte, die sonst nicht erstattungsfähig gewesen wären.“

II. Neuere öffentlich-rechtliche EU-Verwaltungsvertragsmuster

Art. 108 Abs. 1. S.2 der Haushaltsordnung von 2002[256] ermächtigt die Kommission bei der Vergabe von Finanzhilfen die Handlungsform Vertrag einzusetzen[257]. In neueren Vertragsmustern der Generaldirektion Unternehmen und Industrie, der Generaldirektion Bildung, Kultur u.a. sowie der anderen Generaldirektionen der Kommission, die, abgesehen von bereichsspezifischen Regelungen dieselben Klauseln für alle Vertragstypen enthalten, bestätigt sich der erhebliche Einfluß des deutschen und insbesondere des französischen Verwaltungsvertragsrechts auf die Ausgestaltung der öffentlich-rechtlichen EU-Individualverträge. Die Mehrheit der öffentlich-rechtlichen Verwaltungsindividualverträge der Generaldirektionen der Kommission fallen unter die Kategorien der Dienstleistungs- und Subventionsverträge, die im Jargon der Kommission Finanzhilfevereinbarungen[258] genannt werden. Die Herausfindung der Rechtsnatur jedes einzelnen Individualvertrags der EU hat große Bedeutung und Folgen für die Beurteilung seiner ordnungsgemäßen Ausführung[259].

Zu den Musterverträgen, die hier exemplarisch vorgestellt werden, zählen u.a. ein allgemeines Muster für alle Dienstleistungsverträge[260], ein Übersetzungsdienstvertragsmuster[261] und ein Beratungsvertragsmuster[262]. Die General-

256 konsolidierte Fassung der Verordnung (EG, Euratom) Nr. 1605/2002 des Rates vom 25. Juni 2002 über die Haushaltsordnung für den Gesamthaushaltsplan der Europäischen Gemeinschaften

257 s. Beispiele anderer Ermächtigungsgrundlagen für den Verwaltungsvertrag als Handlungsform der Kommission in: EuG v. 3.3.2011, Rs. T-387/07, Portugiesische Republik/Kommission, Rn. 12 ff.; EuG v. 17.06.2010, verb. Rs T-428/07 und T-455/07, Centre d'étude et de valorisation des algues SA (CEVA)/Europäische Kommission, Rn. 1; Im Bereich Kultur/Bildung u.a., EuG v. 8.10.2008, Rs. T-122/06, Helkon Media AG/Kommission, Rn. 3 ff.; Im Bereich der Humanitären Hilfe, EuG v. 6.8.2008, Rs. T-235/06, Austrian Relief Programm – Verein für Not- und Katastrophenhilfe/Kommission, Rn. 4; im Bereich Transeuropäische Netze, EuG v. 22.5.2007, Rs. T-500/04, Kommission/IIC Informations-Industrie Consulting GmbH, Rn. 1 ff.

258 vgl. W. Frenz, Handbuch Europarecht, Band 5, S. 506

259 vgl. EuG, Rs. T-68/99, Toditec/Kommission, Slg 2001, II-1443Rn. 54 ff.

260 Online abrufbar: ec.europa.eu/enterprise/newsroom/cf/_getdocument.cfm?doc_id=3208, Fassung vom 18. September 2003, letzte Überabeitung Dezember 2007 (letzter Abruf 25.11.2011)

261 Online abrufbar: ec.europa.eu/enterprise/newsroom/cf/_getdocument.cfm?doc_id=6811 (letzter Abruf 25.11.2011)

direktionen der Kommission haben auch ihre Subventionsverträge bzw. Finanzhilfevereinbarungen im Rahmen von Maßnahmen/Programmen zur Durchführung ihrer EU-Politiken sehr ähnlich ausgestaltet. Ein gutes Beispiel ist das Muster der Finanzhilfevereinbarung für Maßnahmen im Bereich der Bildung, das zuletzt im Jahre 2010 überarbeitet wurde[263]. Nachfolgend werden ausgewählte Merkmale dieser Vertragsmuster dargelegt, die – wenn man sie mit der Ausgestaltung der vorstehend präsentierten älteren Verwaltungsvertragsmustern vergleicht – die Kontinuität der Verwaltungsvertragsrechtstradition der EU und ihre Affinität zum entsprechenden deutschen und insbesondere französischen Verwaltungsvertragsrecht zum Vorschein bringen.

1. Vertragsauslegung

Ein charakteristisches Merkmal der EU-Musterverwaltungsverträge, das die Existenz eines Überordnungsverhältnisses zwischen der EU-Verwaltung und ihren Vertragspartnern nahelegt, betrifft die Auslegung dieser Verträge. Die Kommission behält sich in diesen Vertragsmustern die Prärogative vor, die Verträge authentisch und verbindlich auszulegen. Etwaige Unklarheiten oder Widersprüche innerhalb eines Teils oder zwischen den Teilen eines Vertrages werden durch eine schriftliche Anweisung der Kommission erklärt und behoben. Diese Anweisung stellt einen EU-Verwaltungsakt/Beschluß gem. Art. 288 AEUV dar, der bis zu seiner gerichtlichen Aufhebung für die Vertragsparteien bindend ist, also keine aufschiebende Wirkung hat[264]. Diese Klausel stellt auf alle Fälle eine clause exorbitante dar, denn die Privatrechtsverträge werden üblicherweise auf Grund der Suche und Findung des wirklichen Willens beider Vertragspartner ausgelegt und nicht auf Grund der einseitigen Festlegung eines Vertragspartners.

---

262 Wie alle anderen Vertragsmuster der Kommission im Internet abrufbar (letzter Abruf 25.11.2011): ec.europa.eu/enterprise/newsroom/cf/itemlongdetail.cfm?lang=en&item_id=5448&tpa=0&displayType=fo

263 vgl. das ältere Vertragsmuster, das online abrufbar ist unter: http://ec.europa.eu/education/programmes/calls/2609/model_de.pdf mit dem neueren Vertragsmuster

264 „Vorbehaltlich der vorstehenden Bestimmungen sind die verschiedenen Teile dieses Vertrags als sich gegenseitig erläuternd zu verstehen. Etwaige Unklarheiten oder Widersprüche innerhalb eines Teils oder zwischen den Teilen werden durch eine schriftliche Anweisung der Kommission erklärt und behoben. Ficht der Auftragnehmer eine solche Anweisung an, bleiben seine Rechte gemäß Artikel I.7 bestehen.“, S. 2 des Musterübersetzungsdienstvertrags; S. 2 des Musterberatungsvertrags

2. Anwendbares Recht und Gerichtsstand

Was den Gerichtsstand anbelangt, enthalten die verschiedenen Vertragsmuster unterschiedliche Regelungen. In den meisten Dienstleistungsvertragsmustern werden für alle Streitigkeiten der Parteien die Gerichte von Brüssel für zuständig erklärt[265]. Dagegen enthalten die Subventionsvertragsmuster eine Schiedsklausel, die die Zuständigkeit der Unionsgerichte begründet[266]. Der Grund dafür könnte darin liegen, dass die Dienstleistungsverträge oft in Belgien ausgeführt werden, während die Finanzhilfevereinbarungen in der Regel zur Durchführung von EU-Politiken in mehr als einem Mitgliedstaat abgeschlossen werden. Nachfolgend wird näher erläutert, wie es de lege lata und de lege ferenda sinnvoller ist, das System des gerichtlichen Rechtsschutzes im Falle von Vertragsstreitigkeiten auszugestalten.

Was das anwendbare Recht betrifft, sehen die meisten Vertragsmuster vor, dass hauptsächlich das EU-Recht auf den jeweiligen Verwaltungsvertrag anwendbar ist, das gegebenfalls durch das materielle Recht Belgiens ergänzt wird. Die Problematik des anwendbaren Rechts wird nachfolgend erschöpfend analysiert. Hier reicht der Hinweis darauf, dass die Kommission in vielen Verwaltungsverträgen vorschreibt, dass das Vertragsrecht desjenigen Mitgliedstaates ergänzend anzuwenden ist, in dem der Vertragspartner seinen Sitz hat[267]. Dies ist nachvollziehbar, wenn man bedenkt, dass der Vertragspartner der Kommission sich im Vertragsrecht seines Herkunftslandes besser auskennt und sich effektiver verteidigen kann, als wenn das Vertragsrecht eines anderen Mitgliedstaates anwendbar wäre. Dennoch zeigt die jüngere Vertragspraxis, dass die Kommission in letzter Zeit eher dazu geneigt ist, das Vertragsrecht ihres eigenen Sitzes (Belgien) ergänzend für anwendbar zu erklären, um eine einheitliche Auslegung und Ausführung ihrer Verträge sicherzustellen[268]. Dies ist eine höchst problematische und grundrechtlich bedenkliche Konstellation, die nachfolgend näher analysiert wird.

---

265 Vgl. Art. I.7 Muster für Übersetzungsdienstleistungsverträge und Art. I.8 Mustervertrag für Beratungsdienste

266 Vgl. Art. I.9 Muster für Finanzhilfevereinbarungen mit Unternehmen; Art. I.8 Finanzhilfevereinbarungsmuster im Bereich der EU-Bildungspolitik

267 Vgl. Art. I.8 Finanzhilfevereinbarungsmuster im Bereich der EU-Bildungspolitik

268 Vgl. Art. I.7 Muster für Übersetzungsdienstleistungsverträge und Art. I.8 Mustervertrag für Beratungsdienste; Art. Art. I.9 Muster für Finanzhilfevereinbarungen mit Unternehmen; Art. I.8 Finanzhilfevertragsmuster im Bereich der EU-Bildungspolitik; vgl. Schlußanträge Generalanwältin Kokott, Rs. Kommission/AMI Semiconductor Belgium u.a., C-294/ß2, Slg. 2005, Nr. 60

Noch problematischer war allerdings die frühere Vertragspraxis der Kommission, nach der die Kommission unabhängig von der Rechtsnatur ihrer Verträge als öffentlich- oder privatrechtlich ein mitgliedstaatliches Recht für anwendbar erklärte[269]. Die Lage hat sich heute deutlich verbessert, da die Kommission zwar weiterhin nicht zwischen öffentlich-rechtlichen und privatrechtlichen Verträgen ausdrücklich unterscheidet, sie erklärt jedoch in ihren Verwaltungsverträgen grundsätzlich das EU-Recht und somit auch Grundsätze und Prinzipien des EU-Verwaltungsvertragsrechts. Dieses äußerst wichtige Thema wird nachstehend umfassend behandelt.

3. Vertragsausführung

In den Verwaltungsvertragsmustern der Kommission wird bestimmt, dass alle besonderen Anweisungen der Kommission bezüglich der Ausführung des Vertrags beachtet werden müssen und ihrer Korrekturanordnungen Folge zu leisten ist, ohne dass für die eventuell zusätzlich anfallenden Arbeiten eine zusätzliche Vergütung verlangt werden kann. Diese Klauseln verleihen der Kommission, ähnlich wie einem maître des service public, die Befugnis, Details der Ausführung des Vertrags einseitig zu bestimmen[270].

In allen Musterverträgen ist auch vorgesehen, dass der Auftragnehmer keine Unteraufträge ohne schriftliche Zustimmung der Kommission vergeben und auch den Vertrag nicht de facto von einem Dritten ausführen lassen darf. Selbst nach Erteilung der Zustimmung der Kommission haftet der Auftragnehmer für die ordnungsgemäße Erfüllung des Vertrags allein. Die Unterauftragnehmer nehmen nicht die Stellung des Vertragspartners der Kommission ein[271]. Darüber hinaus ist im Dienstvertragsmuster der GD Unternehmen und Industrie vorgesehen, dass die Kommission mit entsprechender Begründung den Ersatz eines inkompetenten Mitarbeiters des Auftragnehmers verlangen kann[272]. Ge-

---

269 s. z.B. Schlußanträge der Generalanwältin Kokott, Rs. Kommission/AMI Semiconductor Belgium u. a., C-294/02, Slg. 2005, I-2175, I-2178, Nr. 10

270 Generaldirektion Unternehmen und Industrie, Muster-Dienstleistungsvertrag, S. 8; Generaldirektion Unternehmen und Industrie, Muster-Übersetzungsvertrag, Art. I.9.1 und Art. I.10.2

271 vgl. Art. II.13.1 – 11.13.2 Muster-Übersetzungsvertragsdienstleistungsvertrag und Art. II.13 Muster-Beratungsvertrag; Art. II.9.d Muster-Finanzhilfevereinbarung der GD Kultur/Bildung

272 Art. II.1.7 Muster-Dienstleistungsvertrag GD Unternehmen; Art. II.1.7. Muster-Beratungsvertrag GD Unternehmen

nauso wie ein maître des service public kontrolliert die Kommission in allen Details die Ausführung des Vertrages[273].

4. Umfangreiche Kontroll- und Prüfungsbefugnisse der EU

Ein wesentliches Merkmal aller öffentlich-rechtlichen Verwaltungsverträge in Frankreich sind, wie vorstehend erläutert, die weitreichenden Kontroll- und Prüfungsbefugnisse aller Verwaltungsbehörden, die an Kompetenzen und Befugnisse der Finanzverwaltung erinnern. Der EU-Verwaltungsvertrag ist ähnlich ausgestaltet. Er räumt der Kommission, dem Europäischen Rechnungshof und dem OLAF umfangreiche Kontroll- und Prüfungsmöglichkeiten. Der Rechnungshof und das OLAF können kraft gesetzlicher Ermächtigungen (Art. 142 der Haushaltsordnung für den Gesamthaushaltsplan der EU bzw. Verordnungen Nr. 2185/96 und 1073/99) die Verwendung der Mittel aus dem Gesamthaushaltsplan der EU überprüfen und vor Ort Kontrollen durchführen, um sich über die vertrags- und rechtmäßige Verwendung der Finanzmittel der EU zu vergewissern[274]. Die entsprechenden Befugnisse der Kommission beruhen auf den Verwaltungsverträgen mit ihren Auftragnehmern/Beihilfeempfängern[275].

Der Vertragspartner der Kommission ist vielmehr verpflichtet, alle Informationen einschließlich elektronischer Daten vorzulegen, welche von ihr verlangt werden, um die ordnungsgemäßen Durchführung der Maßnahme und die ordnungsgemäße Anwendung der Vereinbarung zu überprüfen. Der Vertragspartner hält für die Kommission sämtliche im Zusammenhang mit der Vereinbarung stehenden Originalunterlagen insbesondere in Bezug auf Buchführung und Steuern bereit. Der Vertragspartner akzeptiert, dass die Kommission die Verwendung der Finanzhilfe überprüfen lassen kann. Der Empfänger verpflichtet sich, den Bediensteten der Kommission und den von der Kommission beauftragten Personen in angemessener Weise Zugang zu den Orten und Räumlichkeiten der Durchführung der Maßnahme sowie zu allen für die Durchführung der Prüfungen erforderlichen Informationen, einschließlich elektronischer

---

273 Vgl. die sehr ähnlichen Regelungen der älteren Vertragsmustern oben

274 vgl. EuG v. 17.06.2010, verb. Rs T-428/07 und T-455/07, Centre d'étude et de valorisation des algues SA (CEVA)/Europäische Kommission, Rn. 26 f.; EuG v. 6.8.2008, Rs. T-235/06, Austrian Relief Programm – Verein für Not- und Katastrophenhilfe/Kommission, Rn. 7

275 Art. II.17 Muster-Dienstleistungsvertrag GD Unternehmen; Art. II.18 Muster-Beratungsrahmenvertrag GD Unternehmen; Art. II.19.1-6 Muster-Finanzhilfevereinbarung GD Bildung/Kultur u.a.

Daten, zu gewähren. Die Kommission ordnet gegebenenfalls auf der Grundlage der Ergebnisse dieser Prüfungen eine Einziehung an[276]. Die selben Rechte stehen dem Rechnungshof und dem OLAF zu[277]

5. Vertragsaussetzung

Ein wichtiges Gestaltungsrecht der Kommission ist ihre Möglichkeit, die Ausführung des Vertrags jederzeit auszusetzen. Die Kommission kann ihren Vertragspartner auch jederzeit auffordern, die ausgesetzte Vertragsausführung wieder aufzunehmen. Dem Vertragspartner steht im Falle der Aussetzung des Vertrags kein Anspruch auf Schadensersatz zu[278].

In der Regel setzt die Kommission die Vertragsausführung aus, wenn sie zusätzliche Prüfungen durchführen will, weil Anhaltspunkte vorliegen, dass der Vertragspartner seine Pflichten verletzt hat. Ein solcher Fall liegt insbesondere dann vor, wenn die Kommission die Erstattungsfähigkeit der im Zahlungsantrag ihres Vertragspartners angegebenen Ausgaben bezweifelt. Dann kann sie die Zahlungsfrist aussetzen, um weitere Überprüfungen, einschließlich Kontrollen vor Ort vorzunehmen und sich von der Erstattungsfähigkeit der Ausgaben zu überzeugen[279]. Darüber hinaus kann die Kommission Zahlungen und die Vertragsdurchführung insgesamt aussetzen, wenn der Verdacht auf eine vom Empfänger begangene Unregelmäßigkeit besteht[280].

6. Umfangreiche Rechenschaftspflichten

Dem Vertragspartner der Kommission obliegen weitreichende Rechenschaftspflichten. In den Vertragsmustern ist eine ausschließliche Frist von 60 Tagen für die Vorlage der Abschlussberichte über die technische und finanzielle Durchführung des Vertragsgegenstandes vorgesehen. Bei Nichtbeachtung dieser Frist erstattet die Kommission die vom Empfänger bis zum Zeitpunkt des Abschlus-

---

276 vgl. EuG v. 17.06.2010, verb. Rs T-428/07 und T-455/07, Centre d'étude et de valorisation des algues SA (CEVA)/Europäische Kommission, Rn. 12 ff.

277 Art. II.19 Muster-Finanzhilfeverteidigung GD Bildung/Kultur; ebenso Art. II.20. Muster-Finanzhilfevereinbarung GD Unternehmen

278 Art. II.19 Muster-Dienstleistungsvertrag GD Unternehmen; Art. II.19 Muster-Beratungsvertrag GD Unternehmen

279 Art. II.5.2. Muster-Übersetzungsdienstleistungsvertrag; vgl. Schlußanträge der Generalanwältin Kokott in der Rechtssache Kommission/AMI Semiconductor Belgium u. a., C-294/02, Urteil des Gerichtshofs vom 17. März 2005, Slg. 2005, I-2175, I-2178, Tz. 29

280 vgl. Art. II.16.2 Muster-Finanzhilfevereinbarung GD Bildung/Kultuer u.a.; Art. II.16.2. Muster-Finanzhilfevereinbarung Unternehmen

ses der Maßnahme verauslagten Kosten nicht und fordert gegebenenfalls alle Beträge zurück, deren Verwendung nicht in den von ihr gebilligten Berichten über die technische und finanzielle Durchführung dokumentiert ist[281]. Diese starre Frist, die der Kommission im Falle guter Erfüllung des Vertrags durch den Vertragspartner einen geldwerten Vorteil verschafft, wäre in einem Privatrechtsvertrag unter Umständen ungerechtfertigt oder sogar mißbräuchlich. Im Rahmen eines Überordnungsverhältnisses, das wesentliches Merkmal der EU-Verwaltungsverträge ist, ist diese Regelung unbedenklich.

7. Folgen der Verletzung der Rechenschaftspflicht

Die Kommission kann einen Rückzahlungsanspruch selbst im Falle der guten Erfüllung des Verwaltungsvertrages geltend machen, wenn die Finanzmittel der EU nicht ordnungsgemäß verwendet wurden. Das EuG hat diese Regelung in den Fällen Interhotel/Kommission, Sonasa/Kommission und Kommission/IIC Informations-Industrie Consulting GmbH klar zum Ausdruck gebracht: „Im System der finanziellen Zuschüsse der Gemeinschaft unterliegt die Verwendung dieser Zuschüsse Vorschriften, die zur teilweisen oder vollständigen Rückzahlung eines bereits gewährten Zuschusses führen können. Ein Zuschussempfänger, dessen Antrag die Kommission stattgegeben hat, erwirbt dadurch keinen endgültigen Anspruch auf volle Auszahlung des Zuschusses, wenn er die an die Unterstützung geknüpften Bedingungen nicht eingehalten hat[282]. Der Nachweis, dass ein Vorhaben durchgeführt worden ist, genügt daher nicht, um die Gewährung eines spezifischen Zuschusses zu rechtfertigen. Der Beihilfeempfänger hat überdies nachzuweisen, dass ihm die Kosten entstanden sind, die er nach den für die Gewährung des betreffenden Zuschusses festgelegten Bedingungen deklariert hat, wobei nur ordnungsgemäß belegte Kosten zuschussfähig sind. Seine Verpflichtung, die festgelegten finanziellen Bedingungen einzuhalten, stellt sogar eine seiner Hauptpflichten und damit eine Bedingung für die Gewährung des Gemeinschaftszuschusses dar“[283].

---

281 vgl. Art. II.11.4 Muster-Finanzhilfevereinbarung im Politikbereich Kulter/Bildung; Art. II.11.5 Muster-Finanzhilfevereinbarung der GD Unternehmen

282 EuG v. 14. Juli 1997, Rs. T-81/95, Interhotel/Kommission, Slg. 1997, II-1265, Rn. 62; EuG v. 29.9.1999, Rs. T-126/97, Sonasa/Kommission, Slg. 1999, II-2793, Randnr. 59

283 EuG v. 22.5.2007, Rs. T-500/04, Kommission/IIC Informations-Industrie Consulting GmbH, Rn. 93 ff.; Vgl. EuGH v. 19.01.2006, Rs. C-240/03 P, Comunità montana della Valnerina/Kommission, Slg. 2006, I-731, Rn. 69, 76, 78, 86 und 97

8. Bewertung der erbrachten Leistungen und Leistungsstörungen

In allen Vertragsmustern ist vorgesehen, dass die Kommission die Leistung ihrer Vertragspartei auswerten und genehmigen muss, bevor sie ihre Gegenleistung (z.B. Zahlung eines Teils der Finanzhilfe) erbringt[284]. In der Regel beauftragt die Kommission externe Sachverständige mit der Auswertung der erbrachten Vertragsleistungen und der Erstellung diesbezüglicher Prüfberichte[285]. In manchen Fällen werden die Sachverständigen einvernehmlich mit den Vertragspartnern bestellt und es wird häufig vereinbart, dass der Prüfbericht dieser Gutachter für die Parteien bindend sein wird.

Eine grundlegende Beweislastregel, die von Unionsgerichten aufgestellt wurde, besagt in Bezug auf die Feststellung von Leistungsstörungen durch die Kommission Folgendes: Die Kommission muss erst nachdem ihr Vertragspartner die entsprechenden Kostenaufstellungen vorgelegt hat, nachweisen, dass sie für die entstandenen Kosten keine Erstattung schuldet, weil die vertragliche Leistung mangelhaft war oder die Kostenaufstellungen unrichtig sind[286]. Wenn die Kommission mit der Leistung des Vertragspartners nicht vollständig zufrieden ist, darf sie Nachbesserung und Korrekturen verlangen[287]. Wenn der Vertragspartner dieser Pflicht nicht nachkommt und die Kommission nicht zufriedengestellt wird, kann sie die Endzahlung an ihren Vertragspartner verweigern, der Vertrag kann gekündigt werden und bereits entrichtete Beträge können gegebenfalls zurückgefordert werden.

Diese Vertragsgestaltung kann auf den ersten Blick nicht als einseitige Bevorteilung und Begünstigung der Kommission angesehen werden. Die Kommission muß keine Klage erheben bevor sie von ihren Gestaltungsrechten Gebrauch macht, was bei Privatrechtsverträgen ebenfalls nicht unüblich ist. Dennoch führt diese Tatsache in Verbindung mit der geminderten Intensität der Gerichtskontrolle bei komplexen technischen, finanziellen, ökonomischen und/oder

---

284 vgl. Generalanwältin Kokott, Schlußanträge Rs. Kommission/AMI Semiconductor Belgium u. a., C-294/02, Slg. 2005, I-2175, I-2178, Nr. 169; vgl. EuG, Rs. T-68/99, Toditec/Kommission, Slg 2001, II-1443, Rn. 8

285 s. nur EuG v. 22.5.2007, Rs. T-500/04, Kommission/IIC Informations-Industrie Consulting GmbH, Rn. 18 ff.

286 vgl. in diesem Sinn Schlussanträge Generalanwältin Kokott v. 17.03.2005, Rs. C-294/02, Kommission/AMI Semiconductor Belgium, Slg. 2005, I-2175, I-2178, Rn. 174 ff; EuG v. 22.5.2007, Rs. T-500/04, Kommission/IIC Informations-Industrie Consulting GmbH, Rn. 93 ff.

287 EuGH, Rs. C-377/09, Françoise-Eléonore Hanssens-Ensch/Europäische Gemeinschaft, Rn. 7

wissenschaftlichen Sachverhalten zu einer de facto Anerkennung eines gerichtlich unkontrollierten Beurteilungsspielraums der Kommission, wenn bei der Ausführung eines EU-Verwaltungsvertrages technische, ökonomische, finanzielle und/oder wissenschaftliche Streitfragen entstehen[288].

Die daraus resultierende eingeschränkte Justiziabilität der Ausübung von Gestaltungsrechten, die den exekutiven Unionsorganen zustehen, ist nach herrschender Meinung Wesensmerkmal des institutionellen Gleichgewichts und somit der fundamentalen Zuständigkeitsverteilung in der Europäischen Union[289]. Das EU-Gerichtsverfahren ist ein klassisches Rechtmäßigkeitskontrollverfahren, ähnlich wie die mitgliedstaatlichen Verwaltungsverfahren, in dem keine neue, eigenständige Beurteilung einer Verwaltungshandlung zulässig ist, mit Ausnahme von Bußgeldentscheidungen. Der Verwaltungsrichter z.B. in Frankreich nimmt keine eigene Subsumtion vor, sondern kontrolliert nachträglich eine bereits vollzogene Subsumtion, so dass Gegenstand der Urteilsfindung nicht der ursprüngliche Sachverhalt, sondern die unter Anwendung von Rechtssätzen erfolgte Würdigung oder Gestaltung jenes Sachverhalts durch das Verwaltungsorgan ist.

Die Einräumung eines Beurteilungsspielraums bei der Auswertung vor allem der Qualität der erbrachten Vertragsleistungen folgt e contrario aus der Bestimmung, dass der Gerichtshof nur für Klagen wegen Ermessensmissbrauchs (Art. 263 Abs. 2 AEUV) zuständig ist, in Verbindung mit Art. 261 AEUV, der das Verfahren der „pleine jurisdiction“ vorsieht. Der EuGH ist eher der französischen Verwaltungsrechtstradition gefolgt, in der zwischen gerichtlich vollständig überprüfbaren Rechtsbegriffen im Rechtstatbestand und der nur eingeschränkten Kontrolle des Rechtsfolgeermessens nicht unterschieden wird. Beurteilungs- und Ermessensspielraum werden für synonym gehalten. Beide Spiel-

---

288 s. statt aller T. v. Danwitz, Europäisches Verwaltungsrecht, S. 299 und die Verweise auf die umfangreiche Rechtsprechung in Fn. 886; vgl. Schlußanträge Generalanwältin Kokott Rs Kommission/AMI Semiconductor Belgium u. a., C-294/02, Slg. 2005, I-2175, I-2178, Nr. 167, wo die Kommission unter Berufung auf den besonderen Charakter des Vertrages als Vertrag über eine einseitige Zuwendung der Gemeinschaft im Rahmen eines Forschungs- und Entwicklungsvorhabens (öffentlich-rechtlicher Verwaltungsvertrag) auf die Einschränkung der gerichtlichen Kontrolle auf die Fragen der Überschreitung des Ermessens der Kommission bei der Anerkennung der erbrachten Leistungen und der Beachtung des Willkürverbots; der EuGH hat der Kommission bei der Beurteilung komplexer technischer und ökonomischer Sachverhalte in Wettbewerbssachen ein Ermessen zuerkannt (z.B. bei der Beurteilung ob Zugeständnisse der Zusammenschlußpartner die Wettbewerbsbedenken der Kommission ausräumen können), vgl. Markopoulos, Die Prognoseentscheidung in der europäischen Fusionskontrolle, S. 149

289 s. eingehend Bast, in A. v. Bogdandy 2003, S. 503 ff.;

räume deuten auf die Anerkennung einer umfassenden Freiheit zur letztverbindlichen Auswertung von komplexen technischen, finanziellen, wissenschaftlichen usw. Leistungen sowie zur letztverbindlichen Entscheidung über die Ausübung von Gestaltungsrechten im Falle von Leistungsstörungen[290]

In diesem Sinne hätte die Kommission im Rahmen ihres Beurteilungspielraums die Finanzhilfe im Fall Toditec nach pflichtgemäßem Ermessen kürzen können, denn "nach den Beurteilungen des Projekts habe es keine positiven Ergebnisse erbracht. So heiße es in der abschließenden Projektbeurteilung vom 28. Januar 1997, die auf den Berichten der Beurteiler Graham und Vernon vom selben Monat beruhe: „Das Projekt wurde als interessant bewertet, hat aber seine Ziele leider nicht erreicht. Nach Auffassung der Beurteiler wurden, gemessen an den Ergebnissen, hohe Mittel eingesetzt." Weiter werde in der Beurteilung darauf hingewiesen, dass bestimmte erbrachte Leistungen nicht zweckmäßig gewesen und andere, wesentliche Leistungen nicht erbracht worden seien."[291]

9. Haftungsbeschränkung

In den EU-Verwaltungsverträgen ist häufig eine Haftungsbeschränkung zugunsten der Kommission vorgesehen: Die Kommission haftet nur für vertragswidriges oder grob fahrlässiges Verhalten, während ihr Vertragspartner verschuldensunabhängig haftet (für mittelbar oder unmittelbar verursachte Verluste und Schäden)[292]. Diese Klausel weist wiederum auf die Existenz eines Ungleichgewichts zwischen der Kommission und ihren Vertragspartnern hin.

10. Vertragskündigung und Rückerstattungsansprüche

Die Kommission kann den Vertrag kündigen, wenn sie ihren Vertragspartner des Begehens wesentlicher Fehler, Unregelmäßigkeiten (Schlechterfüllung) oder der Korruption beim Vergabeverfahren bzw. bei der Vertragserfüllung verdächtige oder Beweise dafür hat, oder aber wenn durch rechtliche, finanzielle, technische oder organisatorische Änderungen bei ihm die Vertragserfüllung nach Auffassung der Kommission substanziell beeinträchtigt zu werden droht[293]. Die-

290 vgl. T. Markopoulos, Die Prognoseentscheidung in der europäischen Fusionskontrolle, S. 146 f. m.w.N.; T. v. Danwitz, Europäisches Verwaltungsrecht, S. 368

291 EuG, Rs. T-68/99, Toditec/Kommission, Slg 2001, II-1443Rn. 60

292 vgl. Art. II.2 Übersetzungsdienstleistungsvertrag

293 vgl. Art. II.15.2 d, e und h des Muster-Beratungsvertrags der GD Unternehmen; ebenso in Art. II.15.1 c, d, e, h, des Muster-Beratungsvertrags; Art.II.15.1 a, e, g, h, i; ebenso

ses Recht steht der Kommission auch zu, wenn ihr Vertragspartner bei der Auftragsvergabe oder während der Vertragsausführung falsche Angaben macht oder wahrheitswidrige Berichte vorlegt, um sich die im Vertrag vorgesehene Finanzhilfe zu erschleichen[294].

Diese sind eigentümliche Bestimmungen, nach denen für die Wirksamkeit der Ausübung des Kündigungsrechts der Kommission – insbesondere bei Gefahr im Verzug – der einfache Verdacht auf Unregelmäßigkeiten und andere rechts- oder vertragswidrige Verhaltensweisen genügt. Die Kündigung kann nicht nachträglich durch gerichtliches Urteil für unwirksam erklärt werden, selbst wenn es sich herausstellt, dass der Verdacht der Kommission teilweise unbegründet war bzw. wenn die Kommission keine dem erforderlichen Beweismaß des Unionsgerichts entsprechende Beweise vorlegen kann. Diese Vertragsklauseln sind zweifellos clauses exorbitantes, die an die Befugnis der französischen Verwaltung erinnern, Feststellungsverwaltungsakte mit bindendem Charakter zu erlassen.

In den o.g. Fällen steht der Kommission auch das Recht zu, im Verhältnis zur Schwere der Fehler oder Unregelmäßigkeiten Zahlungen abzulehnen und bereits gezahlte Beträge einzuziehen[295]. Auch Unregelmäßigkeiten rein „technischer“ Natur, die keine konkreten finanziellen Auswirkungen haben, können die finanziellen Belange der Union und die Einhaltung des Unionsrechts ernsthaft beeinträchtigen und damit die Erhebung von Rückzahlungsansprüchen seitens der Kommission begründen[296].

Die Musterverträge räumen auch den Vertragspartnern der Kommission die Möglichkeit, unter Angabe hinreichender Gründe die Vereinbarung zu beenden. Wenn jedoch die Kommission diese Gründe für nicht hinreichend bzw. für mißbräuchlich hält, dann wird die Vertragskündigung als unbegründet betrachtet[297]. Die Kommission kann in diesem Fall die teilweise oder gesamte Rückzah-

---

in Art. II.11.2 a, e, g, h, der Muster-Finanzhilfevereinbarung für Bildung; ebenso in Art. II.11.3 der Muster-Finanzhilfevereinbarung der GD Unternehmen; ebenso in Art. II.11.2 a, e, g, h, des Finanzhilfevertrags für Bildung; ebenso in Art. II.11.3 der Finanzhilfevereinbarung für Unternehmen; vgl. EuG v. 3.3.2011, Rs. T-387/07, Portugiesische Republik/Kommission, Rn. 12 ff. , Rn. 106

294 Art. II.11.1 i ; Vgl. EuG v. 17.06.2010, verb. Rs T-428/07 und T-455/07, Centre d'étude et de valorisation des algues SA (CEVA)/Europäische Kommission, Rn. 10

295 Art. II.15.a. Muster-Dienstleistungsvertrag GD Unternehmen; Art. II.15.a. Muster-Beratungsvertrag GD Unternehmen; Art. II.11.i. Muster-Finanzhilfevereinbarung GD Bildung/Kultur u.a.

296 EuGH v. 15.09.2005, Rs. C-199/03, Irland/Kommission, Slg. 2005, I-8027, Rn. 26, 27, 29 und 31

297 Art. II.11.1 Muster-Beratungsvertrag; Art. II.11.1 Muster-Finanzhilfevereinbarung mit Unternehmen; Art. II.11.1 Muster-Finanzhilfevereinbarung für Bildung; vgl. die ähnli-

lung der bereits auf der Grundlage der von ihr gebilligten Berichte über die technische und finanzielle Durchführung gezahlten Beträge im Verhältnis zur Schwere der Verletzung der Vereinbarung verlangen[298]. Die Befugnis der Kommission, die Begründetheit der Kündigung ihrer Vertragspartner einseitig im vorstehend dargelegten Sinne zu beurteilen sowie die Befugnis, ihren Vertragspartnern finanzielle Sanktionen im Verhältnis zur Schwere der Verletzung der Vereinbarung und nicht nur im Verhältnis zum erlittenen Schaden aufzuerlegen, zeugen von einer gehobenen Position der Kommission im Verhältnis zu ihren Vertragspartnern.

Im Unterschied zum französischen Verwaltungsvertragsrecht und zu den älteren Musterverträgen, wo die Rückforderung der gesamten Leistung der Kommission eine generalpräventive Funktion erfüllte[299], steht es in den neueren Musterverträgen nicht mehr im freien Ermessen der Kommission, die gesamte Finanzhilfe zurückzufordern, wenn irgendeine Unregelmäßigkeit auftritt. In Einklang mit dem Verhältnismäßigkeitsgrundsatz[300] sehen diese Musterverträge nunmehr vor, dass die Kommission bereits gezahlte Finanzbeiträge im Verhältnis zur Schwere der Fehler oder Unregelmäßigkeiten einziehen darf. Diese Einschränkung des Rückforderungsanspruchs der Kommission wurde vom EuG hervorgehoben, das in Rn. 140 seines CEVE/Kommission Urteils ausführte: "Darüber hinaus kann die Rückforderung des gesamten dem Kläger aufgrund der fraglichen Verträge gezahlten Finanzbeitrags in Anbetracht des Umfangs und der Schwere der offenkundigen finanziellen Unregelmäßigkeiten, die im Rahmen der Prüfung festgestellt und durch im vorliegenden Fall zwischen den Parteien erörterte Unterlagen des Strafverfahrens bestätigt worden sind, nicht als

---

che Regelung in Art. II.11.2 Muster-Finanzhilfevereinbarung mit Unternehmen für den Fall, in dem der Koordinator die Mitwirkung eines anderen Finanzhilfeempfängers beenden will.

298 vgl. Art. II.11.4 Muster-Finanzhilfevereinbarung im Politikbereich Kulter/Bildung; Art. II.11.5 Muster-Finanzhilfevereinbarung der GD Unternehmen; Vgl. EuG v. 17.06.2010, verb. Rs T-428/07 und T-455/07, Centre d'étude et de valorisation des algues SA (CEVA)/Europäische Kommission, Rn. 29; vgl. Im Bereich Kultur/Bildung u.a., EuG v. 8.10.2008, Rs. T-122/06, Helkon Media AG/Kommission, Rn. 10

299 s. EuG v. 17.06.2010, verb. Rs T-428/07 und T-455/07, Centre d'étude et de valorisation des algues SA (CEVA)/Europäische Kommission, Rn. 128:„Dagegen sieht Art. 3 Abs. 5 des Anhangs II, falls im Zuge einer Finanzprüfung ein Betrug oder schwerwiegende finanzielle Unregelmäßigkeiten festgestellt werden, für die Kommission die Möglichkeit vor, den gesamten von der Union gezahlten Finanzbeitrag zurückzufordern, und hat damit die Abschreckung zum Ziel"; vgl. EuG v. 26.9.2002, Sgaravatti Mediterranea/Kommission, T-199/99, Slg. 2002, II-3731, Randnr. 136

300 s. nur W. Frenz, Handbuch Europareht, Band 1, S. 198 ff.

eine missbräuchliche Anwendung des Art. 3 Abs. 5 des Anhangs II angesehen werden. Entgegen dem Vorbringen des Klägers ist sie daher im Hinblick auf die mit den maßgeblichen Klauseln der fraglichen Verträge verfolgten Ziele nicht unverhältnismäßig"[301].

Das Gericht begründet diese Einschränkung nicht nur unter Berufung auf den Verhältnismäßigkeitsgrundsatz, sondern auch mit Blick auf den Grundsatz der Vertragserfüllung nach Treu und Glauben und das Verbot der mißbräuchlichen Anwendung von Vertragsklauseln, die der Kommission nicht gestatten, ein Ermessen bei der Auslegung und Anwendung dieser Klauseln anzumaßen[302]. Diese zweite Argumentationslinie des EuG ist zwar für Privatrechtsverträge zutreffend, sie berücksichtigt jedoch die besonderen Merkmale der öffentlich-rechtlichen Verwaltungsrechtsverträge, bei deren Ausführung der Verwaltung auch einseitig-hoheitliche Gestaltungs- und Sanktionsrechte zustehen, nicht. Bei den öffentlich-rechtlichen Verwaltungsverträgen ist die Beachtung des Verhältnismäßigkeitsgrundsatzes das maßgebliche Gebot, das Umfang und Art und Weise der außerordentlichen Eingriffsrechte der Verwaltung begrenzt und nicht die Grundsätze von Treu und Glauben und das Rechtsmißbrauchsverbot, die auf Handlungen im Rahmen von Gleichordnungsverhältnissen zugeschnitten sind.

Ein anderes Merkmal der Musterverträge, das die Kommission einseitig begünstigt, betrifft die Wirkungen der Kündigung. Im Falle einer Kündigung begrenzt die Kommission ihre Zahlungen auf die vom Empfänger zum Zeitpunkt der Kündigung tatsächlich verauslagten förderfähigen Kosten. Die Kosten aufgrund bereits eingegangener Verpflichtungen, die jedoch erst nach der Kündigung erfüllt werden sollten, werden nicht berücksichtigt[303]. Diese Regelung erhöht das Maß an Rechtsunsicherheit und bringt ein Ausfallrisiko für den Vertragspartner der Kommission, das er nicht vorbeugen kann.

11. Anhörungsrecht des Vertragspartners

Es ist charakteristisch und erinnert an die Verteidigungsrechte des Bürgers vor dem Erlaß eines belastenden Verwaltungsaktes im Verwaltungsverfahren, dass der Vertragspartner der Kommission vor einer Kündigung oder vor dem Erlaß einer Rückzahlungsanordnung für einen oder mehrere der vorstehend angeführ-

301 EuG v. 17.06.2010, verb. Rs T-428/07 und T-455/07, Centre d'étude et de valorisation des algues SA (CEVA)/Europäische Kommission, Rn. 140

302 EuG v. 17.06.2010, verb. Rs T-428/07 und T-455/07, Centre d'étude et de valorisation des algues SA (CEVA)/Europäische Kommission, Rn. 129 f.

303 vgl. Art. II.11.4 Muster-Finanzhilfevereinbarung im Politikbereich Kulter/Bildung; Art. II.11.5 Muster-Finanzhilfevereinbarung der GD Unternehmen

ten Gründe die Gelegenheit zur Stellungnahme erhält bzw. ein Anhörungsrecht ausüben kann[304]. Allerdings begründet nach Ansicht des EuG die Verletzung des Anhörungsrechts im Rahmen der vertraglichen Beziehungen der EU-Verwaltung mit Individuen keinen Rückerstattungsanspruch zugunsten des Vertragspartners der Kommission, sondern er stellt bei Nicht-Berufung auf einen durch seine Nicht-Ausübung entstandenen Schaden nur einen unter mehreren vertraglichen und außervertraglichen Gesichtspunkten dar, die in ihrer Gesamtschau zu einer Verurteilung der Kommission zur Rückzahlung führen können[305].

Das Gericht hat die Nichtbeachtung eines Verfahrensgrundsatzes, das zugleich ein Grundrecht des Vertragspartners der EU-Verwaltung darstellt, nicht für problematisch gehalten, obwohl die Einräumung von Anhörungsrechten im Rahmen der Ausführung von öffentlich-rechtlichen EU-Verwaltungsverträgen ein deutliches Zeichen dafür ist, dass sich diese Verträge von den Privatrechtsverträgen der Kommission unterscheiden, bei denen ja keine formale Anhörungsrechte bestehen. Die Nichtbeachtung fundamentaler Grundätze des EU-Verwaltungsverfahrens führt in der Regel zur Nichtigkeit einer Kommissionshandlung[306]. Das EuG hat aber die Rechtsnatur des Vertrages als öffentlich-rechtlich nicht erkannt und dementsprechend diesen Verfahrensfehler hingenommen. Seine Ausführungen zeigen, dass der Verfahrensfehler insoweit unbedeutend ist, als er nur im Zusammenhang mit der gerichtlichen Feststellung von weiteren Vertragsverletzungen eine Verurteilung der Kommission zur Rückzahlung bewirken kann. Diese Rechtsprechung steht in deutlichem Widerspruch zur ständigen Rechtsprechung der Unionsgerichte über die Unheilbarkeit des Verfahrensfehlers einer Anhörungspflichtverletzung[307] und sollte revidiert werden.

---

304 Art. II.15.3 Muster-Übersetzungsdienstleistungsvertrag der GD Unternehmen; Art. II.15.3 Muster-Beratungsvertrag der GD Unternehmen, Art. II.11.3 der Muster-Finanzhilfevereinbarung der GD Kultur/Bildung; Art. II.11.4 Muster-Finanzhilfevereinbarung GD Unternehmen; Vgl. EuG v. 17.06.2010, verb. Rs T-428/07 und T-455/07, Centre d'étude et de valorisation des algues SA (CEVA)/Europäische Kommission, Rn. 22 ff., 87 ff.

305 Vgl. EuG v. 17.06.2010, verb. Rs T-428/07 und T-455/07, Centre d'étude et de valorisation des algues SA (CEVA)/Europäische Kommission, Rn. 90

306 s. nur T. v. Danwitz, Europäisches Verwaltungsrecht, S. 393 m.w.N.; vgl. W. Frenz, Handbuch Europarecht, Band 5, S. 1015 ff.

307 s. nur T. v. Danwitz, Europäisches Verwaltungsrecht, S. 393 mit zahlreichen Rechtsprechungsnachweisen

12. Vertragsstrafen, Sanktionen

Im Falle der Nicht- oder der Schlechterfüllung kann die Kommission, wie vorstehend beschrieben, im Verhältnis zum entstandenen Schaden Zahlungen kürzen oder ausgezahlte Beträge einziehen[308]. Sie kann außerdem Schadensersatz fordern oder Vertragsstrafen verhängen[309]. In den Verwaltungsvertragsmustern ist die Befugnis der Kommission zur einseitigen Verhängung von Vertragsstrafen vorgesehen. Diese Vertragspraxis zeugt ebenfalls von der Inexistenz eines Gleichordnungsverhältnisses zwischen den Vertragspartnern.

In den Dienstleistungsverträgen sind Vertragsstrafen vorgesehen, die dem Vertragspartner der Kommission bei Nichterfüllung seiner Vertragspflichten unbeschadet seiner tatsächlichen oder potenziellen Haftung und einer eventuellen Vertragskündigung durch die Kommission auferlegt werden. Es wird ausdrücklich darauf hingewiesen, dass es sich dabei nicht um finanzielle Sanktionen sondern um Vertragsstrafen handelt, die einen angemessenen Schadensersatz für die Verluste darstellen, die aus einer solchen Vertragsverletzung erwachsen können[310].

In Wahrheit stellen aber diese Vertragsstrafen Sanktionen dar, denn vor ihrer Verhängung muss der Vertragspartner der Kommission angehört werden. Andererseits steht nur der Kommission das Recht zu, diese Vertragsstrafen zu verhängen. Darüber hinaus können diese Vertragsstrafen keinen angemessenen Schadensersatz darstellen, denn sie werden unbeschadet des Anspruchs der Kommission auf vollen Schadensersatz verhängt. Auch wenn die Grundlage für die Verhängung von Vertragsstrafen in der Übereinkunft der Kommission mit ihrem Vertragspartner zu finden ist, sind die Vertragsstrafen den finanziellen Sanktionen ähnlich ausgestaltet, die bei Vertragsverletzungen im Rahmen von Finanzhilfevereinbarungen unter Berufung auf die EU-Haushaltsordnung verhängt werden können[311]. Wesen und Zweck sowohl der Vertragsstrafen bei Dienstleistungsverträgen als auch der Sanktionen bei Finanzhilfevereinbarungen sind gleich: Sie zeugen von einem Überordnungsverhältnis, zielen auf die Disziplinierung der Vertragspartner der EU-Verwaltung und die Vorbeugung von

308 vgl. EuG v. 17.06.2010, verb. Rs T-428/07 und T-455/07, Centre d'étude et de valorisation des algues SA (CEVA)/Europäische Kommission, Rn. 10 f.

309 Art. II.1.9 Muster-Übersetzungsdienstleistungsvertrag

310 Art. II.16 Muster-Dienstleistungsvertrag GD Unternehmen; Art. II.14 Muster-Beratungsvertrag GD Unternehmen

311 vgl. Art. II.12 Muster-Finanzhilfevereinbarung GD Kultur/Bildung u.a.; Art. II.12. Muster-Finanzhilfevereinbarung GD Unternehmen

Vertragsverletzungen ab, die die Durchführung von EU-Politiken aufs Spiel setzen könnten.

13. Folgen der Kündigung und Forderungsvollstreckung

Im Falle der Kündigung verzichtet der Vertragspartner der Kommission auf jegliche Forderung wegen daraus entstandenen Schadens, einschließlich entgangenen Gewinns wegen nicht vollendeter Arbeiten[312]. Die Kommission kann für erlittenen Schaden Schadensersatz fordern und die im Rahmen des Vertrags bereits an den Auftragnehmer gezahlten Beträge wieder einfordern[313]. Die Abwesenheit eines Gleichordnungsverhältnisses ist hier ebenfalls offensichtlich: Während der Vertragspartner ungeachtet der Begründetheit der Kündigung der Kommission keine Forderung wegen Schadens einschließlich entgangenen Gewinns geltend machen kann, kann die Kommission nicht nur wie ihr Vertragspartner einen Schadensersatzanspruch für während der Ausführung des Vertrags entstandene Schäden erheben, sondern sie kann darüber hinaus und ungeachtet des tatsächlichen Schadensumfangs bereits gezahlte Beträge einfordern bzw. Kürzungen der ursprünglich geplanten Finanzhilfe beschließen. Hinzu kommen Kündigungsmöglichkeiten sowie die Berechtigung, Vertragsstrafen oder finanzielle Sanktionen zu verhängen[314]. Diese außerordentlichen Rechte der Kommission entsprechen dem Sanktionsrecht einer mitgliedstaatlichen Verwaltung im Falle von schweren Ordnungswidrigkeiten.

Die Einziehungsbefugnis der Kommission für bereits ausgezahlte Beträge ist in allen EU-Verwaltungsverträgen ausdrücklich vorgesehen[315]. Die Kommission kann gem. Art. 299 AEUV zur Feststellung einer Forderung eine Entschei-

---

312 s. vorstehende Ausführungen

313 Art. II.15.4 Muster-Übersetzungsdienstleistungsvertrag GD Unternehmen

314 Art. II.15.4 Muster-Beratungsvertrag GD Unternehmen; Art. II.17.5 Muster-Finanzhilfeverinbarung GD Bildung/Kultur u.a.; vgl. EuG v. 17.06.2010, verb. Rs T-428/07 und T-455/07, Centre d'étude et de valorisation des algues SA (CEVA)/Europäische Kommission, Rn. 128 f. „Dagegen sieht Art. 3 Abs. 5 des Anhangs II, falls im Zuge einer Finanzprüfung ein Betrug oder schwerwiegende finanzielle Unregelmäßigkeiten festgestellt werden, für die Kommission die Möglichkeit vor, den gesamten von der Union gezahlten Finanzbeitrag zurückzufordern, und hat damit die Abschreckung zum Ziel (vgl. entsprechend Urteil des Gerichts vom 26. September 2002, Sgaravatti Mediterranea/Kommission, T-199/99, Slg. 2002, II-3731, Randnr. 136).“

315 vgl. EuG v. 17.06.2010, verb. Rs T-428/07 und T-455/07, Centre d'étude et de valorisation des algues SA (CEVA)/Europäische Kommission, Rn. 10 f., 28 f.

dung/einen Beschluß erlassen, die/der einen vollstreckbaren Titel darstellt[316].. Statt eines gerichtlich durchzusetzenden Schadensersatz- oder Herausgabeanspruchs auf Grund ungerechtfertigter Bereicherung, der für Privatrechtsverhältnisse charakteristisch ist, wird der Kommission eine Einziehungsbefugnis eingeräumt. Diese Klausel erinnert an den deutschen öffentlich-rechtlichen Verwaltungsvertrag, für den § 61 Abs. 1 VwVfG vorsieht, daß jeder Vertragspartner sich der sofortigen Vollstreckung aus einem Subordinationsvertrag unterwerfen kann[317].

Diese Klausel ist allerdings nicht unumstritten, da sie einerseits auf die Möglichkeit der Kommission hindeutet, einen Verwaltungsakt gem. 299 AEUV zu erlassen, der einen vollstreckbaren Titel darstellt[318]. Andererseits begründet sie gleichzeitig einen vertraglichen Rückerstattungsanspruch. Die Kommission hat allerdings in einem Gerichtsverfahren ihre Belastungsanzeige gegen die Klägerin gem. Art. 78 Abs. 3 VO Nr. 2342/2003[319] als vorbereitenden Akt[320] i.S. eines Fristsetzungsschreibens nach Art. 84 Abs. 2 VO Nr. 2342/2002 für den Erlaß einer Entscheidung gem. Art. 256 EGV (Art. 299 AEUV) bezeichnet, mit der sie das Zwangsvollstreckungsverfahren einleiten kann[321].

Die recht problematische neuere Rechtsprechung verweigert der Kommission bei Vertragsstreitigkeiten, einseitig-hoheitliche Einziehungsanordnungen gem. Art. 72 EU-Haushaltsordnung (VO Nr. 1605/2002) i.V.m. Art. 299 AEUV zu erlassen, mit der Begründung, dass die Kommission „in Vertragsangelegenheiten den für Verträge geltenden Grundsätzen unterworfen ist“. Diese Rechtsauffassung ist zwar in Bezug auf privatrechtliche Verwaltungsverträge nachvollziehbar, in Bezug auf öffentlich-rechtliche Verwaltungsverträge ist sie jedoch abzulehnen, wie nachfolgend gezeigt wird. In diesem Sinne gehen die Unionsgerichte, ohne zwischen privatrechtlichen und öffentlich-rechtlichen Verwaltungsverträgen zu unterscheiden, undifferenziert davon aus, dass die Kommission, wenn sie eine Rückzahlungsanforderung an ihren Vertragspartner schickt, keinen Beschluss (Verwaltungsakt) erlassen darf, der anfechtbar wäre,

---

316 vgl. Art. II.18.5. Muster-Finanzhilfevereinbarung GD Bildung/Kultur u.a.; Art. II.18.5. Muster-Finanzhilfevereinbarung GD Unternehmen; Art. II.17.6 Muster-Finanzhilfevereinbarung GD Bildung/Kultur; vgl. U. Stelkens, EuZW 2005, S. 300

317 s. oben

318 vgl. EuG v. 8.10.2008, Rs. T-122/06, Helkon Media AG/Kommission, Rn. 13

319 DurchführungsVO der EU-Haushaltsordnung

320 vgl. EuG v. 6.8.2008, Rs. T-235/06, Austrian Relief Programm – Verein für Not- und Katastrophenhilfe/Kommission, Rn. 27

321 vgl. EuG v. 17.06.2010, verb. Rs T-428/07 und T-455/07, Centre d'étude et de valorisation des algues SA (CEVA)/Europäische Kommission, Rn. 66 ff.

sondern sie macht mithilfe der Belastungsanzeige lediglich einen vertraglich begründeten Anspruch geltend[322].

14. Ausgeprägte öffentlich-rechtliche Vertragspflichten

In allen Vertragsmustern erfüllt der Vertragspartner der Kommission ähnlich wie im deutschen Verwaltungsrecht die Funktion eines verlängerten Arms der Verwaltung. Dies wird an mehreren Klauseln deutlich. Eine dieser Klausel schreibt beispielsweise vor, dass Dritte Klage gegen die Kommission im Zusammenhang mit der Vertragserfüllung erheben können. In diesem Fall muss der Vertragspartner der Kommission Beistand leisten[323].

In den Verwaltungsvertragsmustern der Kommission sind auch Klauseln enthalten, die dem Vertragspartner Pflichten auferlegen, die oft die Existenz eines arbeitsrechtlichen Verhältnisses voraussetzen und Beschäftigte bei Trägern öffentlicher Verwaltung betreffen. Kennzeichnend dafür ist die Klausel über die Pflicht zur Vermeidung von Interessenkonflikten. Die EU-Verwaltungsverträge begründen nicht nur diese Pflicht, sondern sie räumen der Kommission die zusätzliche Befugnis ein, die im Zusammenhang mit der Interessenkonfliktvermeidung getroffenen Maßnahmen ihres Vertragspartners auf ihre Angemessenheit hin zu prüfen und erforderlichenfalls weitere Maßnahmen anzuordnen, für deren Durchführung sie eine Frist setzt[324]. Der Kommission wird hier eine Überwachungs- und Kontrollfunktion zuerkannt, die für Aufsichtsbehörden charakteristisch ist.

Der Kommission wird darüber hinaus ein außerordentliches Kündigungsrecht eingeräumt, wenn ihr Vertragspartner seiner Pflicht zur Entrichtung von Sozialversicherungsbeiträgen, Steuern oder sonstigen Abgaben nach den Rechtsvorschriften des Landes seiner Niederlassung, des Landes des öffentlichen Auftraggebers oder des Landes der Auftragserfüllung nicht nachgekommen

---

322 vgl. EuG v. 6.8.2008, Rs. T-235/06, Austrian Relief Programm – Verein für Not- und Katastrophenhilfe/Kommission, Rn. 37; EuG v. 17.06.2010, verb. Rs T-428/07 und T-455/07, Centre d'étude et de valorisation des algues SA (CEVA)/Europäische Kommission, Rn. 53 ff., 68; EuG v. 10.5.2004, Rs. T-314/03 und T-378/03, Musée Grévin/Kommission, Rn. 85 f., 88; Schlußanträge Generalanwältin Kokott v. 17.03.2005, Rs. Kommission/AMI Semiconductor Belgium, Slg. 2005, I-2175, I-2178, Rn. 170

323 vgl. Art. II.2.4 des Musters für Übersetzungsdienstleistungen und Art. II.2.4 des Musters für Beratungsverträge

324 Art. II.2 Muster-Übersetzungsdienstleistungsvertrag; Art. II.3 Musterberatungsvertrag; Art. II.2 Muster-Finanzhilfevereinbarung mit Unternehmen; Art. II.2 Muster-Finanzhilfevereinbarung in der Bildungspolitik

ist. Die Ausübung dieses Kündigungsrechts behält sich die Kommission als Hütterin des Prinzips der Rechtsstaatlichkeit vor, wenn sie die Verletzung öffentlich-rechtlicher Vorschriften seitens ihres Vertragspartners feststellt[325]. Hier liegt eine clause exorbitante vor, die in einem Privatrechtsvertrag so nicht vorkommen würde.

Ferner enthalten die Muster-Finanzhilfevereinbarungen eine Klausel, nach der die Finanzhilfe auf den Betrag begrenzt wird, der zum Ausgleich der Einnahmen und Ausgaben der Maßnahme erforderlich ist. Der Vertragspartner der Kommission darf mit der Finanzhilfe keinen Gewinn erzielen. Diese Klausel, die nur als clause exorbitante aufgefasst werden kann, bindet die Vertragspartner an gemeinnützige EU-Politikzwecke. Die Vertragspartner der EU dürfen wie die öffentliche Hand keine Gewinnerzielungsabsicht verfolgen. Dies hat zur Folge, dass jeder Überschuss der Gesamteinnahmen der Maßnahme gegenüber den tatsächlichen Kosten der Maßnahme die Kommission berechtigt, die Finanzhilfe um den entsprechenden Betrag zu kürzen[326].

Für die eigentümliche Gestaltung der Verhältnisse zwischen der Kommission und ihren Vertragspartnern ist schließlich kennzeichnend, dass die Kommission alle Informationen in Zusammenhang mit dem Vertrag veröffentlichen darf, während ihre Vertragspartner dies ohne ihre vorherige Zustimmung nicht tun dürfen[327].

III. Fazit

Die vorstehend erläuterten Klauseln in den EU-Verwaltungsverträgen der Kommission sind Ausfluß des französischen service public – Modells, nach dem die Verwaltung weitreichende Eingriffsrechte genießt und ausüben darf, um die Ausführung des service public zu gewährleisten und Gefahren für das Gemeinwohl – sei es auch in Form der Nicht-Ausführung von bestimmten Politikprogrammen – abzuwehren. Die Ähnlichkeit der Ausgestaltung der EU-Verwaltungsvertragsmuster mit den Bestimmungen der contrats administratifs ist sehr auffällig[328]. Zusammenfassend läßt sich sagen, daß der Kommission im Rahmen der Maßnahmen ihrer Generaldirektionen zur Durchführung von EU-

---

325 vgl. Art. II.15.1 Muster-Übersetzungsdienstleistungsvertrag; Art. II.15.1 b des Muster-Beratungsvertrags der GD Unternehmen; Art. II.11.f der Muster-Finanzhilfevereinbarung der GD Kultur/Bildung

326 Art. II.17.4 Muster-Finanzhilfevereinbarung GD Bildung/Kultur; Art. II.17.4 Muster-Finanzhilfevereinbarung GD Unternehmen

327 Art. II.10.1 - II.10.3 Muster-Übersetzungsdienstleistungsvertrag; ebenso in Art. II.10.1 – II.10.4 Rahmenvertrag für Beratungsdienste

328 vgl. Stelkens, EuzW 2005, S. 300

Politiken eine dem maître eines service public hervorgehobene Position bei der Ausgestaltung, Abwicklung und Ausführung ihrer Verwaltungsverträge zukommt. Insofern sind diese Verwaltungsverträge zweifellos öffentlich-rechtlicher Natur.

E. Zulässigkeit des EU-Verwaltungsvertrages

I. Kompetenzverteilungsprinzipien und der EU-Verwaltungsvertrag

1. Prinzip der begrenzten Ermächtigung

Durch die Gründung der EU wurden Hoheitsrechte der Mitgliedstaaten auf eine „im Prozeß fortschreitender Integration stehende Gemeinschaft eigener Art, die zwischenstaatliche Einrichtung eigener Art im Sinne des Art. 24 Abs. 1 GG ist“[329] übertragen. Die EU ist aber kein neuer Hoheitsträger mit Allzuständigkeit, also ein Staat mit „virtuell unbegrenzter Rechtsetzungsgewalt“[330], sondern eine Union, auf die Hoheitsrechte auf Gebieten der vorerst staatlichen Alleinzuständigkeit der Mitgliedstaaten übertragen wurden[331]. Durch diese Übertragung haben die Mitgliedstaaten „auf einem begrenzten Gebiet ihre Souveränitätsrechte beschränkt“[332] (Prinzip der Teilintegration). Diese Beschränkung der Hoheitsgebiete, auf denen die EU tätig werden darf, wird deutlich durch das „Prinzip der begrenzten Ermächtigung“ oder der „compétences d' attribution”[333] zum Ausdruck gebracht. Hier wird in Anlehnung an E. Grabitz[334] der Terminus „Prinzip der begrenzten Ermächtigung“ bevorzugt, weil er auch Generalermächtigungen, wie die des Art. 352 AEUV umfaßt, während der Terminus „Prinzip der begrenzten Einzelermächtigung“ nur auf Ermächtigungen mit engen Kontu-

---

329 BVerfGE 37, 217, (278); vgl. Beutler/Bieber/Pipkorn/Streil, Die Europäische Union, S. 81

330 T. Oppermann, Europarecht, Rn 513; vgl. D. Triantafyllou, Vom Vertrags- zum Gesetzesvorbehalt, S. 45

331 s. auch H.P. Ipsen, Gemeinschaftsrecht, S. 425 ff.; Hallstein, FS Ophüls, S. 1 ff., 14; F. Fugmann, in: M. Dauses (Hrsg.), HdB des EU-WiR, Bd. 1, A II, Rn. 23 und 24

332 EuGH Costa/Enel, Rs. 6/64, Slg. 1964, S. 1251, (1269)

333 der Terminus wurde zunächst von M. Langrange, R.D.P. 1961, S. 40. (45) eingeführt; Zu den terminologischen Unterschieden „begrenzte Einzelermächtigung“, begrenzte Einzelzuständigkeiten“, „enumerative Einzelermächtigung“, „begrenzte Handlungsermächtigung“, s. Verweise bei D. Triantafyllou, Vom Vertrags- zum Gesetzesvorbehalt, S. 19, Fn. 12 und H.P.- Kraußer, Das Prinzip begrenzter Ermächtigung als Strukturprinzip des EWGV, S. 17

334 s. E. Grabitz in ders., EWGV- Kommentar, Stand 1990, ex Art. 189 EGV, IV

ren, also mit konkretem Anwendungsbereich und von vornherein bestimmbarem Inhalt hinweist[335]. Das Prinzip der begrenzten Ermächtigung wird auch als „Vertragsvorbehalt“ umschrieben[336]. Dieses Prinzip hat seinen Niederschlag in Art. 5 Abs. 1 EUV gefunden.

Außerdem wird auf dieses Prinzip an vielen Stellen des AEUV mittelbar verwiesen[337]. Der Vertrag benutzt in diesen Artikeln Ausdrücke, wie „nach Maßgabe dieses Vertrages“[338], „nach diesem Vertrag“[339] u.a.m., um die Bindung der EU- Organe an dieses Prinzip hervorzuheben. Das Prinzip der begrenzten Ermächtigung wurde auch vom EuGH in seiner Rechtsprechung anerkannt[340].

2. Inhalt des Prinzips begrenzter Ermächtigung

Dieses Prinzip wird von der Lehre als Kompetenzabgrenzungskriterium auf zwei Ebenen angesehen: Auf der Ebene der Rechtsetzung (Erlaß von sekundä-

335 vgl. auch D. Triantafyllou, S. 19 und H.-P. Kraußer, S. 17

336 J. Schwarze, Europäisches Verwaltungsrecht, Bd. I, S. 241; Der Terminus Vertragsvorbehalt wird zurecht als präziser und aussagekräftiger angesehen, denn er kann nicht nur die Bezeichnung der Zuständigkeiten der EU und deren Abgrenzung von jenen der Mitgliedstaaten wiedergeben. Es wird durch diesen Terminus nämlich gesagt, daß die EU ausnahmsweise nur dann zum Handeln zuständig ist, wenn sie vom Vertrag ermächtigt worden ist. Die Mitgliedstaaten bleiben daher im Regelfall zuständig. Somit wird die Zuständigkeitsverteilung den Vertragsvorschriften „vorbehalten“. Der große Vorteil dem Prinzip „begrenzter Ermächtigung“ gegenüber ist aber, daß: „Erstens können die weiten Möglichkeiten, die sich sowohl aus Art. 235 EWGV (=353) AEUV, als auch aus der dynamischen Auslegung der vertraglichen Ermächtigungen und den daraus abzuleitenden stillschweigenden Befugnissen (s. „implied powers“) ergeben und schließlich durch die Vertragsziele (als ihre äußerste Grenzen) bedingt werden“ (D. Triantafyllou, S. 44). Der Vorteil dieses Begriffs liegt also darin, daß er nicht nur wie das „Prinzip der begrenzten Ermächtigung“ auch Generalermächtigungen, wie die des ex Art. 308 EGV mit einbezieht und wiedergibt, sondern zusätzlich auf die äußersten Grenzen der Erweiterung der Gemeinschaftskompetenzen deutlich hinweist, die ihnen durch die „vorbehaltene Gemeinschaftsziele“ gesetzt werden

337 z.B. ex Art. 3, 4, 202, 211, 3. Spglstr., ex Art. 249 Abs. 1 EGV

338 ex Art. 3, 4, 7, 202, 211 EGV

339 ex Art. 189, Abs. 1 EGV

340 in der Rechtsprechung zum EGKSV wird ständig auf dieses Prinzip abgestellt: vgl. bereits GA Langrange, in EuGH verb. Rs. 7/56 und 3-7/57, Slg. 1957, S. 83 (167): „ Der den Vertrag beherrschende Grundsatz ist der der begrenzten Zuständigkeit“; vgl. ferner EuGHE verb. Rs. 3-18/58, 25-26/58, Slg 1960, S. 377 (411); EuGHE Rs. 30/59, Slg. 1961, S. 5 (48); aus der neueren Rechtsprechung, EuGHE Rs. 281, 283, 285, 287/85, Slg. 1987, S. 3203 ff; EuGH Kommission/Rat, Rs. 16/1988, Slg. 1989, S. 3481, 3485

rem EU-Recht) und auf der Ebene des Vollzugs des ergangenen Sekundärrechts[341].

Auf der Rechtsetzungsebene übernimmt das Prinzip begrenzter Ermächtigung folgende Funktionen:

a. Funktion der vertikalen Gewaltenteilung[342], die sich auf die Regelungsgegenstände und den Regelungsumfang bezieht[343].
b. Funktion der horizontalen Gewaltenteilung – die jedenfalls mit der vertikalen Gewalteinteilung auch zusammenhängt – und sich auf die Zuständigkeitsverteilung zwischen den EU-Organen bezieht[344].
c. Funktion der Formulierung des allgemeinen Instrumentariums zur Ausübung von Hoheitsgewalt, das sich auf die verwendbaren Handlungsformen bezieht.
d. Funktion der Festlegung des einzuhaltenden Rechtsetzungsverfahrens[345].

Zunächst wird die Wirkungsweise des Prinzips auf der Ebene der Rechtsetzung und anschließend auf der Ebene der Rechtsvollziehung dargestellt.

3. Das Prinzip begrenzter Ermächtigung und der EU-Verwaltungsvertrag

a. Das Förmlichkeitsprinzip

Das generelle Förmlichkeitsprinzip: Eine der Funktionen des Prinzips begrenzter Ermächtigung besteht in der ausschließlichen Festlegung der generell zulässigen Handlungsformen der EU-Organe. Das Prinzip besagt, daß den EU-Organen nur bestimmte Handlungstypen zum Zwecke der Rechtsetzung zur Verfügung stehen. Der AEUV bestimmt ausschließlich, welcher Handlungsformen sich die EU bei der sekundären Rechtsetzung bedienen darf[346]. Das ergibt sich daraus, daß nur der Vertrag selbst bestimmen kann, unter welchen materiellen Voraus-

341 s. eingehend W. Frenz, Handbuch Europarecht, Band 5, S. 523 ff.

342 vgl. eingehend I. Härtel, S. 53 ff. ; W. Bernhardt, Verfassungsprinzipien, Berlin, 1987, S. 117

343 die vertikale Gewalteinteilung wird auch als „föderaler Askekt des Prinzips der begrenzten Ermächtigung“ genannt; s. D. Triantafyllou, S. 45

344 darauf wird hier nicht eingegangen, zumal er mit dem Thema nicht unmittelbar in Zusammenhang steht

345 darauf kann im Rahmen dieser Arbeit nicht eingegangen werden

346 vgl. eingehend I. Härtel, Europäische Rechtsetzung, S. 63 ff.; T. Oppermann, Europarecht, Rn. 535; H.-P. Kraußer, Das Prinzip begrenzter Ermächtigung, S. 87; A. Bleckmann, Europarecht, Rn. 485

setzungen, wie und nach welchem Verfahren die EU-Organe die EU-Rechtsordnung modifizieren können[347]. Die EU-Organe können ihr Handlungsinstrumentarium nicht beliebig erweitern und neue Handlungsformen erfinden. „Neue Handlungsformen" würden keine Verbindlichkeit haben, denn nur eine im AEUV verankerte Ermächtigung zum Erlaß bestimmter Rechtsakte ihnen Rechtsverbindlichkeit zu verleihen vermag[348]. Die Rechtnorm, in der das Enummerationsprinzip der generell zulässigen Rechtsakte festgeschrieben ist, ist bekannterweise Art. 288 AEUV.

b. Allgemein zulässige Rechtsetzungsakte und der EU-Verwaltungsvertrag

Es fragt sich nun, ob der EU-Verwaltungsvertrag als Rechtsetzungsakt der Europäischen Union zur Verfügung steht. Die Antwort auf diese Frage kann nur dann positiv ausfallen, wenn ein Artikel des AEUV diesen Rechtsakt als Rechtsetzungsakt der EU- Organe generell zur Verfügung stellt. Das könnte am wahrscheinlichsten Art. 272 AEUV sein[349]. Dennoch ist dieser Artikel nicht unzweideutig und es ist vielmehr bedenklich, daß keine einzige AEUV-Norm den EU-Verwaltungsvertrag weder als Rechtsetzungsform noch als Verwaltungsvollzugsform der EU-Organe *ausdrücklich* statuiert[350]. Man merkt einen klaren Gegensatz zwischen Art. 272 AEUV und Art. 288 AEUV, dem wegen seines klaren Wortlauts eine Sperrwirkung für andere Handlungsformen entnommen werden könnte. Aus diesen Gründen muß eine eingehende Untersuchung der vom Schrifttum vorgeschlagenen Rechtsgrundlagen für die Zulässigkeit des EU-Verwaltungsvertrages vorgenommen werden, die eventuell zur Bejahung der allgemeinen Zulässigkeit des EU-Verwaltungsvertrages als Rechtsetzungsakt führen könnte[351].

347 D. Triantafyllou, Vom Vertrags- zum Gesetzesvorbehalt, S. 73

348 vgl. D. Triantafyllou, Vom Vertrags- zum Gesetzesvorbehalt, S. 73; vgl. I. Härtel, Europäische Rechtsetzung, S. 455; a.A. W. Frenz, Handbuch des Europarechts, Band 5, S. 505 und Rn. 619 ff., 1512, der die Meinung vertritt, dass die Handlungsformen der EU nicht abschließend im AEUV festgelegt sind

349 dazu s. unten

350 Vgl. T. v. Danwitz, Europäisches Verwaltungsrecht, S. 375; W. Frenz, Handbuch Europarecht, Badn 5., S. 505; dazu, s. unten

351 dazu s. unten

c. Das spezielle Förmlichkeitsprinzip

Das Förmlichkeitsprinzip findet nicht nur auf der Ebene der allgemeinen Zulässigkeit der EU-Rechtsetzungsakte Anwendung. Mit der Festlegung der allgemein zulässigen Rechtsakte (Rechtsetzungs- und Verwaltungsvollzugsakte) der Europäischen Union in Art. 288 AEUV wird es den EU-Organen nicht freigegeben, die ihrer Ansicht nach zweckdienlichsten zu wählen, wenn sie auf einem Rechtsgebiet rechtsetzend tätig werden wollen.

Hier besagt das Prinzip der begrenzten Ermächtigung, daß die EU in den einzelnen AEUV-Politikbereichen, nur in denjenigen allgemein zugelassenen Rechtsformen verbindliche Rechtsakte (Art. 288 AEUV, eventuell Art. 335 oder Art. 272 AEUV) erlassen darf, die in der Ermächtigungsvorschrift jedes einzelnen Vertragsgebiets *speziell* bzw. in concreto zugelassen werden[352]. Dieser Aspekt des Prinzips der begrenzten Ermächtigung, der in Art. 5 Abs.1 AEUV verankert ist, kann als Prinzip der speziellen Handlungsermächtigung bezeichnet werden[353]. Dies wird außer in Art. 5 Abs. 1 auch in Art. 288 Abs. 1 AEUV selbst betont, wo gesagt wird: „Für die Ausübung der Zuständigkeiten der Union nehmen die EU-Organe Verordnungen, Richtlinien, Beschlüsse, Empfehlungen und Stellungnahmen an[354].

Umgekehrt besagt dieses Prinzip, daß den Organen der EU eine Wahlfreiheit in Bezug auf die in Art. 288 AEUV angeführten Rechtsakte zum Zwecke der Rechtsetzung nur dann zusteht, wenn die jeweilige *Einzel*ermächtigung die Bedienung bestimmter Handlungsformen nicht zwingend vorschreibt[355]. Zahlreiche Beispiele einer restriktiven Aufzählung der zulässigen Handlungsformen können angeführt werden: Auf dem Gebiet der Herstellung der Freizügigkeit erlassen das Europäische Parlament und der Rat gem. dem ordentlichen Gesetzgebungsverfahren nach Anhörung des Wirtschafts- und Sozialausschusses (nur) Richtlinien und Verordnungen (Art. 46 AEUV). Das Europäische Parlament und der Rat erlassen gemäß dem ordentlichen Gesetzgebungsverfahren (nur) Richtlinien zur gegenseitigen Anerkennung von Diplomen und Zeugnissen (Art. 53 AEUV). Auf dem Gebiet der Umweltpolitik ist es im Gegenteil dem Rat und dem Parlament – gemäß dem ordentlichen Gesetzgebungsverfahren – s. Art.

---

352 T. Oppermann, Europarecht, Rn 517; vgl. A. Bleckmann, in: Ders., Europarecht, Rn 380

353 vgl. D. Triantafyllou, Vom Vertrags- zum Gesetzesvorbehalt, S. 30

354 vgl. A. Bleckmann, in. Ders., Europarecht, Rn 380

355 H.-P. Kraußer, Das Prinzip, S. 24.; A. Bleckmann, Europarecht, Rn. 491

192 Abs. 1 AEUV – frei überlassen, die zweckdienlichsten Handlungsformen in Anspruch zu nehmen[356].

Ein Wahlrecht besteht also grundsätzlich dann, wenn der EUV und der AEUV nicht bestimmte Handlungsformen für die Rechtsetzung der EU vorschreiben. Gleichwohl bedeutet dies keine Entbindung der EU von den vertraglich abschließend aufgeführten Handlungsformen der Art. 25 EUV und Art. 288 AEUV sowie eventuell auch Art. 335 oder 272 AEUV (wie noch zu zeigen ist) auf denjenigen Rechtsgebieten, wo die Vertragsermächtigung nicht zugleich eine bestimmte Rechtshandlungsform vorschreibt[357]. Die Verwendung von Verben wie „entscheiden“, „beschließen“, „festlegen“ usw. in vielen Artikeln des AEUV können nicht als Hinweis auf eine bestimmte Handlungsform interpretiert werden. In diesen Fällen besteht Wahlfreiheit für die EU-Organe bezüglich der zweckdienstlichsten unter den allgemein zulässigen Rechtshandlungen[358]. Allerdings wurde auch die Meinung vertreten, daß bei Ermächtigungen, die nicht einen bestimmten Rechtsetzungsakt vorschreiben, nach der teleologischen Auslegung der entsprechenden Ermächtigungsnorm nur eine bestimmte Rechtshandlungsform zulässig wäre[359].

d. Austauschbarkeit der Rechtsakte der EU

Die Austauschbarkeit der Rechtsakte der Europäischen Union ist grundsätzlich unzulässig. Es wurde in Anlehnung an Art. 14 EGKSV, wo die Hohe Behörde befugt ist, statt einer Entscheidung (entspricht der Verordnung des Art. 288 AEUV) eine Empfehlung (entspricht der Richtlinie des Art. 288 AEUV) zu erlassen, der hermeneutische Schluß de maiore ad minus gezogen. Wenn die Europäische Union also befugt ist, einen „stärkeren“ Rechtsakt zu erlassen, um so mehr darf sie an seiner Stelle einen „schwächeren“ Rechtsakt erlassen[360]. So dürfte sie etwa statt einer Verordnung, einen Beschluß oder eine Richtlinie erlassen, weil die Richtlinie und der Beschluß nicht so stark und umfangreich die Mitgliedstaaten und die Bürger verpflichten wie die Verordnung. Diese Ansicht

356 vgl. ex Art. 175 Abs. 1 EGV: „der Rat beschließt... über das Tätigwerden; Abs. 2: „der Rat erläßt: „Vorschriften“, „Maßnahmen“ usw.; vgl. T. Oppermann, Europarecht, Rn 517; H.-P. Kraußer, Das Prinzip, S. 25; Im Bereich der Verkehrspolitik kann der Rat „gemeinsame Regeln aufstellen“ (ex Art. 71 Abs. 1 a EGV), „Bedingungen festlegen“ (ex Art. 71 Abs. 1 b EGV), „Maßnahmen erlassen“ (ex Art. 71 Abs 1 a EGV), „alle sonstigen zweckdienlichen Vorschriften erlassen“ (ex Art. 71 Abs. 1 d EGV).

357 vgl. D. Triantafyllou, Vom Vertrags- zum Gesetzesvorbehalt, S. 59

358 vgl. A. Bleckmann, Europarecht, Rn. 491

359 H. J. Rabe, Das Verordnungsrecht der EWG, Hamburg 1963, S. 93

360 H.J. Rabe, Das Verordnungsrecht, S. 85 ff

wurde zurecht abgelehnt[361]. Einerseits findet sie keine Stütze auf den Wortlaut der AEUV-Normen und andererseits könnte dieser Ansicht ein argumentum e contrario entgegengehalten werden, daß, eben weil der AEUV im Vergleich zum EGKSV keine Regelung darüber trifft, die EU-Organe lediglich diejenigen Rechtsakte erlassen dürfen, die ihnen die AEUV-Vorschriften vorgeben[362]. Allerdings fördert dieses Argument nicht zwangsläufig die Interessen der Unionsbürger, zumal eine Verordnung in allen ihrer Teilen anwendbar und erga omnes verbindlich ist, ohne der Umsetzung zu bedürfen. Sie bietet daher bessere Rechtsschutzmöglichkeiten (argumentum aus Art. 263 Abs. 4 AEUV) als eine Richtlinie. Der AEUV verbindet jedoch mit dem Erlaß bestimmter Rechtsakte besondere Rechtsschutzmöglichkeiten, die umgangen werden könnten, wenn dieser Ansicht stattgegeben würde[363]. Die Ersetzung einer Verordnung durch eine Richtlinie hat zur Folge, daß Rechtsfolgen unterschiedlicher Rechtsqualität herbeigeführt werden und das betreffende EU-Rechtsgebiet, auf das die Ermächtigungsnorm zugeschnitten ist, nicht in dem Ausmaß effektiv reguliert wird, wie es vom Gesetzgeber des AEUV konzipiert war.

Auch ein Auslegungsversuch auf der Grundlage des argumentum a maiore ad minus, des Verhältnismäßigkeits- und des Subsidiaritätsprinzips (s. Art. 5 Abs. 3 und 4 EUV), der auf die Begründung der Austauschbarkeit der Verordnung mit den „milderen Mitteln" der Richtlinie oder dem „allgemeinen" Beschluß abzielen würde[364], ist zum Scheitern verurteilt, wenn die Ermächtigungsnorm die Verordnung oder einen anderen Rechtsakt als Rechtsetzungsform der Europäischen Union ausdrücklich vorschreibt. So ein Versuch würde die vertikale Gewaltenteilung auf eine vertragsfremde Art und Weise umstülpen, was nur als gravierender Verstoß gegen den EUV und AEUV empfunden werden dürfte.

---

361 vgl. A. Bleckmann, Europarecht, Rn. 486

362 D. Triantafyllou, Vom Vertrags- zum Gesetzesvorbehalt, S. 60; Aufgrund der funktionellen Einheit der Europäischen Gemeinschaften wird bei Schweigen des ex EGKSV und des EAGV angenommen, daß, wenn das EU-Recht im Einzelfall eine passende, übertragbare Lösung für einen Einzelfall im Rahmen der anderen Verträge bereithält, dann kann es nach vorsichtiger Abwägung subsidiär angewandt werden, dazu s. T. Oppermann, Europarecht, Rn. 234, S. 99 mit Hinweis auf EuGH Rs. 328/85, Slg. 1987, S. 5119 ff. Das ist aber grundsätzlich möglich, weil der ex EGKSV und der EAGV spezielleren Charakter als der EUV und der AEUV haben und dieser einerseits viel weiteren Anwendungsbereich hat und andererseits Grundsätze enthält, die unter bestimmten Voraussetzungen auf manche Tätigkeiten der anderen Gemeinschaften übertragbar wären; vgl. T. Oppermann, Rn. 233.

363 vgl. A. Bleckmann, Europarecht, Rn. 486

364 D. Triantafyllou, Vom Vertrags- zum Gesetzesvorbehalt, S. 61

Ein solcher Auslegungsversuch kann nur erfolgreich sein, wenn es sich um Rechtsbereiche handelt, für die der EUV und der AEUV keine bestimmten Rechtshandlungsformen vorgesehen haben, weil dort den EU-Organen ein Ermessensspielraum bei der Rechtsformwahl eröffnet wird, der allerdings nach dem Subsidiaritäts- und Verhältnismäßigkeitsprinzip eingeschränkt ist[365].

e. Speziell zulässige Rechtsetzungsakte und der EU-Verwaltungsvertrag

In diesem Zusammenhang stellt sich für den EU-Verwaltungsvertrag die Frage, ob für seine Inanspruchnahme eine Rechtsgrundlage in einem speziellen Vertragsgebiet gefunden werden kann – es wird angenommen, daß er generell zulässig ist. Aus der gründlichen Lektüre des AEUV ergibt sich, daß im Gegensatz zu der Verordnung, der Richtlinie und dem Beschluß des Art. 288 AEUV der öffentlich-rechtliche Vertrag in keiner einzigen Spezialremächtigungsnorm entweder als ausschließlich oder aber als alternativ zulässiger Rechtsakt vorgesehen ist[366]. Übrigens muß aber berücksichtigt werden, daß viele AEUV-Normen keine spezifischen Rechtsetzungsakte vorschreiben[367], so daß diese Vertragsnormen keinen Ausschlußeffekt für den öffentlich-rechtlichen Verwaltungsvertrag haben können[368]. Es wäre also theoretisch möglich, daß sich die EU-Organe des generell zulässigen öffentlich-rechtlichen Verwaltungsvertrages zur Rechtsetzung auf Rechtsgebieten heranziehen könnten, die ihn nicht ausschließen.

Im Schrifttum wurde die Ansicht vertreten, daß die Europäische Union befugt ist, mit allen betreffenden Personen „Normenverträge“ zu schließen, die in vollem Umfang an die Stelle der im Vertrag vorgesehenen Rechtsetzungsakte treten sollen[369]. Diese Ansicht widerspricht aber dem vorstehend dargelegten speziellen Förmlichkeitsprinzip. Ungeachtet der umstrittenen Zulässigkeit des EU-Verwaltungsvertrages als Rechtsetzungsakt[370] folgt aus dem speziellen Förmlichkeitsprinzip und dem Verbot der Austauschbarkeit der Rechtsakte, daß die EU-Organe einen Rechtsakt nicht ersetzen dürfen, wenn eine AEUV-Norm

---

365 vgl. I. Härtel, Europäische Rechtsetzung, S. 76 ff.; H. J. Rabe, Das Verordnungsrecht, S. 88; A. Bleckmann, Europarecht, Rn. 487

366 vgl. A. Bleckmann, DVBl. 1981, S. 891

367 s. vorstehende Ausführungen

368 vgl. aber A. Bleckmann, DVBl. 1981, S. 891

369 A. Bleckmann, DVBl. 1981, S. 895

370 dazu s. unten

die Bedienung eines bestimmten Rechtsaktes vorschreibt[371]. Die weiteren Rechtsfragen, die diese Auffassung aufwirft, wie z.B. inwiefern sich dieser Normenvertrag von einer Verordnung unterscheiden würde, wie das normenvertragsschließende EU-Organ sicher sein könnte, daß es alle in Betracht kommenden Vertragspartner mitberücksichtigt hat und daher das Gleichheitsprinzip nicht verletzt hat, welches EU-Organ denn überhaupt zuständig wäre, um den Vertrag abzuschließen und welches Normsetzungsverfahren eingehalten werden müßte[372], können hier nicht beantwortet werden. Es reicht die Schlußfolgerung, daß ein solcher Normenvertrag wegen Verstoßes gegen das Prinzip begrenzter Ermächtigung unzulässig wäre.

4. Prinzip der vertikalen Legislativgewaltenteilung

Die Funktion der vertikalen Gewaltenteilung betrifft die Aufgabenverteilung zwischen der EU und den Mitgliedstaaten auf der Ebene der Rechtsetzung. Das Prinzip besagt, daß die EU nur dann rechtsetzend tätig werden darf, wenn die zu regelnde Materie in ihren Zuständigkeitsbereich fällt und die Regelung dieser Materie auf eine Rechtsgrundlage - einen Artikel des AEUV - gestützt werden kann[373]. Das Prinzip bewirkt, daß der EU keine generelle Befugnis zum Erlaß aller Rechtsetzungsakte zusteht, die zur Verwirklichung der im AEUV festgelegten Ziele erforderlich erscheinen[374]. Die Regelung des in Betracht kommenden Gegenstandes muß von einer Vertragsnorm vorgesehen sein und kann nicht den Generalnormen der Art. 2, 3, 4 entnommen werden, die die Ziele und Aufgaben der Europäischen Union im allgemeinen beschreiben und denen teleologischer und nur teilweise kompetenzabgrenzender Charakter[375] zukommt.

---

371 Das Argument von A. Bleckmann, NJW 1978, S. 466, daß diese Ersetzbarkeit grundsätzlich deswegen möglich ist, weil der öffentlich-rechltiche EU-Verwaltungsvertrag nicht in die Rechte der Mitgliedstaaten oder der Individuen eingreift, kann im Hinblick auf die Unzulässigkeit der Austauschbarkeit der Akte nicht durchgreifen; auch nicht nach der implied power Lehre kann diese Ersetzung gerechtfertigt sein: vgl. G. Nicolaysen, EuR 1966, S. 135; H.-P. Kraußer, Das Prinzip begrenzter Ermächtigung, S. 61

372 vgl. die Bedenken von W. Frenz, Handbuch des Europarechts, Band 5, S. 507

373 vgl. T. Oppermann, Europarecht, Rn 513; A. Bleckmann, in: Ders., Europarecht, Rn. 380; D. Triantafyllou, Vom Vertrags- zum Gesetzesvorbehalt, S. 45

374 vgl. S. Schreiber, Verwaltungskompetenzen, S. 54

375 s. M. Zuleeg, Die Kompetenzen der EG gegenüber den Mitgliedstaaten, JÖR (20) 1971, S. 1 ff. (4); A. Bleckmann, DVBl 1981, S. 891

5. Der EU-Verwaltungsvertrag als Legislativakt

Im Zusammenhang mit dem Erfordernis einer Spezialermächtigung für die Konkretisierung in einem Rechtsetzungsakt der Gebote und Verbote, die den AEUV-Normen zu entnehmen sind, stellt sich zunächst die Frage, ob alle allgemein im EU-Recht und speziell in der jeweils in Betracht kommenden AEUV-Norm zulässigen Rechtsakte geeignet sind, die AEUV-Normen zu konkretisieren. Es muß berücksichtigt werden, daß die AEUV- Normen von ihrer Natur her[376] den „EU-Gesetzgeber" zum Adressaten haben[377]. In Bezug auf den EU-Verwaltungsvertrag stellt sich nun die spezifische Frage, ob der EU-Verwaltungsvertrag in Vertragsbereichen, die die speziell zulässigen Rechtstsakte nicht abschließend bestimmen, als Rechtsetzungsakt herangezogen werden kann[378].

Aus Art. 272 AEUV und einem allgemeinen Rechtsgrundsatz des EU-Rechts, dessen Gültigkeit auf Grund seiner völligen Übereinstimmung mit den mitgliedstaatlichen Rechtsgrundsätzen[379] ohne Bedenken anzunehmen ist, ergibt sich, daß der EU-Verwaltungsvertrag ein individuelles Rechtsverhältnis zwischen der Europäischen Union und einem oder mehrere Individuen (natürliche oder juristische Person) begründet[380].

Nach der Rechtsprechung des EuGH ist aber der abstrakt-generelle Charakter der Regelung das Unterscheidungmerkmal der allgemeinen Entscheidungen der EGKS[381], die vom EuGH als „quasi-legislative" Akte bezeichnet werden[382], von der individuellen Entscheidung. Das selbe gilt auch für die Verordnung des Art. 288 AEUV. Das entscheidende Kriterium für die Unterscheidung zwischen Verordnung als „quasi legislativen Akt" und ehemals Entscheidung/jetzt Beschluss bestimmt sich danach, ob deren Regelungen abstrakt be-

---

376 die auf die Errichtung eines Gemeinsamen Marktes, einer Währungsunion und der Realisierung bestimmter Politiken abzielt, s. P.-C. Müller-Graff, in M. Dauses (Hrsg.), HdB. des EU-WiR, Bd 1, A I., Rn. 117 ff., insb. Rn. 122 ff.

377 vgl. D. Triantafyllou, Vom Vertrags- zum Gesetzesvorbehalt, S. 22; Der ex EGV ist ein „traité-cadre", ein Rahmenvertrag

378 in Vertragsbereichen, wo die heranzuziehenden Handlungsformen ausdrücklich bestimmt sind, bleibt der EU-Verwaltungsvertrag wegen des speziellen Förmlichkeitsprinzips sowieso außer Betracht, s. oben; vgl. I. Härtel, Europäische Rechtsetzung, S. 355

379 in denen der öffentlich-rechtliche Verwaltungsvertrag bekannt ist, s. oben im Kapitel über den öffentlich-rechtlichen Verwaltungsvertrag in ausgewählten Mitgliedstaaten

380 s. oben

381 grundlegendes Urteil des EuGH, Wirtschaftsvereinigung Eisen- und Stahlindustrie u.a. Rs. 13/57, Slg. IV (1958), S. 286

382 EuGH Fédéchar, Rs. 8/55, Slg. II, S. 227

trachtete Kategorien von Personen zu Adressaten haben oder ob sie bestimmte Adressaten individuell betreffen[383]. Der EuGH stellt es auf den Inhalt und nicht auf die Form der jeweiligen Akte ab[384] und beurteilt nach dem adressatenbezogenen Gegensatz generell/individuell, ob eine Verordnung oder aber eine Individualentscheidung/Beschluß vorliegt[385]. Dabei ist nach der Rechtslehre auschlaggebend, ob beim Erlaß des Aktes der Adressatenkreis bestimmbar[386] und überschaubar ist[387]. Daraus folgt, daß auch der EU-Verwaltungsvertrag ungeachtet seines einvernehmlichen bzw. konsensualen Charakters wie der Beschluß individualbezogen ist und insoweit nichts mit der Verordnung gemeinsam hat. Somit kann der EU-Verwaltungsvertrag Rechtsetzungscharakter nur dann erlangen, wenn dieser auch dem Individualbeschluß zugesprochen werden kann. In manchen Mitgliedstaaten, wie z.B. in Deutschland sind Individualgesetze zulässig. Die Allgemeinheit des materiellen Gesetzes wird nicht für unabdingbares Gesetzesmerkmal gehalten, wie die Maßnahmen und die Individualgesetze zeigen[388]. Aus der Rechtsprechung des EuGH geht jedoch hervor, daß Individualgesetze dem EU-Recht fremd sind[389]. Das selbe gilt mutatis mutandis auch für den EU-Verwaltungsvertrag.

Im Schrifttum wurde die Ansicht vertreten, daß es tatsächlich Verträge zwischen der Europäischen Union und Unionsbürgern, „Unionsunternehmen" oder einzelstaatlichen Behörden geben kann, ohne dass zuvor der in den Verträgen vorgesehene Hoheitsakt erlassen wurde, der bestimmte Materien erstmalig

---

383 s. EuGH Conféderation nationale des producteurs de fruits et légumes u.a./Rat, Rs. 16 und 17/1962, Slg. 1962, S. 918 ; Féderation nationale de la boucherie en gros et du commerce en gros des viandes u.a./Rat, Rs. 16-22/1962, Slg. 1962, S. 959; vgl. I. Härtel, Europäische Rechtsetzung, S. 452

384 deswegen kann eine Pseudoverordnung im Sinne des ex Art. 230 Abs. 4 EGV nicht als Verordnung, sondern als individuelle Entscheidung/Beschluß angesehen werden.

385 s. Schlußanträge in Rs. 16,17/1962, S. 1962, S. 930

386 s. E.W.Fuss, Rechtssatz und Einzelakt im EG-Recht, NJW 1964, S. 327-331, 945-951, 1600-1604

387 s. Möller, Die Verordnungen der Europäischen Gemeinschaften, JÖR 1969, S. 1 ff., 11. ff.

388 so D. Triantafyllou, S. 78 mit Verweisen auf: H. Hofmann, Das Postulat der Allgemeinheit des Gesetzes, in: Chr. Starck (Hrsg.), Die Allgemeinheit des Gesetzes, Göttingen 1987, S. 9 ff. Es ist mit dem Individualgesetz wegen des Gleichheitsgrundsatzes, bzw. des Willkürverbots Vorsicht geboten.

389 s. aber die VO (EG) 2488/2000 des Rates vom 10.11.2000 „über die Aufrechterhaltung des Einfrierens von Geldern betreffend Herrn Milosevic und Personen seines Umfelds...", ABl. L 287 vom 14.11.2000, S. 19, die dieses Postulat widerlegen könnte. Dennoch sollte diese VO, die eine Pseudoverordnung darstellt, als verschleierte Entscheidung angesehen werden

regeln kann. Es wurde hinzugefügt, daß „Normverträge“ anstelle der im EU-Vertrag vorgesehenen generellen Hoheitsakte mit allen Betroffenen abgeschlossen werden könnten[390]. Es wäre sogar denkbar, Rechtsverhältnisse im Vorgriff, in Durchführung oder schließlich anstelle einer Richtlinie durch Verträge der EU mit den betroffenen Firmen und Verbänden zu regeln[391]. Es wird ferner behauptet, daß die EU den Vollzug des EU-Rechts durch Abschluß von EU-Verwaltungsverträgen übernehmen könnte, wenn die Mitgliedstaaten die von ihr erlassenen Richtlinien nicht oder nicht richtig bzw. vollständig umsetzen[392].

Es wurde bereits erläutert, warum die Ersetzung eines allgemeinen Hoheitsaktes (insbesondere einer Verordnung) gegen das Prinzip begrenzter Ermächtigung verstößt[393]. Das selbe gilt für die Ersetzung einer Richtlinie durch einen EU-Verwaltungsvertrag. Für die unterlassene oder mangelhafte Umsetzung einer Richtlinie hält der AEUV und das EU-Recht die treffenden Rechtsschutzinstrumente bereit: Auf der einen Seite steht die Möglichkeit der Einleitung des Vertragsverletzungsverfahrens (s. Art. 258 AEUV) zur Verfügung[394] und auf der anderen Seite das viel drastischere Mittel der Anerkennung der unmittelbaren Anwendbarkeit einer oder mehrerer Bestimmungen in denjenigen Richtlinien, die gewisse Voraussetzungen erfüllen. Diese Voraussetzungen sind:

a. Die Richtlinienbestimmung muß nicht oder nicht vollständig, bzw. richtig umgesetzt worden sein.
b. Die Frist für die Umsetzung muß schon abgelaufen sein[395] und

390 A. Bleckmann, DVBl. 1981, S. 895

391 A. Bleckmann, DVBl. 1981, S. 889; vgl. I. Härtel, Europäische Rechtsetzung, S. 340

392 A. Bleckmann, DVBl. 1981, S. 890

393 s. oben; D. Triantafyllou, Vom Vertrags- zum Gesetzesvorbehalt, S. 293 sieht die Unzulässigkeit der Normverträge darin, daß durch Normverträge die zwingenden Rechtsetzungsvorschriften des ex EGV u.a. die Mitwirkung des Parlaments umgangen werden könnten. Dennoch steht es nicht fest, dass die abzulehnende Meinung das Parlament vom Verfahren des Abschlußes solcher Verträge fernhalten wollte. Es könnte zur Abwendung dieses Gegenarguments wohl behauptet werden, daß alle für den vertragsrelevanten Rechtsbereich zuständigen Rechtsetzungsorgane in das Verhandlungs- und Abschlußverfahren einbezogen werden sollten und könnten. Daher scheinen die Argumente über den Verstoß gegen das Förmlichkeitsprinzip und im allgemeinen gegen das Prinzip begrenzter Ermächtigung größere Überzeugungskraft zu besitzen als dasjenige über die Umgehung der vertraglich vorgeschriebenen Rechtsetzungsverfahren und der Mißachtung des Demokratieprinzips.

394 s. Beutler/Bieber/Pipkorn/Streil, Die Europäische Union, S. 89; Zum Anstieg der pro Jahr eingeleiteten Verfahren s. nur H. Schmitt von Sydow, in: G/T/E, ex Art. 155 EGV (= ex Art. 211 EGV), Rn. 15, Fn. 33 und Rn. 21

395 vgl. EuGH, Kommission/Belgien, Rs. 102/1979, Slg. 1980, S. 1473 (1487)

c. Die Richtlinie muß inhaltlich unbedingt sein, im Sinne, daß sie von keiner echt konstitutiven Ermessens-, Beurteilungs- oder Gestaltungsentscheidung der EU-Organe oder der Mitgliedstaaten abhängt[396].

Richtlinien, die in ihrer Gesamtheit unmittelbar anwendbar sind, haben Gesetzescharakter[397] und können den Verstoß gegen das Unionsrecht kompensieren, ohne daß es zu einer rechtswidrigen Heranziehung des EU-Verwaltungsvertrages als Rechtsetzungsakt zu kommen braucht.

Die weitere Frage, die die vorstehend zitierte Auffassung aufwirft, ist, ob der EU-Verwaltungsvertrag in den Vertragsbereichen, wo die heranzuziehenden Rechtsetzungsformen nicht vorgeschrieben werden, als Rechtsetzungsakt in Anspruch genommen werden kann bzw. darf. Der Befürworter dieser Ansicht versucht die Heranziehung des EU-Verwaltungsvertrages ohne vorausgehende Verabschiedung eines allgemeinen Rechtsetzungsaktes (Art. 288 AEUV: Verordnung, Richtlinie) damit zu begründen, daß die EU-Organe von AEUV-Normen ermächtigt werden, Einzelentscheidungen zu erlassen. Im EU-Recht gibt es also den Gesetzesvorbehalt nicht in der Form, daß einem Einzelakt stets eine allgemeine Norm vorgehen muß[398].

Es gibt sicherlich AEUV-Normen, die die Kommission zum Erlaß individueller Akte ermächtigen. Art. 106 Abs. 3 AEUV (zur Beaufsichtigung von öffentlichen Unternehmen, die Dienstleistungen der Daseinsvorsorge erbringen), Art. 108 Abs. 2 AEUV (zur Überprüfung der Beihilfevorschriften), Art. 95 Abs. 4 (zur Beseitigung von Diskriminierung im EU-Güterverkehr) u.a. sehen den Erlaß von Individualentscheidungen/Beschlüssen vor. In diesen Fällen geht es aber nicht um echte Verwaltungsentscheidungen, sondern um Rechtsakte im Rahmen der über die Mitgliedstaaten ausgeübten EU-Aufsicht[399]. Der „verwaltungsmäßige", die Unionsbürger betreffende hoheitliche Vollzug des Unions-

---

396 s. EuGH Van Duyn/Home Office, Rs. 41/1974, Slg. 1974, S. 1337-1349; H. Jarass, Voraussetzungen der innerstaatlichen Wirkung des EG-Rechts, NJW 1990, S. 2420 (2423) m.w.N auf die Rechtsprechung

397 vgl. M. Seidel, Die Direkt- oder Drittwirkung von Richtlinien des Gemeinschaftsrechts, NJW 1985, S. 517 ff., 522; zur Direktwirkung von Richtlinien und insbesondere zum Problem der horizontalen Direktwirkung s. P.-C. Müller-Graff, NJW 1993, S. 20

398 A. Bleckmann, DVBl. 1981, S. 895

399 die mit der „verfassungsrechtlichen" Bundesaufsicht verwandt ist; R. von Borries, in: FS für Ulrich Everling, S. 128, bezeichnet die allgemeine Entscheidung als normative Entscheidung; Über die Unterscheidung zwischen der allgemeinen Entscheidung und der Einzelfallentscheidung, die ebenfalls an die Mitgliedstaaten gerichtet ist und die als „Weisung" anzusehen ist, s. R. von Borries, in: FS für Ulrich Everling, S. 133-134

rechts wird somit nicht direkt im EU-Vertrag geregelt[400], sondern er bedarf der Festlegung durch einen „quasi legislativen Akt" der Europäischen Union.

Daraus folgt, daß der Beschluß, den der EU-Vertrag in spezifischen Vertragsnormen ausdrücklich vorsieht, dem allgemeinen Beschluß entspricht, der mit dem individuellen Beschluß, der an einen Unionsbürger oder ein Unionsunternehmen gerichtet ist, nicht identisch ist. Da für den individuellen Beschluß, der ein Individuum zum Adressaten hat, die vorstehend zitierte Argumentationsweise nicht überzeugend ist, kann sie auch für den EU-Verwaltungsvertrag, sofern er mit einem Unionsbürger oder einem „Unionsunternehmen"[401] abgeschlossen wurde, nicht angenommen werden. Der EU-Verwaltungsvertrag kann daher nicht zur erstmaligen Regelung einer Materie des AEUV unter Berufung auf den im AEUV vorgesehenen Erlaß von Entscheidungen/Beschlüssen herangezogen werden, die unabhängig von der Vorschaltung eines generellen Hoheitsaktes ergehen[402].

6. Das Prinzip begrenzter Ermächtigung beim Vollzug des EU-Rechts

Seit langem wird die Auffassung vertreten, daß der Verwaltungsvollzug des EU-Rechts grundsätzlich in den Zuständigkeitsbereich der Mitgliedstaaten fällt[403]. Auch der EuGH kennzeichnet die gegenwärtige Vertragslage dahingehend, daß die EU ein „dezentralisiertes Verwaltungssystem geschaffen hat, das auf der Aufteilung der Aufgaben zwischen den Mitgliedstaaten und der Kommission

400 vgl. D. Triantafyllou, vom Vertrags- zum Gesetzesvorbehalt, S. 23

401 s.oben, A. Bleckmann: „Dabei kann es sich um Verträge mit einzelnen Individuen..."

402 vgl. auch H. Schmitt von Sydow, in: G/T/E, ex Art. 155 EGV, Rn. 68, der feststellt, daß „die überwiegende Zahl der Rechtsakte der Kommission sich nicht unmittelbar auf die Verträge, sondern auf Verordnungen, Richtlinien und Entscheidungen des Rates gründet. Das Prinzip der Unterscheidung zwischen Grund- und Durchführungsvorschriften und deren zahlenmäßiges Verhältnis zueinander finden sich in der Praxis aller Mitgliedstaaten der Gemeinschaft"; vgl. eingehend I. Härtel, Europäische Rechtsetzung, S. 453

403 vgl. schon U. Everling, in FS für Ophüls, S. 36; A. Bleckmann, Europarecht, Rn. 399; M. Hilf, Die Organisationsstruktur, S. 202; U. Everling, DVBl. 1983, S. 651; M. Schweitzer, DV 1984, S. 139; J. Schwarze, Eur. Verwaltungsrecht, Bd. I, S. 25 ff. (48); E. Grabitz, NJW 1989, S. 1777; D.H. Scheuing, in W. Hoffmann- Riem/ E. Schmidt-Aßmann, S. 294; W. Spannowsky, S. 491; R. Stettner, Vewaltungsvollzug, in: Dauses, Hdb des Eur-WiR, B. III, Rn. 11; R.von Borries, in FS. Für Ulrich Everling, Bd. I, S. 127 f.

beruhe"[404]. Der Europäische Rat hatte bereits 1994 in Zusammenhang mit dem Subsidiaritätsprinzip betont, daß „die administrative Durchführung des Gemeinschaftsrechts grundsätzlich Sache der Mitgliedstaaten bleiben muß"[405].

Eine ausdrückliche Ermächtigung der Mitgliedstaaten zum administrativen Vollzug des Sekundärrechts ist jedoch ebenfalls keiner Vertragsvorschrift zu entnehmen[406]. Es kann daher festgehalten werden, daß der EUV und der AEUV keine ausdrücklichen Grundsatznormen enthalten, die die Verteilung der Verwaltungskompetenzen zwischen der Europäischen Union und den Mitgliedstaaten festlegen. Auch der EuGH hat sich, soweit ersichtlich, mit dieser Frage noch nicht grundlegend befaßt [407].

7. Das Prinzip der vertikalen Exekutivgewaltenteilung

Das System der Verwaltungskompetenzverteilung zwischen der EU und den Mitgliedstaaten folgt nicht bekannten Organisationsmodellen[408], sondern „gliedert sich in eine Gesamtheit zahlreicher unterschiedlicher Einzelregelungen"[409]. Die Verteilung der Verwaltungskompetenzen zwischen der Europäischen Union und den Mitgliedstaaten kann sich daher lediglich aus der Auslegung jeder einzelnen Vertragsnorm des AEUV ergeben[410].

Das Prinzip der begrenzten Ermächtigung in der Form des Prinzips der vertikalen Exekutivgewaltenteilung findet hier auch Anwendung, denn es be-

---

404 in EuGH, Rs. C- 478/93, Slg. 1995, S. I-3081 (3109); vgl. auch EuGH Rs 118/76, Slg. 1977, S. 1177 (1188); EuGH Deutsche Milchkontor/Bundesrepublik Deutschland, Rs. 205- 215/82, Slg. 1983, S. 2633 ff. (2655)

405 Bull. EU 12-1994, S. 7 (12); vgl. die Erklärung Nr. 43 zum Protokoll über die Anwendung der Grundsätze der Subsidiarität und der Verhältnismäßigkeit, ABl. C-340 vom 10.11.1997, S. 140

406 M. Pechstein, Die Mitgliedstaaten der EG als „Sachwalter des gemeinsamen Interesses", Baden-Baden 1987, S. 55; D. Triantafyllou, Vom Vertrags- zum Gesetzesvorbehalt, S. 47

407 so S. Schreiber, Verwaltungskompetenzen, S. 49

408 wie z.B. das der USA, wo der Verwaltungsvollzug der Bundesgesetze grundsätzlich den Bundesbehörden obliegt, dazu s. B. Becker, JöR 39 (1990), S. 77 ff., oder der Bundesrepublik, wo im Gegensatz zu den USA die Landesbehörden grundsätzlich für die Ausführung der Bundesgesetze zuständig sind – s. Art. 83 GG –, es sei denn das Grundgesetz selbst sieht etwas anderes vor, dazu P. Lerche, in: Maunz/Dürig/Herzog/Scholz (Hrsg.), Komm. Zum GG, Art. 83, Rn. 90 ff.; vgl. Auch R. von Borries, in: FS. Für U. Everling, S. 129 und Fn. 16

409 L.- J. Constantinesco, Das institutionelle Recht, S. 235 f.

410 vgl. Beutler/Bieber/Pipkorn/Streil, Die Europäische Union, S. 82

sagt, daß die Eigendurchführung des abgeleiteten EU-Rechts durch die EU-Administration nur dann zulässig ist, wenn die AEUV-Norm, auf deren Grundlage das abgeleitete Recht erlassen wurde, die EU selbst zur Anwendung des Sekundärrechts auf den Einzelfall explizit oder implizit ermächtigt[411]. Der Regelfall ist aber, daß der Vertrag die EU-Organe nicht explizit zur Eigendurchführung des EU-Rechts ermächtigt. Die implizite Ermächtigung erfolgt, indem der Vertrag die EU zum Erlaß von Verordnungen ermächtigt und Letztere mithilfe der Verordnung direkte exekutive Befugnisse schaffen darf. Das ist aber nur zulässig, wenn die ermächtigende Vertragsnorm die EU-Kompetenzen nicht nur auf die Rechtsetzung beschränkt, sondern wenn sie auch den direkten Vollzug des Unionsrechts gestattet[412]. Es beurteilt sich nach jeder AEUV-Norm, ob dem EU-Gesetzgeber, den sie zur Setzung des relevanten Sekundärrechts ermächtigt, die Befugnis zugesprochen wird, die Durchführung des von ihm geschaffenen Rechts der EU-Administration aufzugeben. Das bedeutet, daß die Verordnungen[413], die die EU-Organe zum Verwaltungshandeln ermächtigen, letztlich auf eine vertragliche Grundlage zurückgeführt werden müssen[414].

II. Das Vollzugssystem des AEUV und der EU-Verwaltungsvertrag

Als Vollzug von EU-Recht wird die Konkretisierung einer europarechtlichen Bestimmung auf einen bestimmten Lebenssachverhalt oder auf bestimmte Fall-

---

411 vgl. S. Schreiber, Verwaltungskompetenzen, S. 50; B. Beutler/R. Bieber/J. Pipkorn/J. Streil, Die Europäische Union, S. 82; R. von Borries, in: FS. Für U. Everling, S. 132

412 vgl. S. Schreiber, S. 56

413 diese Handlungsform kommt grundsätzlich in Betracht, zumal die Richtlinie die Mitgliedstaaten und die Entscheidung die Mitgliedstaaten oder Individuen zu Adressaten haben (ex Art. 288 AEUV), während die Verordnung allgemeine Geltung bzw. Anwendung - vgl. englische und französische Fassung – hat. Dennoch wurde der Kommission auch im Rahmen von Rechtsangleichungsmaßnahmen die Befugnis eingeräumt, Einzelfallentscheidungen zu erlassen (s. Art. 9 der Richtlinie 92/59/EWG des Rates vom 29.06.1992 über die allgemeine Produktsicherheit), s. dazu R. v. Borries, in: FS für Everling, S. 133. Diese Einzelfallentscheidungen sind „Weisungen“ an die Mitgliedstaaten, haben administrativen Charakter und ihr Erlaß kann dem direkten Vollzug von EU-Recht gleichgestellt werden. Der Einzelne muß die Weisungsentscheidung der Kommission vor dem EuGH anfechten, wenn er sie für rechtswidrig hält – obwohl sie nicht an ihn gerichtet ist – um seine Rechte zu wahren, vgl. EuGH, Rs. C-188/1992, Slg. 1994, S. I-864; Rengeling/Middecke/Gellermann, Rechtsschutz, S. 83 ff.

414 s. S. Schreiber, Verwaltungskompetenzen, S. 69; vgl. R. von Borries, S. 131

gruppen durch eine EU-eigene oder mitgliedstaatliche Verwaltungsinstanz definiert[415].

1. Direkter Vollzug von EU-Recht[416]

Die Unterscheidung zwischen direktem und indirektem Vollzug wurde von der französischen Lehre über die direkte und indirekte Verwaltung übernommen[417]. Der direkte Vollzug des EU-Rechts kann als Vollzug des von den zuständigen EU-Rechtsetzungsorganen geschaffenen EU-Rechts durch die eigenen EU-Vollzugsorgane ohne Einschaltung der mitgliedstaatlichen Rechtsanwendungsorgane verstanden werden[418]. Im Falle des direkten Vollzuges ermächtigen die primärrechtlichen Vorschriften die EU-Organe nicht nur materiell-sekundärrechtliche Normen zu erlassen, was als reine Gesetzgebungstätigkeit zu qualifizieren ist und nicht unter den Terminus "direkter Vollzug von EU-Recht" subsumiert werden kann, sondern sie begründen vielmehr die Befugnis, entsprechende Organisations- und Verfahrensregelungen sowie im Hinblick auf den Einzelfall oder auf bestimmte Fallgruppen konkretisierende Rechtsakte zu erlassen bzw. bei deren Zustandekommen mitzuwirken[419]. Ausdrückliche Bestimmungen, die den Erlaß von Organisations-, Verfahrensregelungen und konkretisierenden Rechtsakten vorsehen, sind im AEUV in sehr begrenztem Umfang

---

415 s. grundlegend M. Zuleeg, Das Recht der Europäischen Gemeinschaften im innerstaatlichen Bereich, Kölner Schriften zum Gemeinschaftsrecht, Band 9, Köln-Berlin-Bonn-München 1969, S. 47 f.; ihm folgend H. W. Rengeling, Rechtsgrundsätze beim Verwaltungsvollzug des Europäischen Gemeinschaftsrechts, KSE Band 27, Köln-Berlin-Bonn-München 1977, S. 9; U. Everling, DVBl. 1983, S. 649; R. v. Borries, in FS. für Everling, S. 128; S. Schreiber, Verwaltungskompetenzen, S.21

416 derselbe Begriff wird auch als gemeinschaftsunmittelbare Vollziehung in: Schweitzer, Die Verwaltung der Europäischen Gemeinschaften, DV 1984, S. 139, oder zentrale Verwaltung umschrieben in: von der Groeben/Mestmäcker, Ziele und Methoden der Europäischen Intergration, Frankfurt a.M. 1972, S. 57; „gemeinschaftseigener Vollzug", Ehlers, DVBl. 1991, S. 605 (609); D. Scheuing, in: Hoffmann-Riem/E. Schmidt-Aßmann, Innovation und Flexibilität, 1994, S. 289 (294 f.)

417 dazu s. H. W. Rengeling, KSE 9, S. 9, Fn. 11; diese Unterscheidung ist inzwischen „üblich geworden", vgl. I. Pernice/S. Kadelbach, DVBl. 1996, S. 1100 (1102)

418 vgl. von Arnauld, in Terhechte (Hrsg.), Verwaltungsrecht der Europäischen Union, S. 93; S. Augsberg, in Terhechte (Hrsg.), Verwaltungsrecht der Europäischen Union, S. ; A. Weber in: Schweitzer (Hrsg.), Europäisches Verwaltungsrecht, S. 55; S. Schreiber, Verwaltungskompetenzen der Europäischen Gemeinschaft, S. 21; R. von Borries, in FS für Everling S. 129

419 vgl. A. Klösters, Kompetenzen der EG-Kommission im innerstaatlichen Vollzug von Gemeinschaftsrecht, Köln-Berlin-Bonn-München 1994, S. 8 f.

enthalten. Es werden dennoch direkte Verwaltungskompetenzen kraft der implied-powers Theorie und gestützt auf Art. 352 AEUV bejaht[420], die allerdings in einem sekundärrechtlichen Rechtsetzungsakt ihren Niederschlag finden müssen und nur mittelbar auf die AEUV-Normen gestützt werden können[421]. Der direkte Vollzug kann als Ausnahmefall betrachtet werden[422].

Die Erläuterung der Begriffe direkter und indirekter Vollzug des EU-Rechts ist für diese Untersuchung gerade deshalb von erheblicher Bedeutung, weil der EU-Verwaltungsvertrag als Handlungsinstrument der EU-Verwaltung nur dann in Betracht kommt, wenn die EU-Primärnormen (mittelbar) und die auf sie gestützten Sekundärnormen (unmittelbar) den EU-Organen die verwaltungsmäßige Wahrnehmung der von ihnen vorgesehenen Aufgaben zuweisen oder zumindest deren Wahrnehmung von den eigenen EU-Organen nicht ausschließen. Dies setzt auch voraus, dass die vom EU-Vertrag aufgestellten Zulässigkeitskriterien (vor allem das Subsidiaritätsprinzip[423] und das Verhältnismä-

420 darauf kann nicht eingegangen werden, dazu s. E. Grabitz, in Ders./Hilf, Art. 235 EGV; s. Magiera, in: Hailbronner/Klein/Magiera/Müller-Graff, EWGV-HdKomm, ex Art.189; s. Schreiber, Verwaltungskompetenzen, S. 137 ff. (implied-resulting powers), S. 145 ff. (ex Art. 308 EGV); s. zur Kompetenzerweiterungsnorm von ex Art. 308 EGV eingehend R. Boehm, Kompetenzauslegung und Kompetenzlücken im Gemeinschaftsrecht, Frankfurt 1985; U. Everling/I. Schwartz/C. Tomuschat (Hrsg.), Rechtsetzungsbefugnisse der EWG in Generalermächtigungen, insb. in Art. 235 EWGV, Sonderbeilage EuR 1976, München; H.-P. Gericke, Allgemeine Rechtsetzungsbefugnisse nach Art. 235 EWGV, Hamburg 1970

421 vgl. S. Schreiber, Verwaltungskompetenzen, S. 142 und S. 145 über die implied powers, s. auch Verweise in Fn. 545 und Fn. 546 und über ex Art. 308 EGV; kraft der implied powers Lehre können keine anderen Handlungsmittel als die in der Vertragsvorschrift vorgesehene zur Verfügung gestellt werden: vgl. grundlegend G. Nicolaysen, EuR 1966, S. 135; H-P Kraußer, S. 61

422 D. Scheuing: in Hoffmann- Riem/ Schmidt- Aßmann (Hrsg.), Innovation und Flexibilität, S. 294

423 Die Literatur zum Subsidiaritätsprinzip ist uferlos: s. vor allem D. Merten (Hrsg.), Die Subsidiarität Europas, Berlin 1994 und C. Calliess, Subsidiaritäts- und Solidaritätsprinzip in der Europäischen Union, Baden-Baden 1999; E. Grabitz, Subsidiarität im Gemeinschaftsrecht, in: G. Vogel/G.H. Oettinger (Hrsg.), Föderalismus in der Bewährung, 1992, S. 139; C. Stewing, Das Subsidiaritätsprinzip als Kompetenzverteilungsregel im Europäischen Recht, DVBl. 1992, S. 1516 ff.; P.M. Schmidhuber/G. Hitzler, Die Verankerung des Subsidiaritätsprinzips im EWG-Vertrag-ein wichtiger Schritt auf dem Weg zu einer föderalen Verfassung der Europäischen Gemeinschaft, NVwZ 1992, S. 720 ff; H.-L. Lambers, Subsidiarität in Europa-Alheilmittel oder juristische Leerformel? EuR 1993, S. 229 m.w.N.; W. Kahl, Möglichkeiten und Grenzen des Subsidiaritätprinzips nach Art. 3 b EGV, AöR 1993, S. 424; G Konow, Zum Subsidiaritätsprinzip des Vertrags von Maastricht, DÖV 1993, S. 405 ff.; R. von Borries, Das Subsidiaritätsprin-

ßigkeitsprinzip) mitberücksichtigt werden und zur Bejahung der Zulässigkeit des Eigenverwaltungsvollzugs führen[424]. Anders herum hat die Verwirklichung des EU-Rechts auf mitgliedstaatlicher Ebene, d.h. im Bereich des indirekten Vollzuges, den automatischen Ausschluß des EU-Verwaltungsvertrages als Handlungsform zur Folge.

Auf dem Gebiet des direkten Vollzuges differenziert man ferner zwischen EU-internem direktem und EU-externem direktem Vollzug[425]. Der EU-interne Vollzug umfaßt den Erlaß von Organisationsakten[426] und die Erledigung von Personal- [427] und Haushaltsangelegenheiten (s. Art. 317 AEUV) der EU-Organe[428]. Der EU-externe Vollzug von Unionsrecht umfaßt alle Rechtsgebiete

---

zip im Recht der Europäischen Union, EuR 1994.), Verwaltungsrecht der Europäischen Union, S. 211 ff. ; R. von Borries, in : FS für Everling, S. 143 und 146; A. Bleckmann, in: Ders., Europarecht, Rn 484, der als möglichen Grund, warum der Abschluß von Verwaltungsverträgen der EU verwehrt sein sollte, das Bestehen einer ausschließlichen Kompetenz der Mitgliedstaaten zum Vollzug des EU-Rechts erwähnt

423 H. W. Rengeling, Rechtsgrundsätze, S. 9; S. Kadelbach, Allgemeines Verwaltungsrecht, S. 18

423 z.B. Verordnung zur Errichtung einer Gemeinschaftsagentur, Beschluß des Rates über das Auschußwesen, s. Einzelheiten bei M. Hilf, Die Organisationsstruktur, S. 11 f.

423 Art. 24 Abs. 1 Fusionsvertrag, vom 8.4.1965, ABl. L 152 vom 13.7.1967, S. 2; Beamtenstatut, VO (EWG/EAG/EGKS) Nr, S. 263 ff.; J. Schwarze, Kompetenzverteilung in der Europäischen Union und föderales Gleichgewicht, DVBl. 1995, S. 1265 ff.; P.-C. Müller-Graff, Binnenmarkt und Subsidiaritätsprinz? ZHR 1995, S. 34 ff.; G. Nicolaysen, Notwendige Rechtsetzung, auch ein Beitrag zum Thema Subsidiarität, in: FS. für E. Grabitz, S. 469 ff.; K. Kinkel, Das Subsidiaritätsprinzip in der Europäischen Union, in: FS für K. Stern, S. 1287 ff.; U. Everling, Subsidiaritätsprinzip und „ausschließliches" Gemeinschaftsrecht- ein „faux problème" der Verfassungsauslegung, in FS für K. Stern, S. 1227 ff.

424 vgl. S. Augsberg, in Terhechte (Hrsg.), Verwaltungsrecht der Europäischen Union, S. 211 ff. ; R. von Borries, in : FS für Everling, S. 143 und 146; A. Bleckmann, in: Ders., Europarecht, Rn 484, der als möglichen Grund, warum der Abschluß von Verwaltungsverträgen der EG verwehrt sein würde, das Bestehen einer ausschließlichen Kompetenz der Mitgliedstaaten zum Vollzug des EU-Rechts erwähnt

425 H. W. Rengeling, Rechtsgrundsätze, S. 9; S. Kadelbach, Allgemeines Verwaltungsrecht, S. 18

426 z.B. Verordnung zur Errichtung einer Gemeinschaftsagentur, Beschluß des Rates über das Auschußwesen, s. Einzelheiten bei M. Hilf, Die Organisationsstruktur, S. 11 f.

427 Art. 24 Abs. 1 Fusionsvertrag, vom 8.4.1965, ABl. L 152 vom 13.7.1967, S. 2; Beamtenstatut, VO (EWG/EAG/EGKS) Nr. 259/69 des Rates vom 29.2.1968 zur Festlegung des Statuts der Beamten, ABl. L 56 vom 4.3.1968, S. 1

428 S. Kadelbach, Allgemeines Verwaltungsrecht, S. 18; H. W. Rengeling, Rechtsgrundsätze, S. 9; D. Scheuing, Innovation, S. 294

des AEUV, wo die Europäische Union selbst gegenüber dem einzelnen Unionsbürger oder einzelnen juristischen Personen verwaltend tätig wird und sich Handlungsformen bedient, die Außenwirkung erzeugen. In diesen Fällen übt die Europäische Union im innerstaatlichen Bereich der Mitgliedstaaten ihre Hoheitsrechte und Verwaltungsbefugnisse aus[429]. Das klassische Beispiel eines Rechtsgebiets, in dem der EU-externe Vollzug wurzelt, ist das Wettbewerbsrecht[430]. Die EU-Organe können sich des EU-Verwaltungsvertrages vorwiegend und hauptsächlich im Bereich des EU-externen Vollzugs bedienen, wie vorstehend erläutert[431].

2. Indirekter Vollzug von EU-Recht

Als indirekter Vollzug von EU-Recht wird die Konkretisierung der von den EU-Organen erlassenen Rechtsnormen durch die mitgliedstaatlichen Verwaltungsorgane im Hinblick auf den Einzelfall bezeichnet. Die Lehre differenziert ferner zwischen unmittelbarem indirektem und mittelbarem direktem Vollzug von EU-Recht[432]. Unmittelbarer indirekter Vollzug von EU-Recht liegt vor, wenn die mitgliedstaatlichen Verwaltungsorgane die unmittelbar anwendbaren Normen des EU-Rechts, so wie sie von den zuständigen Rechtsetzungsorganen der EU erlassen wurden, anwenden, d.h. ohne jegliche Einschaltung und Einwirkung der mitgliedstaatlichen Organe auf Inhalt, Rechtsform und Wirkungsweise der EU-Normen[433]. Beispiele hierfür sind der Vollzug des gemeinsamen Zolltarifs- und der Agrarmarktordnungen. Beim unmittelbaren indirekten Vollzug kommt der EU-Verwaltungsvertrag nicht in Betracht, weil da die Vollzugskompetenz bei den mitgliedstaatlichen Verwaltungen liegt, obwohl ja von ihnen Rechtsnormen angewendet werden, die nicht Teil der Rechtsordnung sind, die diese Verwaltungsorgane selbst gegründet bzw. geschaffen hat, sondern Produkte einer anderen Rechtsordnung sind, die parallel zu ihrer eigenen existiert und sie in be-

429 vgl. H. W. Rengeling, Rechtsgrundsätze, S. 10; S. Kadelbach, Allgemeines Verwaltungsrecht, S. 18

430 Ex Art. 83, 85, 86 Abs. 3 EGV; Art. 2 ff. VO (EWG) Nr. 17 des Rates (Kartellverordnung) vom 6.2.1962, ABl. v. 21.2.1962, S. 204; Art. 6 ff. VO (EWG) Nr. 4064/1989 des Rates (Fusionskontrollverordnung) vom 21.12.1989, ABl. L 257 v. 21.8.1990, S. 13

431 zu der Frage, ob die Bedienung des EU-Verwaltungsvertrages auf allen Gebieten des AEUV zulässig ist, s. oben und unten

432 s. H. W. Rengeling, Rechtsgrundsätze, S. 10 f.; M. Hilf, Die Organisationsstruktur, S. 202; J. Schwarze, Eur. Verwaltungsrecht, S. 24; S. Kadelbach, Allgemeines Verwaltungsrecht, S. 19

433 vgl. H. W. Rengeling, Rechtsgrundsätze, S. 10; D. Scheuing, Innovation, S. 295; S. Kadelbach, Allgemeines Verwaltungsrecht, S. 19

stimmten Politikbereichen verdrängt und überlagert[434]. Ferner gilt nach der h.L. im unmittelbaren indirekten Vollzug von EU-Recht die Verwaltungs- und Verfahrensautonomie der Mitgliedstaaten, auch weil die EU von keiner kompetenzbegründenden AEUV-Norm zur Regelung des allgemeinen Verwaltungsrechts aller Mitgliedstaaten ermächtigt wird[435]. Insofern dürfen die Mitgliedstaaten bei der Anwendung des unmittelbar geltenden EU-Rechts ihr Verwaltungsverfahrens- und im allgemeinen ihr eigenes Verwaltungsrecht heranziehen. Es bestehen jedoch Grenzen für die Verfahrens- und Verwaltungsautonomie der Mitgliedstaaten, die ihnen das sogenannte Gemeinschaftsverwaltungsrecht[436] setzt, das das mitgliedstaatliche Verwaltungsrecht verändert, verdrängt und übelagert. Die Geburt dieses Begriffs ist der entsprechenden Einführung des Begriffs „Gemeinschaftsprivatrecht" durch Peter-Christian Müller-Graff zu verdanken[437].

Mittelbarer indirekter Vollzug liegt vor, wenn die mitgliedstaatlichen Verwaltungen das EU-Recht mittelbar anwenden, weil eine mitgliedstaatliche Instanz es zuvor in mitgliedstaatliches Recht umgesetzt hat. Auf der Ebene des mittelbaren indirekten Vollzugs kommt der EU-Verwaltungsvertrag eben so wenig in Betracht wie beim unmittelbaren direkten Vollzug[438].

---

434 vgl. bereits EuGH Costa/E.N.E.L., Rs. 6/64, Slg. 1964, S. 1251

435 s. R. Streinz in: M. Schweitzer (Hrsg.), Eur. VwRecht, S. 241, 245 Fn. 30; Engel, DV 25,1992, S. 437, 460; A. Weber, in: M. Schweitzer(Hrsg.), Eur. Verwaltungsrecht, S. 59; R. von Borries, in: FS für Everling, S. 129

436 s. eingehend Ohler, in Terhechte (Hrsg.), Verwaltungsrecht der Europäischen Union, S. 331 ff.; s. dazu E. Schmidt-Aßmann, DVBl. 1993, S. 924 (925f.); große Werke von: J. Schwarze (Hrsg.), „Das Verwaltungsrecht unter europäischem Einfluß: Konvergenz der mitgliedstaatlichen Verwaltungsrechtsordnungen in der Europäischen Union, Baden-Baden 1996; Ders. Europäisches Verwaltungsrecht, 2. Bände, Baden-Baden 1988; Ders. (Hrsg.), Europäisches Verwaltungsrecht im Werden, Baden-Baden 1982; T. von Danwitz, Verwaltungsrechtliches System; E. Schmidt-Aßmann/Hoffmann-Riem (Hrsg.), Strukturen des Europäischen Verwaltungsrechts, Baden-Baden 1999; Engel, DV 25, 1992, S. 437 ff.; S. Kadelbach, Allgemeines Verwaltungsrecht unter europäischem Einfluß, Tübingen 1999; D. Ehlers, DVBl. 1991, S. 605 ff.; D. Scheuing, in: Hoffmann-Riem/E. Schmidt-Aßmann, Innovation und Flexibilität des Verwaltungshandelns, Baden-Baden 1994, S. 289 ff.; Die Literatur ist uferlos

437 s. P.-C. Müller-Graff, in: Ders./M. Zuleeg (Hrsg.), Staat und Wirtschaft in der EG, 1987, S. 27 ff.; P.-C. Müller-Graff, Privatrecht und europäisches Gemeinschaftsrecht, S. 24; Ders., Europäisches Gemeinschaftsrecht und Privatrecht, NJW 1993, S. 13 : „Gemeinschaftsprivatrecht bezeichtet die kraft Gemeinschaftsrechts in allen oder für alle Mitgliedstaaten verbindlichen Privatrechtsregeln"

438 vgl. nur A. Weber, in: M. Schweitzer (Hrsg.), Eur. Verwaltungsrecht, S. 60

3. Das generelle und spezielle Förmlichkeitsprinzip beim Vollzug von EU-Recht

Es stellt sich die Frage, ob die EU-Organe beim direkten Vollzug des von ihnen erlassenen Rechts an die generell in Art. 288 AEUV festgelegten Rechtshandlungsformen gebunden sind, oder ob sie neue Verwaltungsvollzugshandlungen „erfinden" und heranziehen dürfen (generelles Förmlichkeitsprinzip). Andererseits muß auch geprüft werden, ob die einzelnen Vertragsnormen, die die heranzuziehenden Rechtsetzungsakte abschließend bestimmen auch den Verwaltungsvollzug ausschließlich in den selben Formen zulassen (spezielles Förmlichkeitsprinzip).

Die Durchführung des EU-Rechts durch die Verwaltungsinstanzen der Europäischen Union kann lediglich im Falle der Rechtsetzung durch Verordnungen bzw. durch als Beschlüsse[439] ergangene Verordnungen und aufgrund dieser Verordnungen vorgeschrieben werden[440]. Das Rechtsetzungsorgan[441] ermächtigt die EU-Administrativorgane (zumeist die Kommission), das von ihm erlassene Recht verwaltungsmäßig durchzuführen (direkter Vollzug des EU-Rechts). Es bestehen zwei Ermächtigungstypen: Die Kommission oder ein anderes EU-Organ[442] wird ermächtigt, Durchführungsrechtakte (Art. 291 Abs. 2 und 3 AEUV) zu erlassen[443], in denen das gesetzte Recht durch die Ausarbeitung von Durchführungsvorschriften näher konkretisiert wird[444] und/oder Modalitäten seines Vollzugs festgelegt werden, z.B. durch Erlaß von individuellen Rechtsakten[445]. Eine andere Möglichkeit besteht darin, dass das Rechtsetzungsorgan in der Grundverordnung selbst die Verwaltungshandlungsformen bzw. Einzelheiten der Anwendung des materiellen Rechts auf den Einzelfall festlegt und das Durchführungsorgan mit der Vornahme der vorgeschriebenen Rechtshandlungen

---

439 der als „Beschluß" ergangene Rechtshandlung muß nach seinem Inhalt bestimmt und seine Rechtsfolgen festgestellt werden, s. M. Schweitzer/W. Hummer, Europarecht, Rn. 412

440 vgl. oben

441 im Regelfall Rat und Parlament oder sehr selten der Rat alleine

442 z.B. die Europäische Zentralbank nach ex Art. 110, Abs. 1, 1 Spiegelstrich, S. 2 EGV

443 vgl. H. Schmitt von Sydow, in: G/T/E, ex Art. 155 EGV, Rn. 68 f.

444 H.-P. Ipsen, in: FS für Peter Lerche, S. 425 (434)

445 vgl. EuGH ACF Chemiefirma/Kommission, Rs. 41/1969, Slg. 1970, S. 661 (691); EuGH Einfuhr- und Vorratsstelle für Getreide und Futtermittel/Köster, Slg. 1970, S. 1161 (1172); EuGH Kommission/Rat, Rs. 16/1988, Slg. 1989, S. 3457 (3485)

beauftragt[446]. Die dritte Alternative ist die verwaltungsmäßige Durchführung des erlassenen Rechts durch das Rechtsetzungsorgan selbst[447].

Im Falle des Zusammenfalls des Rechtsetzungs- und des Rechtsanwendungsorganes bzw. des Rechtsdurchführungsorgans (s. z.B. Art. 290 AEUV) ist dieses Organ nicht befugt, sich anderer Handlungsformen zu bedienen als derjenigen, die im AEUV generell zulässig sind[448]. Das allgemeine Förmlichkeitsprinzip gilt uneingeschränkt, sowohl wenn das Rechtsetzungsorgan in der von ihm erlassenen Verordnung die ebenfalls von ihm vorzunehmenden Verwaltungsvollzugshandlungen ausdrücklich bestimmt, als auch wenn die erlassene Verordnung ihm einen Ermessensspielraum in Bezug auf die möglichen Verwaltungsvollzugsformen eröffnet. Der Grund dafür ist, daß die Handlungsformen, die im AEUV als allgemein zulässig vorgesehen sind, auch die äußerste Grenze und die weitestreichenden Handlungsbefugnisse des direkten Vollzugs darstellen. Wenn das Rechtsetzungsorgan in seiner Verordnung die von ihm vorzunehmenden Verwaltungsvollzugshandlungen festlegt, so zieht die von ihm erfolgte Bestimmung z.B. des Beschlusses des Art. 288 AEUV zur Vollzugshandlung automatisch den direkten Vollzug des abgeleiteten EU-Rechts nach sich. Zwar ist Festlegung der Form der Verwaltungsdurchführung auf die normative Kraft der so wieso allgemein zulässigen Verordnung zurückzuführen, die Wirkungsweise und die Art des direkten Vollzugs hängt aber von jeder einzelnen Vollzugshandlung ab. Daraus folgt für den öffentlich-rechtlichen EU-

---

446 z.B. wenn in einer Grundverordnung der Erlaß von Beschlüssen oder EU-Verwaltungsverträgen vorgesehen ist; s. z.B. Art. 15 Abs. 1 der ex VO (EWG) Nr. 17 des Rates (Kartellverordnung) vom 6.2.1962, ABl. v. 21.2.1962, S. 204 – Festsetzung von Geldbußen durch Entscheidung (jetzt Beschluss); Art. 12 des Beschlußes 1999/65/EG des Rates vom 22.12.1998, ABl 1999, L 26/46 – Abschluß von Verträgen

447 vgl. J. Schwarze, Europäisches Verwaltungsrecht, Bd. I, 1988, S. 23; Beutler/Bieber/Pipkorn/Streil, Die Europäische Union, S. 127; S. Schreiber, Verwaltungskompetenzen, S. 42; ein Beispiel einer solchen Tätigkeit des Rates ist die Gewährung von Ausnahmen vom Beihilfeverbot nach Art. 88 Abs. 2 Satz 3 EGV

448 in dieselbe Richtung D. Triantafyllou, Vom Vertrags- zum Gesetzesvorbehalt, S. 290, der die Verankerung aller nicht nur der Rechtsetzungs- sondern auch der Verwaltungshandlungsformen im EGV als Folge der strengen Anwendung des Prinzips der begrenzten Ermächtigung ansieht; vgl. für den hier in Betracht kommenden öffentlichrechtlichen EU-Verwaltungsvertrag A. Bleckmann, NJW 1978, S. 465, der ex Art. 238 EGV als seine generelle Zulässigkeit begründend ansieht; D. Triantafyllou, Vom Vertrags- zum Gesetzesvorbehalt, sieht ex Art. 282 und 238 EGV als Globalermächtigungen zum Abschluß von Verträgen an. Ein bißchen später führt er aber aus, daß diese Vertragsnormen lediglich die Verwendung der Vertragsform legitimieren, ohne zugleich eine materielle Rechtsgrundlage darzustellen; W. Spannowsky, Vom Vertrags- zum Gesetzesvorbehalt, S. 493

Verwaltungsvertrag, dass Bedenken gegen seine Zulässigkeit geäußert werden könnten, wenn für ihn keine Rechtsgrundlage im AEUV gefunden werden kann, zumal es Mitgliedstaaten gibt, die ihn als Handlungsform ihrer Verwaltungen nicht kennen oder sogar nicht zulassen[449]. Insoweit ist die Identifizierung einer Rechtsgrundlage für den EU-Verwaltungsvertrag als Vollzugshandlungsform des EU-Rechts rechtlich geboten[450].

Im Falle, in dem das Rechtsetzungsorgan die Kommission ermächtigt, sich bestimmter Verwaltungshandlungsinstrumente zu bedienen, oder Durchführungsverordnungen zu erlassen, gilt Entsprechendes. Im Fall, in dem die Kommission Durchführungsverordnungen erlassen kann, gilt dies auch aus dem Grunde, daß Art. 290 AEUV keine allgemeine Verwaltungsbefugnis der Kommission begründen kann, zumal in dieser Vorschrift von der Durchführung der Befugnisse die Rede ist, die ihr das Europäische Parlament und der Rat übertragen[451]. Dies setzt voraus, daß dem Europäischen Parlament und dem Rat diese Durchführungsbefugnisse zustehen müssen, was wiederum voraussetzt, daß ihnen diese Befugnisse nach Prüfung der Erfordernisse und Prinzipien der begrenzten Ermächtigung, der Subsidiarität, der Verhältnismäßigkeit und gegebenfalls der implied powers Lehre sowie der Kompetenzerweiterungsnorm des Art. 352 AUEV auf der Grundlage eines Rechtssetzungsaktes gem. den AEUV-Vertragsbestimmungen übertragen worden sind[452]. Das bedeutet zugleich, daß die Kommission als Durchführungsorgan sich nur derjenigen Verwaltungsvoll-

449 so zutreffend A. Bleckmann, NJW 1978, S. 465; zu der Unzulässigkeit des öffentlich-rechltichen Verwaltungsvertrages in Großbritannien sowohl in der deutschen als auch in der französischen Fassung, s. D. Foulkes, Administrative Law, S. 418 ff.; vgl. auch P.P. Craig, Administrative Law, S. 604 f

450 s. A. Bleckmann, NJW 1978, S. 465, der Art. 238 EGV als Rechtsgrundlage ansieht; D. Triantafyllou, Vom Vertrags- zum Gesetzesvorbehalt, S. 290, der ex Art. 282 und ex Art. 238 EGV als Rechtsgrundlage ansieht und sie als Globalermächtigung für den Abschluß von Verträgen durch die EU-Verwaltung betrachtet. D. Triantafyllou sagt jedoch, daß die Notwendigkeit des Einbezugs einer Vertragsschließungsermächtigung in den EG-Vertrag zweifelhaft ist, zumal die Tatsache, daß die Gemeinschaft zur Sicherstellung ihrer Funktionsfähigkeit über ein Vertragsschließungsrecht verfügen muß, sich schon als stillschweigende Befugnis aus dem ganzen Vertragswerk ergibt, das der Gemeinschaft bestimmte Aufgaben zuweist. Deswegen sind diese Vorschriften Statusvorschriften, die nur die Verwendung der Vertragsform abstrakt legitimieren, ohne zugleich eine materielle Rechtsgrundlage darzustellen. Insofern stimmt D. Triantafyllou J. Grunwald zu, EuR 1984, S. 233; vgl. aber W. Spannowsky, S. 493, der ex Art. 238 EGV als eine ausreichende allgemeine Ermächtigungsgrundlage ansieht

451 vgl. H. Schmitt von Sydow, in: G/T/E, Art. 155 EGV, Rn. 72 f.

452 vgl. S. Schreiber S. 71 und Verweise unter Fn 256

zugsformen bedienen darf, die auch dem Rat zustehen würden, wenn er die Durchführung des EU-Rechts selbst übernommen hätte.

Auf die Verwaltungsvollzugshandlungen ist das Prinzip der vertikalen Exekutivgewaltenteilung nicht anwendbar, das für die Verteilung der Verwaltungsvollzugskompetenzen zwischen der Europäischen Union und den Mitgliedstaaten maßgeblich ist. Die rechtswirksame Vornahme einer Verwaltungsvollzugshandlung durch die EU-Administration setzt voraus, daß der direkte Vollzug des abgeleiteten Unionsrechts von dem zuständigen EU-Rechtsetzungsorgan unter Berücksichtigung des Subsidiaritäts-, des Verhältnismäßigkeitsprinzips und der Kompetenzerweiterungsprinzipien des Art. 352 AEUV sowie der implied powers Lehre rechtmäßig beschlossen worden ist[453].

Das spezielle Förmlichkeitsprinzip gilt auf der Ebene des direkten Vollzugs des EU-Rechts nicht so wie auf der Gesetzgebungsebene[454]. Sowohl wenn eine EU-Vertragsnorm die heranzuziehenden Rechtsakte ausdrücklich nennt, als auch wenn sie darüber schweigt, bewirkt dies nicht den Ausschluß des EU-Verwaltungsvertrages als Handlungsform. Natürlich ist der öffentlich-rechtliche EU-Verwaltungsvertrag auf EU-Politikgebieten, für deren Normierung der AEUV nur die Richtlinie als Rechtsetzungsform vorsieht, ausgeschlossen, zumal kein Freiraum für den direkten Vollzug des EU-Rechts besteht. Dennoch gilt nicht das gleiche für AEUV-Normen, die die Verordnung zur Rechtsetzungsform bestimmen, und vielmehr für AEUV-Normen, für deren Ausführung keine bestimmten Rechtshandlungsformen ausdrücklich festgelegt sind. Die Verordnung ist ein Rechtsetzungsakt[455] und kann das in Kraft setzende Recht auf Grund ihrer allgemeinen und erga omnes Geltung nicht selbst auf den Einzelfall anwenden. Daher ist sie auf die Bedienung des Beschlußes und des EU-Verwaltungsvertrages[456] angewiesen.

---

453 s. oben

454 Über das Erfordernis einer speziellen materiellrechtlichen Ermächtigungsgrundlage als Voraussetzung der rechtmäßigen Bedienung des EU-Verwaltungsvertrags, s. nachfolgend Abschnitt IV

455 s. aber ex 230 Abs. 4 EGV – den Fall der Pseudoverordnung, d.h. einer als Verordnung erlassenen Entscheidung

456 s. unten

IV. Zulässigkeit des EU-Verwaltungsvertrages und EU-Vertragsschließungskompetenz

Wenn man im AEUV nach einer Vorschrift sucht, die den öffentlich-rechtlichen und privatrechtlichen Vertrag ausdrücklich als Handlungsform der EU-Organe begründet, wird man voller Enttäuschung feststellen müssen, daß der AEUV den EU-Organen den öffentlich-rechtlichen und privatrechtlichen Vertrag an keiner einzigen Stelle zur Wahrnehmung der ihnen obliegenden Aufgaben ausdrücklich als Handlungsinstrument zur Verfügung stellt[457].

Eine genauere Untersuchung des EU-Vertrages zeigt, daß vom öffentlich-rechtlichen und privatrechtlichen Vertrag in einem Artikel (272 AEUV) ausdrücklich die Rede ist und daß auch andere Artikel die Stellung der Rechtsgrundlage beanspruchen können, auf die sich die Zulässigkeit des EU-Verwaltungsvertrages stützen könnte. Es muß daher eine eingehende Untersuchung der von der Literatur vorgeschlagenen Rechtsgrundlagen vorgenommen werden, um zu einer eigenen Stellungnahme zu gelangen. Die Suche nach einer eigenständigen Rechtsgrundlage für die Zulässigkeit des EU-Verwaltungsvertrages kann im Rahmen dieser Untersuchung nur zur Begründung der allgemeinen[458] Zulässigkeit dieser Handlungsform und der entsprechenden materiellrechtlichen Zulässigkeit der Befugnis zu ihrem Abschluß beitragen. Somit wird den Anforderungen des Prinzips begrenzter Ermächtigung auf der Ebene des Vollzugs des EU-Rechts genüge getan.

V. Art. 335 AEUV

Viele Autoren haben die Vertretbarkeit der These untersucht, Art. 335 AEUV könne als Rechtsgrundlage für die Zulässigkeit (als allgemeine Handlungsform und als Abschlußbefugnis) der privatrechtlichen und öffentlich-rechtlichen Verträge der Europäischen Union betrachtet werden[459].

---

457 vgl. W. Spannowsky, Grenzen des Verwaltungshandelns, S. 492, Abs. 2

458 diesen Begriff verwenden auch Kopp/Ramsauer, Verwaltungsverfahrensgesetz- Kommentar, zu § 54, Rn. 1, um die Funktion des § 54 VwVfG zu verdeutlichen und insbesondere seinen grundlegenden Beitrag zur Durchsetzung des Verwaltungsvertrages als Handlungsform der Verwaltung angesichts der Prinzipien des Vorrangs und Vorbehalts des Gesetzes hervorzuheben; vgl. auch direkt zum privatrechtlichen und öffentlich-rechtlichen Vertrag der EU, D. Triantafyllou, Vom Vertrags- zum Gesetzesvorbehalt, S. 290-291; zu den Grundsätzen des Vorrangs und des Vorbehalts des Gesetzes im deutschen Recht s. nur H. Maurer, Allgemeines Verwaltungsrecht , S. 106 f.

459 ausdrücklich bejahend Simma/Vedder, EU-Kommentar, ex Art. 282, sowohl für privatrechtliche – s. Rn. 10, 11, 12 – als auch für öffentlich rechtliche Verträge, ohne zwi-

Nach Art. 335 AEUV besitzt die EU in jedem Mitgliedstaat die weitestgehende Rechts- und Geschäftsfähigkeit, die juristischen Personen in der jeweiligen mitgliedstaatlichen Rechtsordnung zuerkannt wird. Dieser Rechtssatz ist eine völkerrechtlich übliche Vorschrift, die in die Gründungverträge von internationalen Organisationen[460] standardmäßig eingeführt wird, um ihnen die Rechtspersönlichkeit im innerstaatlichen Bereich der Gründungsstaaten zu verleihen[461] – "im Sinne des in den Mitgliedstaaten geltenden Rechts" [462]. Diese Feststellung ist ein wichtiges Instrument, das uns zu einem richtigen teleologischen Auslegungsergebnis verhelfen kann.

1. Art. 335 AEUV als Meistbegünstigungsklausel

Es könnte aufgrund der grammatischen Auslegung der Norm behauptet werden, daß sie der EU die Rechts- und Geschäftsfähigkeit der juristischen Personen des öffentlichen Rechts zuspricht[463], weil diese Norm nach ihrem Wortlaut allgemein auf juristische Personen verweist und allgemein von Rechts- und Geschäftsfähigkeit spricht, ohne das Privatrecht ausdrücklich zu erwähnen.

---

schen den beiden Arten von Verträgen zu differenzieren – s. Rn. 13; ebenso bejahend L.-J. Constantinesco, Das institutionelle Recht, S. 225; ebenso bejahend, Lageard, in: Lenz (Hrsg.), Art. 282 EGV, S. 1951, Rn 3; ebenso bejahend, D. Triantafyllou, Vom Vertrags- zum Gesetzesvorbehalt, S. 290; ebenso W. Frenz, Handbuch Europarecht, Band 5, S. 506 ff.; wahrscheinlich verneinend P.-C. Müller-Graff, in: Dauses, Rn 56, der ex Art. 282 EGV nur als die privatrechtliche Rechts- und Geschäftsfähigkeit verleihend ansieht; verneinend A. Bleckmann, DVBl. 1981, der sich lediglich auf die öffentlich-rechtlichen Verwaltungsverträge bezieht, S. 892; verneinend J. Grunwald, EuR 1984, S. 232, der undifferenziert über die nicht-völkerrechtlichen Verträge der EG spricht, ohne zwischen privatrechtlichen und öffentlich-rechtlichen Verwaltungsverträgen zu differenzieren; verneinend noch einmal J. Grunwald, in: G/T/E (Hrsg.), ex Art. 211 EGV, Rn. 11; verneinend T. Opermann, Europarecht, Rn. 590, der sich nur auf die Privatrechtsverträge der EG zur Erfüllung ihrer Verwaltungsaufgaben bezieht und ex Art. 211 EGV als die Rechtsfähigkeit verleihend ansieht, während er ex Art. 238 EGV als die Vertragsschließungsbefugnis begründend ansieht; verneinend W. Spannowsky, S. 493

460 s. H.-P. Ipsen, Gemeinschaftsrecht, 1/ 6 d für die Errichtung der EG mit Mitteln und Formen des Völkerrechts

461 vgl. z.B. Art. 104 der Charta der UN

462 s. H.-P. Ipsen, Gemeinschaftsrecht, 8/ 40

463 vgl. A. Bleckmann, DVBl. 1981, 892, der untersucht, ob die These begründet ist, dass die EU als juristische Person des öffetlichen Rechts befugt ist, öffentlich-rechtliche Verwaltungsverträge abzuschliessen

Nach der teleologischen Auslegung entnimmt man dem Ausdruck "weitestgehende" in Art. 335 AEUV, daß es Zweck der Norm ist, der Europäischen Union in jeder mitgliedstaatlichen Rechtsordnung die Rechtspersönlichkeit und Geschäftsfähigkeit derjenigen Gestalt und Tragweite zu verleihen, die ihr die weitestreichenden Möglichkeiten eröffnet[464], um im Rechtsverkehr innerhalb der mitgliedstaatlichen Rechtsordnungen tätig zu werden. Deswegen bezeichnet man diese Norm als Meistbegünstigungsklausel[465] im Sinne einer Klausel, die der EU die Rechtspersönlichkeit und Geschäftsfähigkeit der am meisten privilegierten Rechtsinstitutionen der innerstaatlichen Rechtsordnungen verleiht[466]. Diese Meistbegünstigungsklausel gibt nicht vor, daß die EU in allen Mitgliedstaaten dieselbe Rechtspersönlichkeit haben muß[467]. Das Ausmaß und der Inhalt der Befugnisse, die aus der Rechts- und Geschäftsfähigkeit entspringen, können von Mitgliedstaat zu Mitgliedstaat variieren[468]. Es müssen aber das höchste Niveau und die wirksamste Form für jeden Mitgliedstaat herangezogen werden[469]. Dies geht aus der Formulierung „in jedem Mitgliedstaat“ hervor, die nicht mit einer weniger prägnanten Formulierung wie „in den Mitgliedstaaten“ oder „in allen Mitgliedstaaten“ zu verwechseln ist[470]. Es wird aber zutreffend betont, daß der 2. Halbsatz des Art. 335 AEUV[471] ein einheitliches Minimum an Geschäftsfähigkeit in allen Mitgliedstaaten gewährleistet, das von keinem Mitgliedstaat in Zweifel gezogen werden kann[472].

Die h. M. führt weiter aus, daß die Rechtspersönlichkeit der EU *angesichts der mit ihr verbundenen Befugnisse und Funktionen* öffentlich- rechtlicher Natur ist[473]. Es fällt auf, daß die Meistbegünstigungsklausel im vorstehend beschriebenen absoluten Sinn von der h. L. relativiert wird, zumal der Typ der zu verleihenden Rechtspersönlichkeit von der Rechtsnatur der EU, also von ei-

---

464 vgl. L.-J. Constantinesco, S. 224, der über „einen möglichst großen Handlungsspielraum spricht“; vgl. W. Frenz, Handbuch Europarecht, Band 5, S. 507

465 H.-P. Ipsen, Gemeinschaftsrecht, 8/44

466 vgl. auch T. Oppermann, Europarecht, Rn. 156, der für eine großzügige Auslegung des Umfanges der innerstaatlichen Rechtspersönlichkeit spricht

467 L.-J. Constantinesco, S. 224; vgl. J. Drobnig, in: The American Journal of Comparative Law (15), 1966-67, S. 207; vgl. W. Frenz, Handbuch Europarecht, Band 5, S. 507

468 vgl. Simma/Vedder, ex Art. 282 EGV, S. 3; Röttinger, in: Lenz (Hrsg.) EG-Vertrag Komm, S. 1936, Rn. 2; L.- J. Constantinesco, Das institutionelle Recht, S. 224, Rn 131

469 Röttinger, in: Lenz (Hrsg.), EG-Vertrag Komm, S. 1936, Rn. 2

470 Röttinger, s. vorige Fn, S. 1936, Rn 2

471 „sie kann insbesondere bewegliches und unbewegliches Vermögen erwerben und veräußern sowie vor Gericht stehen“

472 J. Drobnig, The American Journal of Comparative Law, S. 207

473 H.-P. Ipsen, Gemeinschaftsrecht, S. 204; E. Klein, Hdkomm EU, Art 211, Rn. 2

ner vorangestellten Rechtsvergleichung der Befugnisse, der Rechtshandlungsformen usw. der EU innerhalb der EU-Rechtsordnung[474] mit ähnlichen Rechtinstitutionen des mitgliedstaatlichen Rechts abhängig gemacht wird[475]. Die EU ist deshalb als juristische Person des öffentlichen Rechts einzustufen, weil sie wie die juristischen Personen des mitgliedstaatlichen öffentlichen Rechts Hoheitsbefugnisse auszuüben vermag[476].

Dem kann entgegengehalten werden, daß im Rahmen von Art. 335 AEUV lediglich die innerstaatlichen Rechtsordnungen[477] der EU die „weitestreichende" Rechtspersönlichkeit verleihen und zwar unabhängig von den Rechtspersönlichkeitsmerkmalen der EU innerhalb ihrer eigenen Rechtsordnung[478]. Dennoch gebietet Art. 335 AEUV tatsächlich die Durchführung einer rechtsvergleichenden Untersuchung: Diese ist aber nur in Bezug auf die verschiedenen Formen von Rechtspersönlichkeiten innerhalb jeder mitgliedstaatlichen Rechtsordnung zulässig. Unter ihnen ist diejenige Rechtspersönlichkeit zu verleihen, die unter allen Aspekten die vorteilhafteste ist[479].

Nach anderer Ansicht ist die EU nach deutschem Recht eine juristische Person des öffentlichen Rechts, weil sie auf Grund eines öffentlich-rechtlichen (nämlich völkerrechtlichen) Gründungsaktes entstanden ist[480]. Diese Betrachtungsweise ist vom Fehler behaftet, daß sie die Anerkennung der EU im innerstaatlichen Bereich als „juristische Person des öffentlichen Rechts" von der Existenz eines öffentlich-rechtlichen Gründungsaktes abhängig macht, während Art. 335 AEUV das abhängig machen des Typus der zu verleihenden Rechtsper-

---

474 die Erkenntnis, daß durch die EG-EGKS-EAG-Verträge eine eigene Rechtsordnung geschaffen worden ist, geht auf die Rechtsprechung des EuGH zum Fall Costa/Enel zurück

475 vgl. in Bezug auf die Rechtsnatur der EG und gegen die Übertragung von Verständnismustern und Denkkategorien aus dem einzelstaatlichen Staatsrecht, zutreffend P.-C. Müller-Graff, Hdb des EU – WiR, Bd 1, A I, Rn. 59 m.w.n. unter Fn 225

476 vgl. Simma/Vedder,in: Grabitz/Hilf, EU- Kommentar, EL 14, Art. 282 EGV, S. 1

477 ex Art. 282 EGV betrifft die Rechtsstellung der EG in den mitligliedstaatlichen Rechtsordnungen, vgl. Röttinger, in: Lenz, S. 1936, Rn 1

478 Der EuGH hat festgestellt, daß die Rechtspersönlichkeit der EU öffetnlich-rechtlicher Natur ist- s. Rs 44/59, Fiddelaar, Slg. 1960, 1115; Rs. 43, 45, 48/59, Lachmüller, Slg. 1960, 969

479 vgl. Röttinger, in: Lenz, S. 1937, Rn. 4; Ein Beispiel, das für die Veranschaulichung des Begriffes „weitestreichende, vorteilhafteste, am meisten begünstigende Rechtspersönlichkeit" geeignet ist, liefert das Urteil des EuGH Bauer/Kommission, Rs. C-299/93,Slg. 1995, S. I-0839

480 s. R. Geiger, EG-Vertrag, S. 731, Rn 1; W. Frenz, Handbuch Europarecht, Band 5, S. 507

sönlichkeit der EU innerhalb einer mitgliedstaatlichen Rechtsordnung nicht von einer Qualifizierung des EU-Vertrages und seiner Einstufung nach mitgliedstaatlichen oder internationalen Vorbildern gestattet. Art. 335 AEUV nennt als einziges Rechtskriterium für das Vorziehen der einen oder anderen einzelstaatlichen Rechtspersönlichkeit, wie weit die Befugnisse und Privilegien jeder dieser Rechtspersönlichkeiten reichen. Art. 335 AEUV knüpft also nicht an Förmlichkeitsvorschriften des innerstaatlichen Rechts[481] an, sondern er diktiert einen Vergleich der Rechtspersönlichkeitstypen innerhalb einer mitgliedstaatlichen Rechtsordnung, um die vorteilhafteste herauszufinden.

Nach den Kategorien des deutschen Rechts ist die EU als (öffentlich-rechtliche) Körperschaft mit anstaltlichen Zügen anzusehen[482]. Ein untrennbarer Bestandteil der Rechtsfähigkeit einer juristischen Person des öffentlichen Rechts[483] ist die Privatrechtsfähigkeit[484]. Die Privatrechtsfähigkeit ist also inhärentes Merkmal der Rechtspersönlichkeit der EU als „juristische Person des öffentlichen Rechts“.

2. Anationale oder plurinationale Rechtspersönlichkeit und -fähigkeit der EU?

Art. 335 AEUV bestimmt, daß die EU nicht die Rechtsfähigkeit nach einem bestimmten nationalen Recht besitzt, wie z.B. nach dem Recht des Sitzstaates, sondern daß sie in jedem Mitgliedstaat die Rechts- und Geschäftsfähigkeit nach den Vorschriften der jeweiligen mitgliedstaatlichen Rechtsordnung erlangt. Das kann nicht bezweifelt werden, zumal der Wortlaut des Art. 335 AEUV von der Verleihung der Rechts- und Geschäftsfähigkeit "in jedem Mitgliedstaat" spricht. Auf dieser Grundlage wird vom Schrifttum die Bezeichnung plurinationale oder anationale Rechtsfähigkeit eingeführt[485]. Diese Bezeichnungen weisen darauf hin, daß die EU weder als ausländische juristische Person, etwa des Sitzstaates, noch als inländische juristische Person des jeweiligen Mitgliedstaates behandelt

481 um die öffentlich-rechtliche Rechtspersönlichkeit der EU zu akzeptieren, muß ihr Gründungsakt öffentlich-rechtlicher Natur sein, so die vorstehend zitierte Meinung

482 H.-P. Ipsen, Gemeinschaftsrecht, 8/ 44; J. Grunwald, in: G/T/E, Art. 211, Rn 5

483 in Deutschland, Frankreich, Griechenland und Österreich – eine Untersuchung in Bezug auf die anderen Mitgliedstaaten wurde nicht vorgenommen

484 s. Simma/ Vedder, EU- Komm, EL 14, Art. 282, S. 1; Ipsen, Gemeinschaftsrecht, 8/ 45; J. Grunwald,in: G/T/E, Art. 211, Rn. 6; M. Schweitzer/W. Hummer, Europarecht, Rn. 721

485 vgl. Simma/ Vedder, in: Grabitz/Hilf, EU-Komm, EL 14, Art. 282 EGV, S. 1 unter Verweis auf Beitzke, S. 77, 94 ff.; Smit/ Herzog/ Reuter, Art. 211.05

werden kann[486]. Mit der Verleihung der Rechtsfähigkeit im nationalen Rechtsraum der Mitgliedstaaten erwirbt die EU auch nicht die „Staatsangehörigkeit" des jeweiligen Mitgliedstaates[487].

Terminus anational: Die Einführung des Terminus anationale (keiner Rechtsordnung angehörende) Rechtspersönlichkeit ist verwirrend. Der Begriff anational widerspricht dem Wortlaut und dem Sinn des Art. 335 AEUV: Die Europäische Union besitzt in jedem Mitgliedstaat diejenige Rechts- und Geschäftsfähigkeit, die zur Einnahme der flexiblesten und wirkungsvollsten Rechtsstellung der am meisten privilegierten juristischen Person seiner Rechtsordnung führt. Daher ist die Rechtspersönlichkeit der EU auf keinen Fall anational, sondern sie ist mit jeder einzelnen mitgliedstaatlichen Rechtsordnung verknüpft; mag es auch nur im Sinne einer Gleichstellung bzw. Nichtdiskriminierung. Zutreffender ist natürlich die Bezeichnung "internationale juristische Person innerhalb der einzelnen Mitgliedstaaten"[488] und noch besser und präziser die Bezeichnung EU-rechtliche[489] juristische Person, die genau so wie die nationalen, innerstaatlichen juristischen Personen behandelt werden muß. Es könnte ferner die Bezeichnung juristische Person des EU-Rechts zutreffend sein, wenn der Zusatz „EU-Recht" als Hinweis darauf aufgefasst wird, daß die Europäische Union innerhalb der mitgliedstaatlichen Rechtsordnungen den nationalen juristischen Personen nicht kraft einer mitgliedstaatlichen Rechtsnorm gleichgestellt wird, sondern kraft einer EU-rechtlichen Vorschrift (Art. 335 AEUV), die höherrangig ist und sich in den mitgliedstaatlichen Rechtsordnungen unmittelbar durchsetzt.

Terminus plurinational: Die Verwendung des Terminus plurinational kann andererseits im Rahmen und in Bezug auf den Geltungsbereich des Art. 335 AEUV nicht als rechtlich aussagekräftig angesehen werden. Die EU besitzt in den mitgliedstaatlichen Rechtsordnungen keine plurinationale Rechtspersön-

---

486 vgl. Simma/ Vedder, in: Grabitz/Hilf, EU-Komm, EL 14, Art. 282, S. 2; vgl. W. Frenz, Handbuch Europarecht, Band 5, S. 5 f.

487 L.-J. Constantinesco, Das institutionelle Recht, S. 225; J.Grunwald, in: G/T/E, Art. 211, Rn 6

488 T. Oppermann, Europarecht, Rn. 155

489 nicht EU-rechtliche juristische Person, weil der Terminus EU-rechtlich auf die EU-Rechtsordnung, also einer anderen als die mitgliedstaatliche Rechtsordnung verweist; den Begriff juristische Person des EU-Rechts benutzt im selben Sinn wie hier der Begriff EU-rechtliche juristische Person verwendet wird, M. Hilf, in: Die Organisationsstruktur der EGen, S. 60, S. 104. Er macht dennoch auf S. 60 und insb. Fn. 210 klar, daß er unter dem Begriff der juristischen Person des EU-Rechts sowohl die Stellung der Europäischen Union in der EU-Rechtsordnung, als auch ihre Stellung in den mitgliedstaatlichen Rechtsordnungen unterbringt

lichkeit, die mit mehreren Rechtsordnungen verknüpft ist, sondern sie besitzt die vorteilhafteste Rechtspersönlichkeit, die juristischen Personen nach den Rechtsvorschriften jeder einzelnen Rechtsordnung in dem entsprechenden Mitgliedstaat zuerkannt wird[490]. Insofern könnte dieser Terminus in seinem eigentliche Sinn nur so verstanden werden, daß er die rein pragmatische Tatsache umschreibt, daß die EU gem. Art. 335 AEUV die Rechtspersönlichkeit vieler verschiedenen nationalen Rechtsordnungen erhalten hat. Diesem Begriff kann keine normative Aussagekraft zuerkannt werden. Er ist lediglich ein deskriptiver Begriff.

Terminus EU-rechtlich: Es wird ferner behauptet, daß die EU nicht auf Grund der Vorschriften der Mitgliedstaaten begründet worden ist (wie z.B. ausländische Handelsgesellschaften). Sie besitzt daher auch nicht die „Staatsangehörigkeit" des einen oder anderen Mitgliedstaates. Das für sie maßgebende Recht ist nur das EU-Recht[491]. Diese Ansicht ist für das Tätigwerden der Europäischen Union bei der Wahrnehmung ihrer Hoheitsaufgaben im Bereich der „vergemeinschafteten" bzw. EU-regulierten Materien völlig richtig. Für den

---

490 Auf S. 3, EU - Kommentar, ex Art. 282 EGV, sagen Simma/Vedder, daß das gemeinsame Unternehmen "JET" die plurinationale Rechtspersönlichkeit des Unionsrechts hat und verweisen auf M. Hilf, Die Organisationsstruktur, S. 104. Da sagt der Letztere, daß JET in den Mitgliedstaaten ausschließlich mit seiner EU-rechtlichen Rechtspersönlichkeit und nicht mit der mitgliedstaatlichen Rechtspersönlichkeit auftritt. Zuvor klärt er, daß für JET ein öffentlich-rechtlicher Status gem. EU-Recht besteht, der das Unternehmen als eine juristische Person des EU-Rechts erscheinen läßt. Auf S. 45, 60, 62 und insbesondere in Fn. 210 auf S. 60 wird es klar, daß M. Hilf bewußt ist, daß die Europäische Union manche ihrer Tätigkeiten innerhalb der EU-Rechtsordnung (also in Bezug auf vergemeinschaftete Materien) ausübt, andere aber nur innerhalb jeder einzelnen mitgliedstaatlichen Rechtsordnung (nicht vergemeinschaftete bzw. EU-erfasste Materien), so daß sie für Letztere dem einzelstaatlichen Recht unterliegt. Er benutzt den Terminus juristische Person des EU-Rechts, um ihre Stellung in allen relevanten (eigentlich 28: der EU- und 27. mitgliedstaatlichen) Rechtsordnungen wiederzugeben. Obwohl ja der Terminus juristische Person des Unionsrechts das Tätigwerden der EU innerhalb der EU-Rechtsordnung vom Tätigwerden der EU innerhalb der mitgliedstaatlichen Rechtsordnungen u.E. begrifflich nicht hinreichend auseinanderzuhalten vermag und er nur als Hinweis auf die EU-rechtliche Herkunft der Rechtsnorm verstanden werden kann, kraft deren die EU in den Mitgliedstaaten jurristischen Personen des mitgliedstaatlichen Rechts gleichgestellt wird, verwickelt der Terminus plurinationale Rechtspersönlichkeit des EU-Rechts die Sache viel mehr

491 J.-L. Constantinesco, Das institutionelle Recht, S. 225; s. andere Ansicht von R. Geiger, EG-Vertrag Komm, unter Fn. 400: Nach deutschem Recht ist die EU juristische Person des öffentlichen Rechts, weil sie aufgrund eines öffentlich-rechtlichen – nämlich völkerrechtlichen Gründungsaktes entstanden ist

Anwendungsbereich des Art. 335 AEUV ist sie jedoch zu verwerfen. Art. 335 AEUV betrifft die Materien, die noch nicht vom EU-Recht erfasst worden sind [492]. Das wird in Art. 335 AEUV deutlich durch Verwendung der Worte „in jedem Mitgliedstaat..., die juristischen Personen nach dessen Rechtsvorschriften zuerkannt ist“ zum Ausdruck gebracht. Der Zusatz „... die juristischen Personen nach *dessen* Rechtsvorschriften zuerkannt ist“ schließt die mögliche Auslegung aus, daß Art. 335 AEUV durch den Ausdruck „in jedem Mitgliedstaat“, der dem Ausdruck „in allen Mitgliedstaaten“ ohne Schwierigkeiten gleichgesetzt werden kann[493], lediglich den räumlichen Geltungsbereich des EU-Rechts anspricht, den die Hoheitsgebiete der Mitgliedstaaten ausmachen[494]. Der Ausdruck „... die juristischen Personen nach dessen Rechtsvorschriften zuerkannt ist“ weist darauf hin, daß Art. 335 AEUV sich auf die Rechtspersönlichkeit der Europäischen Union in den einzelstaatlichen Rechtsordnungen bezieht. Dieser Artikel gebietet, daß die Europäische Union wie die innerstaatlichen juristischen Personen behandelt werden. Nur wenn in Art. 335 AEUV der Zusatz „... die juristischen Personen nach dessen Rechtsvorschriften zuerkannt ist“ durch den Zusatz „nach Maßgabe dieses Vertrages“ ersetzt und der 2. Halbsatz ausgelassen worden wäre, könnte er als Grundlage für die Begründung der Rechtspersönlichkeit der Europäischen Union innerhalb der EU-Rechtsordnung umgedeutet werden. Denn nur dann könnte Art. 335 AEUV in dem Sinne ausgelegt werden, daß er sich auf das EU-Recht bezieht, das selbst die Reichweite der mit der Rechtspersönlichkeit und Rechtsfähigkeit der EU verbundenen Befugnisse bestimmt[495].

---

492 Röttinger, in: Lenz (Hrsg.), S. 1936, Rn. 1; vgl. M. Hilf, Die Organisationsstruktur der EGen, S. 60, Fn. 210

493 weil jedes Mitgliedstaat gleichzeitig ein Teil der Gesamtheit der Mitgliedstaaten darstellt

494 zum räumlichen Geltungsbereich des EGV s. P.-C. Müller- Graff, Hdb des EU-WiR, Bd. 1, A I, Rn 61

495 Der EuGH hat die Rechtspersönlichkeit der Gemeinschaft innerhalb der EU-Rechtsordnung als öffentlich-rechtlicher Natur bezeichnet. Er hat sie auf ex Art. 281 EGV gestützt, s. EuGH Fiddelaar/Kommission, Rs. 44/1959, Slg. 1960, S. 1134; EuGH Lachmüller/Kommission, Rs. 43,45,48/1959, Slg. 1960, S. 965 ff.; vgl. aber Simma/Vedder, in: Grabitz/Hilf, EU-Kommentar, Art. 281 EGV, die Art. 281 EGV als die Völkerrechts- und Völkerrechtsfähigkeit der EG begründend ansehen. Sie führen nichts über die Rechtspersönlichkeit der EG innerhalb der EU-Rechtsordnung aus; vgl. Beutler/Bieber/Pipkorn/Streil, Die Europäische Union, S. 58, die ex Art. 281 EGV (ex 210 EGV) für nicht eindeutig halten. Sie betonen: „Offen bleibt aber auch, welche Bedeutung Art. 210 im Verhältnis der EU zu den Mitgliedstaaten hat. In keinem Fall ist die Vorschrift als Grundlage für begriffsjuristische Deduktionen über die Rechtsnatur der EU geeignet. Dies ist vielmehr eine Frage der Gemeinschaftstheorie, in deren Rahmen Art. 210 zur Auslegung allerdings herangezogen werden könnte. Die Rechtsbezie-

Art. 335 AEUV betrifft also das Tätigwerden der Europäischen Union auf Gebieten, die noch unter einzelstaatliche Rechtsvorschriften fallen und noch nicht vergemeinschaftet worden sind[496].

3. EU-Rechtspersönlichkeit und Abschluss von mitgliedstaatlichen Verwaltungsverträgen

Wenn man der Meinung buchstäblich und ohne jedwede Vertiefung folgt, daß die EU die Rechts- und Geschäftsfähigkeit der inländischen „juristischen Personen des öffentlichen Rechts" besitzt, dann könnte man annehmen, daß die EU befugt ist, öffentlich-rechtliche Verträge des mitgliedstaatlichen Rechts mit ihren Unionsbürgern abzuschließen[497]. Für diese Auffassung könnte zunächst die

hungen zwischen der Gemeinschaft und den Mitgliedstaaten sind in den Verträgen detailliert geregelt"

496 vgl. R. Geiger: „Die Rechts- und Geschäftsfähigkeit der Gemeinschaft in den Rechtsordnungen der Mitgliedstaaten richtet sich nach deren Vorschriften über die Rechtsfähigkeit juristischer Personen....", EG-Vertrag Komm, S. 730, Rn 1

497 s. als Ersten, der dies als eine mögliche Annahme hielt und sie umgehend abgelehnt hat, Bleckmann, DVBl 1981, 892; bejahend aber, Simma/ Vedder, in: Grabitz/Hilf, EU-Komm, EL 14, Art. 282, Rn. 13, die zweimal auf Bleckmann verweisen, obwohl der Letztere die Ableitung der Befugnis der EG öffentlich- rechtliche Verwaltungsverträge des mitgliedstaatlichen Rechts aus ex Art. 282 EGV ausdrücklich ablehnt; bejahend auch E. Klein, HdKomm EU, 3 L, Art. 211, Rn 2, der auch auf Bleckmann verweist. E. Klein sagt, daß die EU Partei eines öffentlich- rechtlichen Vertrages sein kann. Außer dem mißverständlichen Verweis auf Bleckmann ist es unklar, ob damit gemeint ist, daß die EU gem. Ex Art. 282 EGV einen öffentlich-rechtlichen Verwaltungsvertrag des nationalen Rechts mit Privaten abschliessen darf, was am wahrscheinlichsten scheint, oder ob er meint, daß die EU bei einem öffentlich-rechtlichen Vertrag des mitgliedstaatlichen Rechts Vertragspartner der Verwaltungsbehörden dieses Mitgliedstaates sein kann. Wenn er Letzteres vertritt, dann kann man ihm nur zustimmen. Eine andere Stimme in der Lehre hat dazu zutreffend gesagt, daß die EIB (die EIB genießt gem. Art. 28 EIB-Satzung dieselbe Rechtspersönlichkeit wie die EG gem. Ex Art. 282 EGV) öffentlich-rechtliche Verträge nach nationalem Recht mit den Mitgliedstaaten abschliessen könnte, um ergänzende oder weitreichende Vorteile zu erlangen, die über die im Protokoll über die Vorrechte und Befreiungen der Gemeinschaft und der EIB vorgesehenen Privillegien hinausgehen würden (M. Hilf, Die Organisationsstruktur der EGen, S. 45). Ähnliches gilt für die Versorgungsagentur der EAG (M. Hilf, Die Organisationsstruktur der EGen, S. 60 und insbesondere Fn. 210, wo er deutlich macht, daß die Versordungsagentur und die Gemeinschaft kraft ihrer Rechtspersönlichkeiten in den mitgliedstaatlichen Rechtsordnungen, öffentlich–rechtliche Verträge des nationalen Rechts abschliessen können). Das selbe sollte auch für die EG selbst gelten; in diese richtige Richtung, Röttinger, in: Lenz (Hrsg.), S. 1937, Rn. 7, der sagt, daß die EG Partei jeder Art in zivilge-

systematische Auslegung der Art. 335 und 272 AEUV sprechen: Art. 272, setzt die Zulässigkeit des öffentlich-rechtlichen Verwaltungsvertrages als Handlungsform voraus und Art. 335 kann als die Rechtsfähigkeit verleihende und die Vertragsschließungsbefugnis begründende Norm aufgefasst werden[498].

Das wird aber zurecht von einem Teil der Lehre abgelehnt[499]. Es wurde als erstes Gegenargument angeführt, daß sich ähnliche Bestimmungen wie der Artikel 335 AEUV lediglich auf privatrechtliches Handeln beziehen[500]. Dem ist zuzustimmen, denn diese Vorschrift, die eine typische Bestimmung in allen völkerrechtlichen Gründungsverträgen von internationalen Organisationen darstellt, bezweckt, der gegründeten internationalen Organisation Rechtsfähigkeit zu verleihen, um am Privatrechtsverkehr teilzunehmen und Rechtsgeschäfte abzuschließen, die ihr u.a. den Weg zur Erwerbung von Immobilien zur Errichtung von Informations- und anderen Vertretungsstellen eröffnen.

Jedoch hat dieses Argument eine Schwäche, denn die Rechtsgeschichte hat gezeigt, daß das Völkerrecht auch andere Typen von Gründungsverträgen internationaler Organisationen erzeugen kann, die diese üblichen Regeln durchbrechen. Auch wenn sie von einem innovativen völkerrechtlichen Gründungsvertrag[501] wörtlich unverändert übernommen worden sind, bedeutet das nicht zwangsläufig, daß sie den selben Sinn haben, wie in anderen Völkerrechtsverträgen. Der EWGV/EGV/EUV/AEUV kann nicht mit den klassischen Völkerrechtsverträgen verglichen werden, die internationale Organisationen gründen. Der EWGV/EGV/EUV/AEUV ist gerade das prominenteste Beispiel eines völkerrechtlichen Gründungsvertrages, der einen völlig neuen Typus einer internationalen Organisationen ins Leben gerufen hat[502]. Da die EWG und ihre Rechtsnachfolgerinnen eine „supranationale Organisation“[503], einen „integrierenden

---

richtlichen und verwaltungsrechtlichen Verfahren sein kann; in die selbe abzulehnende Richtung wie Simma/Vedder auch L.-J. Constantinesco, Das institutionelle Recht, S. 225, der als Beispiel eines mitgliedstaatlichen öffentlich-rechtlichen Vertrages die Dienstverträge anführt, die die EG mit ihren Bediensteten abschließt.

498 A. Bleckmann, DVBl, 1981, S. 892 ; Nach einer solchen Auslegung würde ex Art. 238 EGV lediglich der Charakter einer prozeßrechtlichen Norm zukommen

499 vor allem A. Bleckmann, DVBl 1981, S. 892

500 A. Bleckmann, DVBl 1981, S. 892 verweisend auf Schlüter, Die innerstaatliche Rechtsstellung der internationalen Organisationen, 1972

501 vgl. T. Opermann, Europarecht, Rn. 466, S. 180

502 vgl. W. Frenz, Handbuch Europarecht, Band 5, S. 75 ff.; P.-C. Müller – Graff, in: M. Dauses (Hrsg.), HdB des EU-WiR, Bd. 1, A.I, Rn. 68 f.; so auch A. Bleckmann/S.-U. Pieper, in: M. Dauses(Hrsg.) HdB des EU-WiR, Bd. 1, B I, Rn. 153, Rn 164; vgl. L.-J. Constantinesco, Das institutionelle Recht, S. 819

503 A. Bleckmann/S.-U.Pieper, in: Dauses (Hrsg.), HdB des WiR, Bd. 1, Rn 153

Zusammenschluß ihrer Mitgliedstaaten“[504] bzw. „einen Zweckverband funktioneller Integration“[505], eine „intensive, staatsnahe Verbindung ihrer Mitgliedstaaten“[506] bzw. eine "staatsähnliche Rechtsgemeinschaft"[507], einen „Staatenverbund“[508], ein „zielbezogenes transnationales Gemeinwesen eigener Art“[509] darstellen, unterscheiden sie sich von den restlichen internationalen Organisationen dadurch, daß sie völlig neuartige Funktionen übernommen und sich innovativer Mechanismen bedienen, die in ebenfalls neuartigen Regeln vorgesehen sind[510]. Die EWG/EG/EU weist also im Vergleich zu den anderen Organisationen Neuheiten auf. Eine von diesen könnte auch die Befugnis sein, wie eine juristische Person des öffentlichen Rechts öffentlich-rechtliche Verträge des mitgliedstaatlichen Rechts mit EU-Bürgern abzuschließen. Das vorstehend angeführte Gegenargument ist also deshalb verfehlt, weil es ein eigenartiges Vertragswerk mit Vertragswerken ungleicher Rechtsqualität in Zusammenhang bringt[511]. Der AEUV sollte stets in seiner inneren Einmaligkeit untersucht werden. Er ist mit keinem völkerrechtlichen Vertrag vergleichbar und die Rechtsvergleichung kann eher zur Feststellung seiner Besonderheiten und seiner Eigenartigkeit als zur Entdeckung von Ähnlichkeiten mit anderen völkerrechtlichen Vertragswerken führen.

Als zweites Gegenargument wird angeführt, daß eine solche Auslegung des Art. 335 AEUV die öffentlich-rechtlichen EU-Verträge dem Recht des jeweiligen Mitgliedstaates unterwerfen würde. Das widerspricht aber dem EU-Recht und seinem Geltungsanspruch selbst[512]. Dieses Argument ist entscheidend. Der Befürworter dieses Gegenargumentes beruft sich einerseits darauf, daß nur das deutsche und das französische Recht die öffentlich-rechtlichen Verwaltungsverträge kennen. Nur wenn das deutsche und/oder das französische Recht anwendbar wären, könnte die EU Verwaltungsverträge abschließen[513]. Das Problem schärft sich auf Grund der mangelnden Entwicklung des internationalen Verwaltungsrechts, das im Gegenteil zum IPR noch keine sichere Krite-

504 H.P. Ipsen, Gemeinschaftsrecht, 1/4; Präambel EGV

505 H.P. Ipsen, Gemeinschaftsrecht, S. 196 ff

506 T. Opermann, Europarecht, Rn. 152, Rn. 236

507 T. Opermann, Europarecht, Rn. 365; vgl. auch Ausdruck: „Die EG und ihr Recht stehen irgendwie "zwischen" der internationalen und der staatlichen Ebene“, T. Opermann, Europarecht, Rn. 152

508 BVerfGE 89, 155, 188

509 P.-C. Müller-Graff, in: M. Dauses (Hrsg.), HdB des EU-WiR, Bd. 1, A. I, Rn. 73

510 vgl. P.-C. Müller-Graff, in: M. Dauses (Hrsg.), HdB des EU-WiR, Bd. 1, A. I, Rn. 74

511 vgl.L.-J. Constantinesco, Das institutionelle Recht, S. 819

512 A. Bleckmann, DVBl. 1981, S. 892

513 A. Bleckmann, DVBl. 1981, S. 894

rien für die Anknüpfung eines Verwaltungsvertrages an eine Verwaltungsrechtsordnung aufgestellt hat[514]. Näheres zu diesem Problem kann im Rahmen dieser Untersuchung nicht erörtert werden.

4. Hoheitliches Handeln der EU und der EU-Verwaltungsvertrag

Der Grund des vorstehend erwähnten Widerspruchs ist in der Rechtsnatur der Europäischen Union und ihrer Rechtsordnung zu sehen. Die EU und das EU-Recht heben sich in ihren Aufgaben- und Zielbestimmungen von den internationalen Organisationen ab. Durch die Gründung der Europäischen Union wurde auf sie ein Teil der Hoheitsgewalt der Mitgliedstaaten übertragen. Die Hoheitsgewalt der Europäischen Union ist eine von der öffentlichen Gewalt der Mitgliedstaaten zu unterscheidende Hoheitsgewalt[515]. Außerdem unterscheidet sich die EU von internationalen Organisationen wesentlich dadurch, daß zwischen ihr und den Bürgern (natürlichen und juristischen Personen in den Mitgliedstaaten) in erheblichem Umfang unmittelbare personelle Beziehungen bestehen[516]. Diese unmittelbaren Beziehungen begründen enumerativ im AEUV vorgesehenen Rechtsverhältnisse (Art. 20 AEUV). Außerdem ermöglicht die dem EU-Recht innewohnende Qualität, unmittelbar in jedem Mitgliedstaat gelten zu können, die Ausbildung solcher individualbezogenen Rechtsbeziehungen[517].

Aus alledem folgt, daß die Rechtsordnung der EU – anders als die der internationalen Organisationen – eine nach Herkunft und Geltungsgrund originäre ist[518]. Die Originalität sowohl der Europäischen Union als supranationale Organisation als auch ihrer Rechtsordnung gibt ihre Bezeichnung als ein mit Hoheitsgewalt versehenes transnationales Gemeinwesen eigener Art zutreffend wieder[519].

Aus der Tatsache, daß die Europäische Union über eine eigene, autonome und von der Staatsgewalt der Mitgliedstaaten unabhängige Hoheitsgewalt verfügt, die sie zur Erreichung ihrer Ziele unter Beachtung des Prinzips der be-

514 A. Bleckmann, DVBl. 1981, S. 894

515 P.-C. Müller-Graff, in: M. Dauses (Hrsg.), HdB des EU-WiR, Bd. 1, A. I, Rn. 63; vgl. auch H.-J. Seeler, Die Legitimation des Hoheitlichen Handelns der Europäischen Gemeinschaft/Europäischen Union, EuR 1998, S. 721 ff. (723 f.)

516 T. Opermann, Europarecht, Rn. 214; F. Fugmann, in: M. Dauses (Hrsg.), HdB des EU-WiR, Bd. 1, A II, Rn. 1

517 so T. Oppermann, Europarecht, Rn. 211

518 so H.-P. Ipsen, Gemeinschaftsrecht, 1/ 6 d; vgl. T. Oppermann, Europarecht, S. 104, Rn. 241; vgl. auch BVerfGE 22, 296

519 so P.-C. Müller – Graff, in: Dauses (Hrsg.), HdB des EU-WiR, Bd. 1, A. I, Rn. 73, 74

grenzten Ermächtigung, des Subsidiaritätsprinzips und des Verhältnismäßigkeitsprinzips usw.[520] auszuüben vermag, ergeben sich für den öffentlich-rechtlichen Vertrag als Vollzugsform des abgeleiteten EU-Rechts und als Handlungsform der EU-Administration[521] grundlegende Rechtsfolgen.

Ein Rechtsmerkmal des öffentlich-rechtlichen Verwaltungsvertrages in allen Mitgliedstaaten, die ihn kennen, ist, daß er mit der Ausübung von Hoheitsgewalt in Verbindung steht. Im französischen, spanischen, griechischen usw. Recht besteht dieses Merkmal darin, daß die Verwaltung auf das durch den Abschluß eines Verwaltungsvertrags begründete Rechtsverhältnis einseitig rechtsgestaltend einwirken darf. Diese einseitige Gestaltungsbefugnis wird auf die puissance publique (öffentliche Gewalt) zurückgeführt, die die Verwaltung innehat[522]. Andererseits stellt der Verwaltungsvertrag im deutschen Recht eine Rechtshandlung zur Begründung, Änderung, Aufhebung von Rechtsverhältnissen auf öffentlich-rechtlichen Materien dar – auf Gebieten, auf denen die Verwaltung einseitig-hoheitlich tätig werden kann und somit Hoheitsgewalt auszuüben vermag[523]. Allerdings ist es auch für den „deutschen" öffentlich-rechtlichen Verwaltungsvertrag möglich, daß er eine Klausel enthält, die in einem privatrechtlichen Vertrag unzulässig wäre und da nur deswegen zulässig ist, weil es sich um einen eigenartigen (öffentlich-rechtlichen) Vertrag handelt. Eine solche Hoheitsklausel ist z.B. die Unterwerfung unter die sofortige Vollstreckung, die auf Grund ihrer Abweichung von der Regelung des § 794 Abs. 1 Nr. 5 ZPO als clause exorbitante aufgefasst werden kann. Hinzu kommt auch das Sonderkündigungsrecht der Verwaltung zur Abwendung von Gefahren für das öffentliche Interesse, das zwar kraft Gesetzes und nicht kraft Vertrages gilt, das aber dennoch Merkmal jedes Verwaltungsvertrages ist.

Im EU-Recht könnte die Ausübung von Hoheitsgewalt in Bezug auf den öffentlich-rechtlichen EU-Verwaltungsvertrag außerdem darauf gestützt werden, daß aus jeder einzelnen einschlägigen EU-Vertragsnorm die hoheitliche Befugnis entspringt, im speziell zulässigen Rechtsetzungsakt (Verordnung), der die Vorgaben dieser einschlägigen EU bzw. AEU-Vertragsnorm konkretisiert, den EU-Verwaltungsvertrag als Vollzugshandlungsform des konkretisierten Primärrechts festzulegen und ferner zwingende Rechtsvorschriften über seine We-

520 s. oben

521 s. oben

522 s. oben das Kapitel über die nationalen öffentlich-rechtlichen Verträge; Es wurde allerdings auch die Mindermeinung vertreten, daß das einseitige Gestaltungsrecht der Verwaltung einvernehmlichen Charakter hat, bzw. daß es der Verwaltung kraft Vertrages – auf Grund der Zustimmung des Vertragspartners – eingeräumt wurde

523 vgl. oben im Kapitel über die nationalen öffentlich-rechtlichen Verträge

sensmerkmale, seinen Inhalt, seine Abwicklung usw. vorzugeben. Außerdem kann den AEU-Vertragsnormen und den auf sie gestützten Vorschriften des Sekundärrechts, die zur Bedienung des öffentlich-rechtlichen EU-Verwaltungsvertrages ermächtigen, zugleich eine Ermächtigung an die EU-Verwaltungsorgane entnommen werden, vorformulierte EU-rechtliche Vertragsbedingungen auf der Grundlage der aufzufindenden allgemeinen Rechtsgrundsätze des EU-Verwaltungsvertragsrechts zu formulieren,[524] die zur Förderung und Wahrung des speziell mit jeder Vertragsnorm auf jedem EU-Politikbereich verfolgenden EU-Interesses notwendig sind. Diese Befugnis, die aus den AEU-Vertragsnormen entspringt, ist hoheitlicher Natur.

Da also der EU-Verwaltungsvertrag mit der Ausübung von Hoheitsgewalt eng verbunden ist, folgt für ihn als Handlungsmittel der EU-Organe, daß er mit der eigenen EU-Gewalt verbunden ist, die von der Staatsgewalt der Mitgliedstaaten auf den Rechtsgebieten, für die die EU die Rechtsetzungs- und Verwaltungskompetenz besitzt, unabhängig ist.

Der öffentlich-rechtliche EU-Verwaltungsvertrag darf als Produkt oder Mittel zur Ausübung von EU-Hoheitsgewalt die Quelle dieser Hoheitsgewalt nicht verraten, indem er einer EU-externen Hoheitsgewalt unterstellt wird, es sei denn, daß die Übertragung von Hoheitsgewalt auf die Europäische Union seitens der Mitgliedstaaten rückgängig gemacht wird[525]. Das ist aber dann nur im Rahmen einer Vertragsänderung möglich.

Andererseits ergeben sich aus der Verknüpfung des öffentlich-rechtlichen EU-Verwaltungsvertrages mit der Hoheitsgewalt der Europäischen Union Anforderungen an seine gesetzliche Ausgestaltung, mit der auch die Anerkennung der Existenz und Geltung allgemeiner Rechtsgrundsätze des EU-Verwaltungsvertragsrechts zusammenhängen. Die Unionsbürger in Frankreich, Griechenland, Spanien, Belgien, Portugal usw. müssen von der EU-Hoheitsgewalt und deren Träger die gleiche Behandlung wie die Unionsbürger in Deutschland und Österreich erwarten und umgekehrt[526]. Die französische Ausgestaltung des Verwaltungsvertrages ist in mancher Hinsicht belastender als

524 vgl. die Praxis der Kommission auf dem Gebiet des Technologie- und Forschungsrechts, Art. 12 des Beschlußes 1999/65/EG des Rates vom 22.12.1998, Abl. 1999 Nr. L 26/46

525 a. A. W. Frenz, Handbuch des Europarechts, Band 5, S. 512 ff.

526 vgl. W. Spannowsky, Grenzen des Verwaltungshandelns, S. 495, s. auch M. Zuleeg, Betrachtungen zum Gleichheitssatz im Europäischen Gemeinschaftsrecht, in: FS für Bodo Borner, S. 474, 475; vgl. U. Stelkens, EuZW 2005, S. 300; vgl. eingehend W. Frenz, Handbuch Europarecht, Band 4, S. 945 ff.

diejenige des deutschen Verwaltungsvertrages[527] und umgekehrt. Diese Belastung wird hier nicht unbedingt als Eingriff in Grundrechte wie die Vertrags- oder Handlungsfreiheit[528] sondern als Verstoß gegen den Gleichheitsgrundsatz angesehen[529]. Es reicht die unterschiedliche Behandlung irgendwelcher Art der Unionsbürger in verschiedenen Mitgliedstaaten infolge der divergierenden rechtsnormativen Ausgestaltung desselben Vertragstypus in diesen Mitgliedstaaten, um die Übertragung der mitgliedstaatlichen Verwaltungsvertragsrechts auf den EU-Verwaltungsvertrag ohne weiteres auszuschließen[530].

5. Stellungnahme zum Anwendungsbereich von Art. 335 AEUV

Die zutreffendste Stellungnahme zu Art. 335 AEUV scheint diejenige zu sein, die behauptet, daß die EU weder als ausländische juristische Person noch als inländische juristische Person des jeweiligen Mitgliedstaates zu qualifizieren ist[531]. Dem ist zuzustimmen, da einerseits die IPR-Regeln zum anwendbaren Recht in Bezug auf die Rechtspersönlichkeit und -fähigkeit nicht nach der Sitz-

527 vgl. etwa das einseitige Gestaltungsrecht der Verwaltung

528 es gilt vielmehr unter Voraussetzungen auch im öffentlichen Recht der Grundsatz volenti non fit iniuria, worauf hier nicht eingegangen werden kann

529 vgl. E. Klein, in: Hailbronner/Ders./Magiera/Müller-Graff, EU-HdKomm, Art. 215 EGV, Rn. 4, der die Anwendbarkeit von Gemeinschaftsrecht als Grundrechtsschutzgebot ansieht

530 zum Verbot der Ungleichbehandlung der Mitgliedstaaten, der Unionsbürger, juristischer Personen des Privat- und des öffentlichen Rechts innerhalb desselben und verschiedener Mitgliedstaaten und dessen Ansiedlung auf derselben Ebene wie das Primärrecht, vgl. EuGH Ruckdeschel/Hauptzollamt Itzehoe, Rs. 117/1976 und 16/1977, Slg. 1977, S. 1753 (1769 f.); EuGH Klensch/Staatsminister für Landwirtschaft und Weinbau, Rs. 201, 202/1985, Slg. 1986, S. 3477 (3507); s. die ausführliche Darstellung der Rechtsprechung des EuGH zum Gleichheitssatz bei J. Schwarze, Europäisches Verwaltungsrecht, Bd. I, S. 529-659; vgl. auch Art. 20 und 21 Charta der Grundrechte Abl. 2000, Nr. C 364, S. 1, s. näher Erläuterungen des Präsidiums des Konvents zu Art. 20 m.w.N., in: Sonderbeilage „Entwurf der Charta der Grundrechte der EU“ zu NJW/EuZW/NVwZ/JuS; s. auch ex Art. 109 Abs. 1 Haushaltsordnung der EU: Finanzhilfen unterliegen den Grundsätzen der Transparenz und der Gleichbehandlung; zur Grundrechtscharta s. ausführlich C. Calliess, in D. Ehlers (Hrsg.), European Fundamental Rights and Freedoms, S. 517 ff.

531 vgl. Simma/ Vedder, in: Grabitz/Hilf (Hrsg.), EU- Kommentar, EL 14, Art. 282 EGV, S. 2

oder Gründungstheorie auf die EU übertragbar sind[532]. Andererseits ist die EU auch keine inländische juristische Person, sondern sie genießt die selbe Rechtsfähigkeit *wie* eine juristische Person des mitgliedstaatlichen Rechts[533].

Es ist noch genauer und einleuchtender zu sagen, daß die Europäische Union in den Mitgliedstaaten die Rechtspersönlichkeit einer quasi juristischen Person des mitgliedstaatlichen öffentlichen Rechts besitzt, aber nicht die selbe Rechtsfähigkeit genießt[534], denn damit würde zugleich angenommen, daß ihr die selben Handlungsbefugnisse zustehen wie den juristischen Personen des mitgliedstaatlichen öffentlichen Rechts. Letztere handeln hoheitlich, was auch für das einvernehmliche Rechtsinstitut des öffentlich-rechtlichen Vertrages gilt, sei es weil der öffentlich-rechtliche Vertag seinen hoheitlichen Charakter seinem Anwendungsbereich verdankt, der öffentlich-rechtlicher Natur ist (Deutschland), sei es weil der öffentlich-rechtliche Vertrag selbst ein Rechtsverhältnis begründet, auf das Hoheitsbefugnisse ausgeübt werden (Frankreich, Griechenland, Spanien u.a.)[535].

Es ist zwar richtig zu sagen, daß die Europäische Union von der Staatsgewalt und von den Privaten innerhalb der Rechtsordnung jedes Mitgliedstaates *wie* eine juristische Person des öffentlichen Rechts behandelt werden muß. Die Rechtsfähigkeit der EU im innerstaatlichen Bereich hat zum einen eine mit den juristischen Personen des einzelstaatlichen öffentlichen-Rechts gemeinsame Seite: Sie muß im Falle von etwaigen Milderungen der Rechtspflichten zugunsten der öffentlich-rechtlichen juristischen Personen diese Vorteile der Rechtspersönlichkeit und Rechtsfähigkeit Letzterer genießen und darf im Vergleich zu ihnen (insbesondere den Gebietskörperschaften in Deutschland) nicht benachteiligt werden[536].

Andererseits kann die Befugnis der EU, innerhalb den mitgliedstaatlichen Rechtsordnungen Hoheitsgewalt gegenüber den Unionsbürgern auszuüben, die zugleich Staatsangehörige eines Mitgliedstaates sind, nicht als eine den Hoheitsbefugnissen der mitgliedstaatlichen juristischen Personen des öffentlichen

---

532 so auch Simma/Vedder,in: Grabitz/Hilf (Hrsg.), EU- Kommentar, EL 14, Art. 282, S. 2; vgl. MünchKomm/ Ebenroth, Bd. 7, 2. Aufl., nach Art. 10 Rn 533 ff.

533 so auch Simma/Vedder, in: Grabitz/Hilf (Hrsg.), EU - Kommentar, EL 14, Art. 282 EGV, S. 2

534 vgl. W. Spannowsky, Grenzen des Verwaltungshandelns, S. 493, Fn. 88

535 dazu s. oben, Kapitel über den nationalen öffentlich-rechtlichen Verwaltungsvertrag

536 s. hierzu die Beschwerden, die J. Grunwald wegen der Nichtgleichbehandlung der EG mit den staatlichen Körperschaften durch die Mitgliedstaaten ausdrückt. Als Beispiel führt er u.a. die mitgliedstaatliche Besteuerung der gemeinschaftlichen Subventionen, s. J. Grunwald, EuR 1984, S. 241

Rechts ähnliche Seite ihrer Rechtsfähigkeit angesehen werden[537]. Die Hoheitsrechte, die die EU gegenüber den Unionsbürgern ausüben kann, sind im AEUV vorgesehen. Sie wurden von den mitgliedstaatlichen Rechtsordnungen auf die EU-Rechtsordnung übertragen und können von der Europäischen Union nur innerhalb dieser Rechtsordnung (EU-Rechtsordnung) ausgeübt werden[538]. Die Europäische Union kann folglich „öffentlich-rechtliche“ Verträge mit den Unionsbürgern nur innerhalb der EU-Rechtsordnung abschließen. Gleichwohl kann die Europäische Union auf Rechtsgebieten, die noch nicht den EU-Verträgen unterstellt sind, öffentlich-rechtliche Verträge des mitgliedstaatlichen Rechts mit den mitgliedstaatlichen Verwaltungen abschließen[539]. Aus solchen Verträgen kann die EU Rechte des mitgliedstaatlichen öffentlichen Rechts erwerben und öffentlich-rechtliche Pflichten eingehen.

Man kann also festhalten, daß der Europäischen Union uneingeschränkt die privatrechtliche Rechts- und Geschäftsfähigkeit einer juristischen Person des mitgliedstaatlichen öffentlichen Rechts zugesprochen werden kann[540]. Die EU vermag öffentlich-rechtliche Verträge des nationalen öffentlichen Rechts nur mit den mitgliedstaatlichen Verwaltungen abzuschließen; auf keinen Fall aber mit deren Bürgern. Mit den Unionsbürgern darf sie lediglich EU-Verwaltungsverträge auf EU-Politikgebieten abschließen[541]. Aus diesen Gründen kann Art. 335 AEUV die Zulässigkeit des öffentlich-rechtlichen EU-Verwaltungsvertrages als Handlungsform der Europäischen Union nicht begründen.

---

537 so auch M. Schweitzer/W. Hummer, Europarecht, Rn. 721

538 das meinen offensichtlich auch M. Schweitzer/W. Hummer, wenn sie sagen, daß die Gemeinschaften nur auf dem Gebiet des Zivilrechts oder des Gemeinschaftsrechts tätig werden können, in: Europarecht, Rn. 721; vgl. eingehend W. Frenz, Handbuch Europarecht: Band 5, S. 3 ff.

539 vgl. zutreffend M. Hilf, Die Organisationsstruktur der EG, S. 45, S. 60, insbesondere Fn. 210: Die öffentlich-rechtlichen Verträge, „die Rechtsbeziehungen im Rahmen der Materien des Gemeinschaftsrechts zum Gegenstand haben ... erfassen nicht alle öffentlich-rechtlichen Verträge der Gemeinschaft“. S. auch S. 60 Mitte: Die Gemeinschaft - dort die Versorgungsagentur der EAG - vermag „unmittelbar mit den Verwaltungen der Mitgliedstaaten Verträge über Gegenstände des nationalen öffentlichen Rechts abzuschliessen; W. Spannowsky, Grenzen des Verwaltungshandelns, S. 493, Fn. 88 differenziert nicht: Er sagt, daß die Gemeinschaft nicht die Rechtsfähigkeit juristischer Personen des öffentlichen Rechts besitze und keine öffentlich-rechtliche Verträge abzuschliessen vermag

540 vgl. P.-C. Müller- Graff, in: M. Dauses (Hrsg.), HdB des EU-WiR, Bd. 1, A I, Rn. 56; M. Schweitzer/W. Hummer, Europarecht, Rn. 721

541 vgl. oben

III. Art. 272 AEUV

Als sedes materiae für die Zulässigkeit des EU-Verwaltungsvertrages wurde von vielen Autoren Art. 272 AEUV vorgeschlagen[542]. Dieser Artikel sieht vor, daß Streitigkeiten aus einem öffentlich-rechtlichen oder privatrechtlichen, von der EU oder einer anderen für ihre Rechnung handelnde Person abgeschlossenen Vertrag vom Gerichtshof beigelegt werden können, wenn in diesem Vertrag eine Schiedsklausel enthalten ist, die die Zuständigkeit des Gerichtshofs begründet. Diese Zuständigkeit wurde im ersten Rechtszug gem. dem Beschluß 88/591/EGKS, EWG, Euratom des Rates vom 24.10.1988[543], auf das Europäische Gericht erster Instanz (jetzt Gericht der Europäischen Union) übertragen[544].

Art. 272 AEUV wird von diesen Autoren dahin ausgelegt, daß er die Befugnis der EU voraussetzt, öffentlich-rechtliche und privatrechtliche Verträge zu schließen[545]. Diese Autoren stellen daher fest, daß, obwohl Art. 272 AEUV die Zulässigkeit der EU-Verwaltungsverträge nicht unmittelbar und ausdrücklich begründet, ihm dennoch entnommen werden kann, daß die Zulässigkeit dieser Verträge als Handlungsform rechtlich und logisch vorausgesetzt ist. Der öffentlich-rechtliche Vertrag könnte nicht Tatbestandsmerkmal dieses Artikels sein, wenn er unzulässig wäre. W. Spannowsky erachtet Art. 272 AEUV für eine "auslegungsmäßig nachweisbare Rechtsgrundlage für den Abschluß von Verwaltungsverträgen"[546]. Man kann insofern annehmen, daß Artikel 272 AEUV mittelbar und schlüssig die Zulässigkeit der Verwaltungsverträge als Handlungsform der EU-Verwaltung und die Zulässigkeit des Abschlußes solcher Verträge begründet. Die Auslegungsmethode, deren sich diese Autoren bedienen, um die

---

542 vgl. A. Bleckmann, NJW 1978, S. 464; Ders., DVBl. 1981, S. 892; F. Ossenbühl, Staatshaftungsrecht, S. 438; A. Weber, in M. Schweitzer (Hrsg.), Europäisches Verwaltungsrecht, S. 60, der aber den EU-Verwaltungsvertrag undifferenziert auch auf ex Art. 211 EGV = Art. 282 EGV gestützt ansieht; W. Spannowsky, Grenzen des Verwaltungshandelns, S. 493

543 i.d.F. des Beschlußes vom 8.6.1993, ABl. L 144/21

544 s. auch H. Krück, in: G/T/E, Art. 181 EGV, Rn 16; über die Problematik dieser Zuweisung und ihre Komplikationen in Bezug auf die Bestimmung, daß die Zuständigkeitsbegründung des EuGH aufgrund einer vor dem 8. Juni 1993 abgeschlossenen Schiedsklausel nicht angetastet wird; s. U. Karpenstein, in Grabitz/Hilf (Hrsg.), EU-Komm, EL 14, Art. 238 EGV, Rn 3

545 s. A. Bleckmann, NJW 1978, S. 464 ff.(465), der über die öffentlich-rechtlichen Verwaltungsverträge ausführt; vgl. J. Grunwald, EuR 1984, S. 233; D. Triantafyllou, Vom Vertrags- zum Gesetzesvorbehalt, S. 290; U. Stelkens, EuZW 2005, S. 299

546 W. Spannowsky, Grenzen des Verwaltungshandelns, S. 493; vgl. auch D. Triantafyllou, Vom Vertrags- zum Gesetzesvorbehalt, S. 290

Zulässigkeit des EU-Verwaltungsvertrages auf Art. 272 AEUV zu fundieren, stellt ein mixtum compositum aus Elementen der grammatischen und der systematischen Auslegungsmethode dar[547].

Ein Teil der Lehre versucht mögliche, ausgedachte Einwendungen gegen ihre These im Voraus auszuräumen, indem sie sich systematisch aus der einen oder anderen Auslegungsmethode des EU-Rechts vitale Gegenargumente zu verschaffen versucht. Von der grammatischen Auslegung ausgehend, stellt sie fest, daß die französische und die deutsche Fassungen des Artikels, die gleichwertig sind, von "contrats administratifs" oder von "Verwaltungsverträgen" nicht sprechen[548]. Das ist sehr logisch, zumal Art. 272 AEUV die völkerrechtlichen Verträge[549], interinstitutionelle Absprachen der EU-Organe miteinander[550] und Verwaltungsverträge der EU mit natürlichen und juristischen Personen sowohl des Privat- wie auch des öffentlichen Rechts[551] mitumfassen wollte. Der Begriff öffentlich-rechtlicher Vertrag ist ein Obergriff, der die vorstehenden Ka-

---

547 zu diesen Auslegungsmethoden im EU-Recht s. A. Bleckmann/ S.-U. Pieper, in: M. Dauses (Hrsg.), HdB des EU-WiR, Bd. 1, B. I, Rn. 5-14: grammatikalische und 28-39: systematische, S. Schreiber, Verwaltungskompetenzen, S. 51 ff.; s. ferner T. v. Danwitz, Europäisches Verwaltungsrecht, S. 166 ff.; zu den Auslegungsmethoden im Europarecht s. eingehend W. Frenz, Handbuch des Europarechts, Band 5, S. 122 ff.

548 A. Bleckmann, DVBl. 1981, S. 892

549 vgl. Schlußanträge GA Bot v. 29.10.2009, Rs. C-386/08, Brita GmbH/Hauptzollamt Hamburg Hafen, Rn. 60; M. Dauses, in: Ders. (Hrsg.), Hdb des EU- WiR, P. I, Rn. 287; R. Geiger, EG-Vertrag Kommentar, S. 628, Rn 7; U. Karpenstein, in: Grabitz/Hilf, EU-Kommentar, EL 14, Art. 238 EGV, Rn 10; H. Krück, in G/T/E, Art. 181 EGV, Rn 7; Rengeling/Middecke/Gellermann § 15, Rn. 487; M. Hilf, in FS Mosler, 1983, S. 389 f; s. auch EuGH Gutachten 1/92, Europäischer Wirtschaftsraum II, Slg. 1992, I-2821, Rn 32-33 über die Erweiterung der Zuständigkeiten aufgrund eines internationalen Abkommens; s. aber Smit/Herzog, zu Art. 181, 181.05, S. 5-517, die dem Wortlaut des Artikels, der von „Verträgen“ im Gegensatz zu ex Art. 113, 228, 238 = 133, 300, 310, die von „Abkommen“ sprechen, entnehmen, daß Art. 238 EGV auf diese nicht anwendbar ist; Bedenken äußert ebenfalls K. Hailbronner, HdKomm zum EWG-Vertrag, 1. Lieferung, Art. 181 EWGV, Rn. 2

550 s. z.B. interinstitutionelle Vereinbarung 2002/C 77/01 vom 28.11.2001 des EP, des Rates und der Kommission über die systematischere Neufassung von Rechtsakten, Abl. 2002, C 77/1; zu den interinstitutionellen Vereinbarungen s. eingehend, F. Fugmann, in: M. Dauses (Hrsg.), HdB des EU-WiR, EL 2, Bd. 1, A. II, Rn. 19 und EL 4, A III, Rn. 39-44

551 vgl. M. Dauses, in: Ders (Hrsg.), Hdb des EU- WiR, P. I, Rn. 287; U. Karpenstein, in Grabitz/Hilf (Hrsg), EU-Komm, Art. 238 EGV, Rn 10; H. Krück, in G/T/E, Art. 181 EGV, Rn 10; Borchhardt,in: Lenz (Hrsg.), Art. 238 EGV, S. 1776, Rn 6; Smitt/Herzog, zu Art. 181 EGV, 181.04; Rengeling/Middecke/Gellermann, §15, Rn. 487

tegorien umfaßt[552]. Durch Verwendung des Oberbegriffs "öffentlich-rechtlicher Vertrag" wird erreicht, daß dem EuGH eine umfassende Zuständigkeit eingeräumt wird, die die Beilegung von Streitigkeiten sowohl im Rahmen des direkten Vollzugs von Unionsrecht als auch im Rahmen der völkerrechtlichen Vertragsbindungen zum Gegenstand hat[553].

Das grammatische Argument, das für den Verwaltungsvertrag spricht, wird auch dadurch verstärkt, daß auf Grund der Nebeneinanderstellung von öffentlich-rechtlichen und privatrechtlichen Verträgen der Bezug zum Individuum deutlich hervorgehoben wird[554].

In Bezug auf die Funktion von Art. 272 AEUV, die Zulässigkeit von privatrechtlichen und öffentlich-rechtlichen EU-Verwaltungsverträgen zu begründen, wurde angemerkt, daß der Terminus Zulässigkeit einen Oberbegriff für die Zulässigkeit der Handlungsform sowohl in „verfahrensrechtlicher" als auch in „materiellrechtlicher Hinsicht" darstellt. Obwohl der öffentlich-rechtliche EU-Verwaltungsvertrag Tatbestandsmerkmal von Art. 272 AEUV ist, kann Art. 272 AEUV nicht darüber befinden, ob, auf welchen Gebieten und unter welchen Voraussetzungen die EU zum Abschluß von EU-Verwaltungsverträgen generell oder im Einzelfall befugt ist[555]. Laut dieser Meinung nimmt Art. 272 AEUV die Position einer "Verfahrensvorschrift" im AEUV ein, die keinen materiellrechtlichen Charakter hat. Die Zulässigkeit kann nur aus dem "materiellen" und gleichsam "operativen" Recht des AEUV abgeleitet werden, die die EU zur Vornahme bestimmter Handlungen ermächtigt[556].

Es kann angenommen werden, daß der vorstehend zitierte Autor auf das Prinzip der begrenzten Ermächtigung abstellt – jedenfalls nicht im Sinne des allgemeinen Förmlichkeitsprinzips – sondern in materiellrechtlicher Hinsicht, die in der Anerkennung der rechtsnormativen Kraft jeder einzelnen AEUV-Vertragsnorm besteht, die Form und die Wirkungsweise der verwaltungsmäßigen Durchführung des auf sie gestützten Sekundärrechts mittelbar zu bestim-

---

552 vgl. A. Bleckmann, NJW 1978, S. 464

553 vgl. M. Dauses, in: Ders (Hrsg.), Hdb des EU- WiR, P. I, Rn. 287; A. Bleckmann, DVBl. 1981, S. 892; U. Karpenstein, in Grabitz/Hilf (Hrsg.), EU-Komm, Art. 238 EGV, Rn 10; H. Krück, in G/T/E, Art. 181 EGV, Rn 10; Borchhardt,in:Lenz (Hrsg), EG-Vertrag Kommentar, S. 1776, Rn 6; Rengeling/Middecke/Gellermann, §15, Rn. 487; a.A. Smit/Herzog in Bezug auf die internationalen Abkommen, ex Art. 181, 181.05, S. 5-517

554 s. A. Bleckmann, DVBl. 1981, S. 892

555 J. Grunwald, EuR 1984, S. 233; vgl. W. Frenz, Handbuch des Europarechts, Band 5, S. 508

556 so etwa J. Grunwald, EuR 1984, S. 233; ihm zustimmend D. Triantafyllou, Vom Vertrags- zum Gesetzesvorbehalt, S. 290

men. Die These des Autors, daß die einzelnen „materiell-rechtlichen“ AEUV-Vorschriften die einschlägigen Zulässigkeitsnormen für die Befugnis zum Abschluß von EU-Verwaltungsverträgen sind, deutet zutreffend darauf hin, daß der EU-Vertrag für bestimmte EU-Politikbereiche bzw. EU-Rechtsgebiete den Rechtsetzungsspielraum des EU-Gesetzgebers in Bezug auf die Bedienung entweder des Beschlusses oder des EU-Verwaltungsvertrages als Vollzugsinstrument auszuschließen vermag. Somit scheint er zu meinen, daß es sich für manche EU-Rechtsbereiche aus den einschlägigen AEUV-Rechtsnormen ergeben könnte, daß die EU-Rechtsetzungsorgane sich nur einer der zwei hauptsächlichen Verwaltungsvollzugshandlungen (Beschluß und EU-Verwaltungsvertrag) bedienen dürfen.

Nach anderer Meinung[557] reicht Art. 272 AEUV auch als materiellrechtliche Ermächtigungsgrundlage[558]. Nach dieser Ansicht gilt das Prinzip der begrenzten Einzelermächtigung, das den Gesetzesvorbehalt zum Ausdruck bringt, nur für Handlungsformen, mit denen die Europäische Union in Rechte der Mitgliedstaaten sowie der Unionsbürger und der „Unionsunternehmen“ eingreift. Der EU-Verwaltungsvertrag berührt die Souveränität der Mitgliedstaaten und die Grundrechte der Individuen nicht. Deshalb ist für den Abschluß eines solchen Vertrages den Grundsätzen der begrenzten Einzelermächtigung zufolge eine bestimmte Ermächtigungsgrundlage im AEUV nicht erforderlich[559]. Im Bereich des vertraglichen Handelns gilt der Gesetzesvorbehalt nur eingeschränkt, denn da gilt der Satz „volenti non fit iniuria“. Der Vertragspartner hat auf die ihm zustehenden Rechte verzichtet und Vertragspflichten freiwillig übernommen. Somit kann das vertragliche Handeln grundsätzlich dem einseitig-hoheitlichen Handeln nicht gleichgestellt werden. Das Prinzip der begrenzten Einzelermächtigung gilt nur für die einseitig-hoheitlichen Akte der EU (s. Art. 288 AEUV)[560]. Die Zuständigkeit der Europäischen Union zum Abschluß von öffentlich-rechtlichen Verträgen muß sich deshalb aus den in Art 2,3,4 AEUV und in seinen Einzelbestimmungen umrissenen Aufgaben in Verbindung mit der implied powers – Lehre ergeben. Die Europäische Union kann daher öffentlich-

557 s. A. Bleckmann, NJW 1978, S. 465

558 so auch W. Spannowsky, Grenzen des Verwaltungshandelns, S. 493

559 vgl. A. Bleckmann, in: Ders., Europarecht, Rn. 484; Ders., NJW 1978, S. 465 und 466 – „Zwischenergebnis“; Ders. DVBl. 1981, S. 891-892; ihm zustimmend W. Spannowsky, Grenzen des Verwaltungshandelns, S. 493

560 A. Bleckmann, Europarecht, Rn. 484; Ders. NJW 1978, S. 466; Ders. DVBl. 1981, S. 891-892; W. Spannowsky, Grenzen des Verwaltungshandelns, S. 493

rechtliche Verträge auch außerhalb der Materien des AEU-Vertrages zur Erreichung der in Art. 2,3 EUV aufgeführten Ziele und Aufgaben[561] abschließen.

Die Vertreter dieser Ansicht gehen davon aus, daß der Abschluß von öffentlich-rechtlichen Verwaltungsverträgen ohne Vorschaltung einer Verordnung rechtlich möglich ist. Die öffentlich-rechtlichen Verwaltungsverträge können sich direkt auf die EU-Vertragsnormen oder sogar auf die Zielbestimmungen des EU-Vertrages stützen[562]. Somit sprechen sie aber den öffentlich-rechtlichen EU-Verwaltungsverträgen Rechtsetzungscharakter zu.

Übrigens drückt der eine Vertreter dieser Ansicht selbst Bedenken gegen seine eigene Ansicht aus: „Man könnte höchstens annehmen, daß zumindest der Abschluß von Verwaltungsverträgen der EG grundsätzlich verwehrt ist, weil der Vollzug des EU-Rechts in die ausschließliche Kompetenz der Mitgliedstaaten fällt"[563]. Ob gerade aber der Verwaltungsvollzug des EU-Rechts den Mitgliedstaaten oder der Europäischen Union obliegt und somit auch der EU-Verwaltungsvertrag eingesetzt werden darf, wird in einer Verordnung festgeschrieben[564], deren Bestimmungen auf einer AEU-Vertragsnorm beruhen müssen. Das setzt der vorstehend zitierte Gedankengang logisch voraus. Der EU-Verwaltungsvertrag kann somit nicht auf der Ebene der Konkretisierung des Primärrechts als Handlungsform der EU-Organe eingesetzt werden. Da er nur als Vollzugsform des abgeleiteten EU-Rechts in Frage kommt, kann er nicht zur Verwirklichung der Ziele bzw. Aufgaben der Art. 2, 3 EUV beitragen, da die Verordnung, die seine Inanspruchnahme legitimiert, ihrerseits auf einer AEUV-Norm und nicht auf Art. 2, 3 EUV fußen kann[565], es sei denn sie stützt sich auf Art. 352 AEUV[566] und somit mittelbar auf Art. 2, 3 EUV.

561 A. Bleckmann, NJW 1978, S. 466

562 vgl. A. Bleckmann, NJW 1978, S. 465-466; Ders., DVBl. 891-892

563 A. Bleckmann, in: Ders., Europarecht, Rn. 484

564 s. oben im Kapitel über die Zulässigkeit der Einsetzung des EU-Verwaltungsvertrags zum Vollzug von EU-Recht

565 Die Art. 2 und 3 EGV über die Aufgaben und Tätigkeiten der Gemeinschaft können nicht als Kompetenzgrundlage für die Rechtsetzungstätigkeit und vielmehr der Verwaltungstätigkeit der Gemeinschaft dienen, zumal von der Aufgabe eines Hoheitsträgers nicht auf dessen Regelungs- bzw. Durchführungbefugnis geschlossen werden kann, s. GA Reischl, Schlußanträge zur Rs. 27/74, EuGH Demag/Finanzamt Duisburg- Süd, Slg. 1974, S. 1037ff.(1057); über die Einzelaufgaben der Art. 2-4 EGV als Teilziele der Gemeinschaft, s. eingehend, P.-C. Müller-Graff, in: M. Dauses (Hrsg.), HdB des EU-WiR, EL 8, Bd. 1, A. I, Rn. 157-158

566 s. dazu z.B. E. Grabitz, in Ders./Hilf, ex Art. 235 EGV, Rn. 1 ff.; H-P Kraußer, Das Prinzip begrenzter Ermächtigung, S. 46; M. Schweitzer/W. Hummer, Europarecht, Rn.

Diese Ansicht könnte immerhin dahin ausgelegt werden, daß der Verordnungsgeber, nachdem er sich – unter Beachtung des Subsidiaritäts-, des Verhältnismäßigkeits- und des Kompetenzerweiterungsprinzips der implied powers-Lehre und des Art. 352 AEUV - für den direkten Vollzug des EU-Rechts entschloßen hat[567], bei der Auswahl der Vollzugshandlungsformen Ermessensfreiheit genießt. Dies ist darauf zurückzuführen, dass der EU-Verwaltungsvertrag die Souveränität der Mitgliedstaaten und die Grundrechte der Individuen nicht berührt, zumal ein Verzicht auf die entsprechenden Rechte vorliegt. Das würde bedeuten, daß der Verordnungsgeber, ohne an die AEUV-Bestimmungen gebunden zu sein[568], zum Vollzug des abgeleiteten EU-Rechts zwischen dem Beschluß und dem EU-Verwaltungsvertrag frei wählen dürfte. Dennoch scheint die Meinung von J. Grunwald richtig zu sein, der verlangt, daß die Einsetzung des EU-Verwaltungsvertrages aus derjenigen AEU-Vertragsnorm hervorgehen muß, die zur Rechtsetzung ermächtigt. Ob der EU-Verwaltungsvertrag zur Verwirklichung jeder einzelnen EU-Politik zulässig ist, kann nur durch Auslegung jeder einzelnen Vertragsnorm ermittelt werden. So dürfte etwa auf dem Gebiet des Kartellrechts ein EU-Verwaltungsvertrag anstelle eines Beschlusses[569] zur Festsetzung von Geldbußen gem. Art. 103 Abs. 2 a AEUV nicht zulässig sein. Das kann aber nicht ohne weiteres für einen verpflichtenden EU-Verwaltungsvertrag[570] zum Erlaß einer Freistellungsverordnung gem. Art. 101 Abs. 3 gelten. In manchen Vertragsbereichen könnten jedoch beide Handlungsformen zulässig sein und es könnte insofern eine Wahlfreiheit des Verordnungsgebers angenommen werden. Weiteres dazu kann im Rahmen dieser Untersuchung nicht ausgeführt werden. Es bedarf einer eigenständigen Untersuchung zu diesem Fragenkomplex.

339, die ex Art. 308 EGV entgegen der Ansicht der anderen Autoren als Vertragslückenschließungsgrundlage ansehen

567 über die Eigenschaft der implied powers Lehre und von ex Art. 308 EGV, Verwaltungsvollzugskompetenzen zu begründen, s. eingehend S. Schreiber, Verwaltungskompetenzen, S. 137 ff.

568 laut dieser Ansicht besteht das Erfordernis einer speziellen Einzelermächtigung für das vertragliche Handeln der EG-Organe nicht

569 Art. 15 der VO Nr. 17/1962 des Rates, ABl. 1962, S. 204

570 nach dem Vorbild des deutschen Verwaltungsvertrages (§ 54 VwVfG)

VI. Die Beziehung zwischen Artt. 272 und 288 AEUV

Die systematische Auslegung des Art. 272 AEUV führt zum Ergebnis, daß Art. 272 AUEV im Gesamtgefüge des AEUV eine ähnliche Position wie Art. 288 AEUV einnimmt[571]. Es scheint zweckmäßig, auf zwei mögliche Fragen einzugehen, die man stellen könnte, um die Richtigkeit dieser Auslegung zu bestreiten. Die eine bezieht sich auf den Grund, warum der EU-Verwaltungsvertrag trotz seiner Bedeutung als Handlungsinstrument der EU nicht in Art. 288 AEUV aufgenommen und dort aufgelistet worden ist. Die Antwort kann wieder mithilfe der systematischen Auslegung gegeben werden: In Art. 288 AEUV sind all diejenigen Handlungsformen aufgeführt, die einen einseitigen (verbindlichen oder unverbindlichen) Rechtsakt der EU darstellen[572]. Der EU-Verwaltungsvertrag ist dadurch gekennzeichnet, daß er auf zwei Willenserklärungen beruht, die zur Herbeiführung desselben Rechtserfolges gerichtet sind. Der EU-Verwaltungsvertrag ist eine zweiseitige Handlungsform.

Die zweite Frage betrifft die Stellung im EU-Vertrag, die Ausdrucksweise und den Wortlaut der die allgemeine Zulässigkeit begründenden Normen: Während sich Art. 288 AEUV im Vertragsteil befindet, der gemeinsame Vorschriften für alle Organe der EU enthält[573], sich direkt und ausschließlich auf die in ihm erwähnten Handlungsformen bezieht und die Funktion und Geltung jeder von ihnen ausdrücklich beschreibt, befindet sich Art. 272 AEUV im Kapitel 1 (über die einzelnen Organe) und zwar im 5. Abschnitt über den Gerichtshof der EU, er erwähnt ferner den EU-Verwaltungsvertrag nur in Bezug auf den dort im Vordergrund stehenden prozeßrechtlichen Gegenstand der Begründung der Zuständigkeit des EuGH zur Beilegung von Streitigkeiten aus privatrechtlichen und öffentlich-rechtlichen Verträgen[574]. Art 272 AEUV enthält keine Bestimmungen über die Funktion und Stellung des EU-Verwaltungsvertrages im Rechtshandlunginstrumentarium der EU. Das könnte daran liegen, daß die Rechtshandlungen des Art. 288 AEUV neuartig sind, zumal sie bis zur Gründung der Europäischen Warengemeinschaft in keiner der mitgliedstaatlichen Rechtsordnungen unter diesen Namen bekannt waren. So entstand die Notwendigkeit, sie genau zu

571 vgl. W. Spannowsky, Grenzen des Verwaltungshadelns, S. 494, der ex Art. 238 EGV im Vergleich zu ex Art. 249 EGV als eine Sonderregelung ansieht, die die Vertragsschließungsbefugnis begründet

572 Vgl. U. Stelkens, EuZW 2005, S. 303

573 s. AEUV, Sechter Teil, Kapitel 2

574 diese Tatsache hat wahrscheinlich J. Grunwald veranlaßt, Art. 238 EGV lediglich die Eigenschaft einer „Verfahrensvorschrift“ beizumessen

definieren und ihre Funktion und Wirkungsweise eingehend darzulegen, während die Rechtshandlung „Vertrag“ den Mitgliedstaaten nicht unbekannt war. Für die Rechtshandlung Vertrag war es anscheinend wichtiger, die Möglichkeit der dezentralen Beilegung der Streitigkeiten bezüglich seiner Gültigkeit und Ausführung einzuräumen oder umgekehrt die Befassung des zentralen EU-Gerichts mit den bedeutenderen von ihnen zu ermöglichen[575]. Anscheinend wurde er genau aus diesem Grunde im prozeßrechtlichen Teil des AEUV aufgenommen.

Es muß ferner beachtet werden, daß der EU-Verwaltungsvertrag nicht zur Konkretisierung des Primärrechts herangezogen werden kann[576]. Die Verordnung, die Richtlinie und der allgemeine Beschluß sind diejenigen Handlungsformen, die für die Setzung von Sekundärrecht geeignet und zulässig sind[577]. Deswegen ist es notwendig, daß das Primärrecht sie als konkretisierende Rechtsetzungsakte zur Ausführung seiner „Verfassungsnormen“ hervorhebt und ihre Funktions- und Wirkungsweise verdeutlicht. Ein solches Bedürfnis dürfte für den EU-Verwaltungsvertrag nicht bestehen, weil er erst auf der Ebene der Durchführung des Sekundärrechts in Betracht kommt.

Wie Art. 288 AEUV kommt Art. 272 AEUV deklaratorischer Charakter zu. Außerdem paßt aber beiden Artikeln die Qualifizierung der statusbegründenden Normen, die die allgemeine oder in abstracto Zulässigkeit[578] der in ihnen erwähnten Handlungsformen und zugleich die allgemeine Vertragsschließungsbefugnis der EU-Organe begründen[579]. Die praktische Wichtigkeit der Erkenntnis, daß Art. 272 AEUV die allgemeine Zulässigkeit des EU-Verwaltungsvertrages fundiert, ist auf der Ebene des vom EU-Gesetzgeber im Sekundärrecht angeordneten direkten Vollzugs des EU-Rechts offensichtlich. Da verfügt die Kommission als Hauptverwaltungsorgan der Europäischen Union[580] über ein "verfahrensgestaltendes Auswahlermessen", wenn ihr die materiellrechtliche Rechtsnorm einen Ermessensspielraum einräumt[581]. Sie kann zwischen den in Betracht kommenden Durchführungsakten wählen (hauptsächlich

575 s. unten

576 s. dazu oben im Kapitel über die Zulässigkeit des EU-Verwaltungsvertrags als Handlungsform der Exekutivorgane der EU

577 s. eingehend dazu, D. Triantafyllou, Vom Vertrags- zum Gesetzesvorbehalt, S. 75 ff.

578 im Sinne des Erfordernisses des allgemeinen Förmlichkeitsprinzips, s. dazu oben im Kapitel über die Zulässigkeit des EU-Verwaltungsvertrags

579 vgl. D.Triantafyllou, Vom Vertrags- zum Gesetzesvorbehalt, S. 290

580 vgl. ex Art. 202 i.V.m. Art. 211 EGV

581 W. Spannowsky, Grenzen des Verwaltungshandelns, S. 494, II

Beschluß und EU-Verwaltungsvertrag), soweit sich aus der Natur der EU-Politik und der entsprechenden EU-Vertragsnorm nicht anderes ergibt.

Außerdem bewirkt Art. 272 AEUV, daß ihm die Rechtsnotwendigkeit der Unterscheidung zwischen öffentlich-rechtlichen und privatrechtlichen Verträgen der Europäischen Union entnommen werden kann.

F. Unterscheidung zwischen öffentlich-rechtlichen und privatrechtlichen Verträgen der EU

I. Prozeßrechtliche Notwendigkeit der Unterscheidung

Manche Autoren sehen die Rechtsnotwendigkeit der Unterscheidung zwischen öffentlich-rechtlichem und privatrechtlichem Vertrag der Europäischen Union als Ausfluß der Zweispaltigkeit der mitgliedstaatlichen Gerichtsbarkeit an[582].

Diese Auffassung beruht auf der Erstreckung der Zuständigkeit des EuGH auf EU-Verwaltungsverträge, in die eine Schiedsklausel zugunsten des EuGH eingeführt worden ist (Art. 272 AEUV). Gleichzeitig sieht Art. 274 AEUV vor, daß, soweit keine Zuständigkeit des Gerichtshofs besteht, Streitsachen, an denen die Europäische Union beteiligt ist, nicht der Zuständigkeit der einzelstaatlichen Gerichte entzogen werden dürfen. Aus der kombinierten Anwendung der beiden Vorschriften geht hervor, daß die öffentlich-rechtlichen und privatrechtlichen Verträge der EU, in denen keine Schiedsklausel gem. Art. 272 AEUV enthalten ist, der mitgliedstaatlichen Gerichtsbarkeit unterliegen[583]. Die Rechtserwägungen, die zu diesem Ergebnis führen, sind die folgenden: E contrario ergibt sich aus Art. 272 AEUV, daß der Gerichtshof für Streitigkeiten aus öffentlich-rechtlichen und privatrechtlichen Verträgen, in denen keine Schiedsklausel enthalten ist, nicht zuständig ist. Es stellt sich nun die Frage, welches Gericht denn für die Beilegung solcher Streitigkeiten zuständig wäre. Die benachbarte Vertragsnorm des Art. 274 AEUV scheint die einzige durchaus haltbare Lösung bereitzuhalten: Für Streitigkeiten, an denen die Europäische Union beteiligt ist, sind die mitgliedstaatlichen Gerichte zuständig, *es sei denn es besteht eine Zuständigkeit des Gerichtshofes aufgrund dieses Vertrages*. Der erste Halbsatz des Art. 274 AEUV „Soweit keine Zuständigkeit des Gerichtshofes aufgrund dieses

582 vgl. aber A. Bleckmann, DVBl. 1981, S. 893, der die Aufspaltung damit begründet, daß Art. 282 EGV dahin ausgelegt werden muß, daß er die Streitigkeiten aus privatrechtlichen Verträgen zwischen der Gemeinschaft und einem Privaten den mitgliedstaatlichen Gerichten zuweist

583 vgl. K. Hailbronner, in: Ders./Klein/Magiera/Müller-Graff, HdKomm zum EWG- Vertrag, 1. Lieferung, Art. 181, S. 1; U. Karpenstein, in: Grabitz/Hilf (Hrsg.), EU-Kommentar, EL 16, Art. 238 EGV, Rn. 1; Drobnig, American Journal of Comparative Law, S. 212

Vertrags besteht“, scheint der entscheidende sinnliche Verknüpfungspunkt mit Art. 272 AEUV zu sein. Art. 274 AEUV ergänzt die Regelung des Art. 272 AEUV und füllt eine Lücke, die entstehen würde, wenn man ihn hinwegdenkt.

Aus der Tatsache, daß in den meisten Mitgliedstaaten zwei Rechtswege – der ordentliche und der verwaltungsrechtliche – mit voneinander getrennten Zuständigkeiten existieren, folgt, daß einem mitgliedstaatlichen Zivilgericht rechtlich verwehrt ist, über eine öffentlich-rechtliche Streitigkeit zu urteilen. Streitigkeiten aus öffentlich-rechtlichen Verträgen sind öffentlich-rechtlicher Natur und dürfen nur von den Verwaltungsgerichten beigelegt werden[584]. Das mitgliedstaatliche Gericht müßte in analoger Anwendung seiner Zuständigkeitsnormen auch im Falle der EU-Verwaltungsverträge prüfen, ob es sich um eine öffentlich-rechtliche Streitigkeit i.S. des § 40 Abs. 1 VwGO oder aber um eine zivilrechtliche Streitigkeit handelt[585]. Von der Beantwortung dieser Frage hängt das Schicksal der Klage ab, denn, wenn eine öffentlich-rechtliche Streitigkeit vor ein Zivilgericht gebracht wird, dann wird die Klage als unzulässig abgewiesen. Aus diesem Grunde müssen die beiden Vertragstypen auseinandergehalten werden. Ansonsten könnte es sich eine Gefahr für die Rechtssicherheit ergeben.

Es wurde die Ansicht vertreten, daß die Ausdehnung der mitgliedstaatlichen Verwaltungsgerichtsbarkeit auf EU-Verwaltungsverträge öffentlich-rechtlicher Natur unzulässig wäre, weil es sich hier um die Ausübung hoheitlicher Tätigkeit der EU handele[586] und die Einmischung der Mitgliedstaaten in den direkten Vollzug des EU-Rechts gegen das Prinzip der EU-Treue (Art. 4 Abs. 3 EUV) verstöße[587]. Es wird ferner dahin argumentiert, daß die mitgliedstaatlichen Verwaltungsgerichte - etwa die deutschen Verwaltungsgerichte aufgrund des § 40 VwGO - nur für die Streitigkeiten aus öffentlich-rechtlichen Verträgen zuständig sind, die von einer deutschen Behörde abgeschlossen worden sind[588].

---

584 vgl. in Deutschland: § 40 Abs. 1 VwGO; in Griechenland: ex Art. 7 Abs. 1 des Nomos 702/1977 i.V.m. Art. 1 § 2 des Nomos 1406/ 1983 und die neue griechische VwGO

585 s. z.B. OVG Münster, Urt. v. 30.6.2000, NVwZ 2001, S. 691 ff., in dem sich das Verwaltungsgericht mit der Beilegung einer Streitigkeit aus einem öffentlich-rechtlichen Vertrag zwischen der Kommission und dem Kläger beschäftigt hat.

586 s. A. Bleckmann, NJW 1978, S. 466; vgl. auch E. Schumann, ZZP 78 (1965), S. 92, m.w.N. unter Fn. 68

587 vgl. A. Bleckmann, DVBl 1976, S. 483 ff.

588 s. A. Bleckmann, NJW 1978, S. 466; s. aber U. Karpenstein: Rn 16: „Die ausdrückliche Erwähnung von öffentlich- rechtlichen und privatrechtlichen Verträgen in Art. 238 EGV macht deutlich, daß es auf die Rechtsnatur des Vertrages, in dem die Gerichtsstandsklausel enthalten sein muß, nicht ankommt; so auch Krück, in G/T/E, Art. 238

Dieser Ansicht kann entgegengehalten werden, daß die mitgliedstaatlichen Gerichte im AEUV auch als EU-Gerichte aufgefasst werden[589] und der richtigen Anwendung des EU-Rechts, insbesondere im Rahmen des indirekten Vollzugs, dienen. Es ist daher überhaupt nicht unmöglich, daß sie auch als EU-Gerichte zur Beilegung von Streitigkeiten tätig werden, die sich im Rahmen des direkten Vollzugs von EU-Recht ergeben, insbesondere wenn dies von einer primärrechtlichen Norm vorgeschrieben wird[590]. Art. 274 AEUV i.V.m. Art. 272 AEUV besagen, daß Streitigkeiten aus öffentlich-rechtlichen und privatrechtlichen Verträgen der mitgliedstaatlichen Gerichtsbarkeit unterliegen, es sei denn der jeweils in Frage kommende öffentlich-rechtliche oder privatrechtliche Vertrag enthält eine die Zuständigkeit des EuGH begründende Schiedsklausel[591].

Der Gedankengang, der zum vorstehend dargelegten, auf jeden Fall abzulehnenden Standpunkt[592] führt, ist methodisch nicht unbedenklich. Der Vertreter der Ansicht geht über den klaren Wortlaut der Art. 272 und 274 AEUV hinaus und stellt auf Gesichtspunkte ab, die eine contra legem Auslegung der Art. 272 und Art. 274 AEUV darstellen, obwohl die von der Rechtsmethodenlehre erforderlichen Voraussetzungen für eine den Wortlaut der Art. 272 AEUV und 274 AEUV berichtigenden Auslegung nicht vorliegen.

Der Autor meint, daß, selbst wenn keine Schiedsklausel im betreffenden öffentlich-rechtlichen Vertrag enthalten ist, die Zuständigkeit des Gerichtshofs dennoch begründet ist. Umgekehrt bedeutet dies für Art. 274 AEUV, daß, obwohl die Zuständigkeit des Gerichtshofs gem. AEUV nicht begründet ist, die mitgliedstaatlichen Gerichte für Streitigkeiten, an denen die Europäische Union beteiligt ist, trotzdem nicht zuständig sind. Dennoch spricht der Wortlaut[593] der

---

EGV, Rn 7; Smitt/Herzog, zu Art. 181 EGV, 181.05, S. 5-516; s. aber a. A. OVG Münster, Urteil vom 30.6.2000, NVwZ 2001, S. 692

589 vgl. auch die Ernennung von mitgliedstaatlichen Gerichten zu Gemeinschaftsmarkengerichten in Art. 91 ff. VO (EG) Nr. 40/1994 des Rates, Abl. Nr. L 11 vom 14.1.1994, S. 1ff. - Gemeinschaftsmarkeverordnung

590 in sekundärrechtlichen Rechtsnormen wurden bereits die mitgliedstaatlichen Gerichte zu Gemeinschaftsgerichten bestimmt, s. Art. 91 ff. VO (EG) Nr. 40/1994 des Rates, Abl. Nr. L 11 vom 14.1.1994, S. 1ff. - Gemeinschaftsmarkeverordnung

591 vgl. U. Karpenstein, in: Grabitz/Hilf, EU-Komm., Rn 1; Smitt/Herzog, zu Art. 181, 181.03; H. Krück,in: G/T/E, Art. 181, Rn 1; s. EuGH, Kommission/Zoubek, Rs 426/85, Slg. 1986, 4057, Rn 11: „Die Zuständigkeit des Gerichtshofs aufgrund einer Schiedsklausel... stellt eine Abweichung vom allgemeinen Recht dar und ist daher eng auszulegen“; vgl. auch Rs C-114/94, IDE/Kommission, Slg. 1997, S. I-803, Rn 82

592 s. hier, Fn 505 und 506 u.a.

593 s. Urteile, die sich für die Auslegung ausdrücklich auf den Wortlaut berufen: EuGH Rs. 51/1976, Nederlandse Ondernemingen/Inspecteur der Invoerrechten en Accijnzen, Slg.

beiden Artikel klar und eindeutig gegen diese Auslegung. Der EuGH hat judiziert, daß, wenn der Wortlaut klar, eindeutig, unmißverständlich oder zwingend ist, dann liegt die Auslegung verbindlich fest.[594]. Es gibt ferner Urteile des EuGH, in denen betont wird, daß der Wortlaut der Rechtsnorm die Grenze der Auslegung darstellt[595]. Es ist nicht faßbar, wie man Art. 272 und 274 AEUV für zweideutig halten könnte, so daß ein Rückgriff auf die anderen Auslegungsmethoden notwendig wäre[596]. Der Wortlaut der Art. 272 und 274 AEUV ist klar und eindeutig.

Eine Berichtigung des Wortlauts anhand von Sinn und Zweck[597] ist nicht möglich. Allerdings könnte laut EuGH von einem "eindeutigen" Wortlaut abgewichen werden, wenn "andere zwingende Gesichtspunkte für eine weite, über den Wortlaut der Bestimmung hinausgehende Auslegung" vorliegen[598]. Im vorliegenden Fall müßte der Wortlaut von zwei sich ergänzenden Rechtsnormen berichtigt werden, was, soweit ersichtlich, in der Geschichte der Europäischen Union bisher nie vorgekommen ist. Es stellt sich die Frage, welche die anderen zwingenden Gesichtspunkte sein könnten, die für eine weite, über den Wortlaut der Bestimmung hinausgehende Auslegung sprechen würden. Das vorgebrachte Argument, daß es sich beim öffentlich-rechtlichen Vertrag um die Ausübung von hoheitlicher Tätigkeit handelt, kann nicht als zwingender Gesichtspunkt betrachtet werden. Ein etwaiges Argument, daß sich die Gefahr der uneinheitlichen Anwendung des Unionsrechts ergeben könnte, falls die mitgliedstaatlichen Gerichte über Gültigkeit, Sinn, Zweck, Auslegung und Ausführung der EU-Verwaltungsverträge entscheiden könnten, kann nicht durchgreifen. Die einzufügende Schiedsklausel[599] und das Vorabentscheidungsverfahren des Art. 267

1977, S. 113 (125); EuGH Rs. 53/1981, Levin/Staatssecretaris von Justitie, Slg. 1982, S. 1035 (1048); s. auch A. Bleckmann/S.-U. Pieper, in: M. Dauses (Hrsg.), HdB des EU-WiR, Bd. 1, B. I, Rn. 5, Fn. 6

594 s. zahlreiche Urteile, auf die A. Bleckmann/ S.-U. Pieper,in: M. Dauses (Hrsg.), HdB des EU-WiR, Bd. 1, B. I, Rn 6, Fn. 7,8,9,10 verweisen

595 EuGH Slg. 1965, S. 296 (312); EuGH Slg. 1966, S. 322 (387)

596 s. eingehend zu den Auslegungsmethoden des EU-Rechts: W. Frenz, Handbuch Europarecht, Band 5, S. 117 ff.; s. Verweise auf Entscheidungen, bei denen auf andere Auslegungsmethoden zurückgegriffen wird, weil der Wortlaut der Gemeinschaftsnorm zweideutig war, bei A. Bleckmann/S.-U. Pieper, in: M. Dauses (Hrsg.), HdB des EU-WiR, Bd. 1, B. I, Rn 6, Fn 14; vgl. T. v. Danwitz, Europäisches Verwaltungsrecht, S. 166 ff.

597 Von der Rechtsprechung werden solche Korrekturen sehr selten vorgenommen; vgl. dazu GA Roemer, EuGH 1964, S. 37(50)

598 S. Schreiber, Verwaltungskompetenzen, S. 51 mit Verweisen auf Rs. 26/69, 30/77, 55/87, 72/95 u.a.m.

599 dazu s. unten

AEUV[600] sorgen dafür, daß die einheitliche Anwendung des EU-Rechts auch im Falle der öffentlich-rechtlichen EU-Verwaltungsverträge gewährleistet ist.

Es muß also die Schlußfolgerung gezogen werden, daß der Wortlaut der Art. 272 und 274 AEUV klar und eindeutig ist. "Zwingende Gesichtspunkte", die für eine Berichtigung des Wortlauts sprechen könnten, sind nicht zu erkennen. Ein anderer Autor, der die These des vorstehend zitierten Autors zum Ausgangspunkt nimmt, sieht die Unzuständigkeit mitgliedstaatlicher Gerichte, Handlungen der EU-Organe für ungültig zu erklären, als Ausfluß der Bestimmung von Art. 267 Abs. 1 b AEUV an. Er schlägt folgende Auslegung vor: Da die Kontrollmaßstäbe zur Inhaltskontrolle des EU-Verwaltungsvertrages der EU-Rechtsordnung zu entnehmen sind, sind Art. 272 und 274 AEUV EU-rechtskonform dahin auszulegen, daß die Zuständigkeit des EuGH zur inhaltlichen Überprüfung des EU-Verwaltungsvertrags nicht von dem Vorliegen einer Schiedsgerichtsklausel abhängt. Bereits die Entscheidung über den Abschluß eines Verwaltungsvertrags ist vom EuGH überprüfbar[601]. Dieser Auslegungsvorschlag kann nicht angenommen werden.

Es ist nicht verständlich, in welchem Sinne Art. 272 und 274 AEUV EU-rechtskonform ausgelegt werden könnten. Der EuGH bedient sich der EU-rechtskonformen Auslegung, wenn es um Fragen der Vereinbarkeit des abgeleiteten EU-Rechts mit dem Primärrecht geht, vorwiegend aber wenn Fragen in Bezug auf die Auslegung einer Verordnung, einer Richtlinie und die Vereinbarkeit eines mitgliedstaatlichen Umsetzungsaktes mit einer Richtlinie[602] gestellt werden[603]. Artt. 272, 274 AEUV und alle anderen AEUV-Normen geben die Kriterien (insbesondere teleologischer Natur) für die EU-rechtskonforme Auslegung vor. Sie selbst können nicht EU-rechtskonform ausgelegt werden, es sei

---

600 s. dazu nur M. Dauses, in: Ders(Hrsg.), HdB des EU-WiR, Bd. 2, P II, Rn. 1 ff.; Ders., in: FS für U. Everling, Aufgabenteilung und judizieller Dialog zwischen den einzelstaatlichen Gerichten und dem EuGH als Funktionselemente des Vorabentscheidungsverfahrens, S. 223 ff.; U. Everling, Das Vorabentscheidungsverfahren vor dem Gerichtshof der Europäischen Gemeinschaften-Praxis und Rechtsprechung, 1987; eingehend P. Thomy, Individualrechtsschutz durch das Vorabentscheidungsverfahren, S. 12 ff. u.a.; Die Literatur zum Vorabentscheidungsverfahren ist uferlos

601 W. Spannowsky, Grenzen des Verwaltungshandelns, S. 497

602 sogenannte richtlinienkonforme und im weiteren Sinne ebenfalls EU-rechtskonforme Auslegung, da die Richtlinie eine Rechtsetzungsform von EU-Recht ist

603 Die Rechtsprechung ist uferlos: vgl. beispielsweise EuGH Slg. 1967, S. 506 ff. (507); EuGH Slg. 1974, S. 517 ff. (525); EuGH Slg. 1975, S. 1149 ff. (1160); EuGH Slg. 1976, S. 1169 ff. (1173); EuGH Slg. 1978, S. 1915 ff. (1923); EuGH Slg. 1982, S. 2545 ff. (2580); s. auch A. Bleckmann /S.-U. Pieper, in: M. Dauses (Hrsg.), HdB des EU-WiR, Bd. 1, B. I, Rn. 49 f., insbesondere Verweise unter Fn. 83-97

denn, es gibt höherrangige Rechtsnormen oder Rechtsgrundsätze, denen Rechtmäßigkeitskriterien entnommen werden können, was im EU-Recht auch für die Unionsgrundrechte als allgemeine Rechtsgrundsätze des EU-Rechts nicht gilt. Letztere sind dem Primärrecht gleichgestellt[604].

Entsprechendes gilt auch für die vermutete Verdrängung der Art. 272 und 274 AEUV von Art. 267 AEUV. Innerhalb des AEUV gibt es keinen Artikel mit "Überverfassungscharakter". Alle AEUV-Artikel nehmen im Vertragsgefüge gleichrangige Positionen ein. Daher kann Art. 267 AEUV andere AEUV-Normen nicht gegenstandslos machen. Es ist zwar richtig, daß gem. Art. 267 EGV Abs. 1b die Entscheidung über die Gültigkeit und die Auslegung der Handlungen der Organe der Europäischen Union dem Gerichtshof vorbehalten bleibt, jedoch ist es einerseits nicht eindeutig, ob unter den Begriff "Handlungen" auch die konsensualen Handlungen oder aber nur die einseitigen Handlungen des Art. 267 AEUV subsumiert werden können. Andererseits ergibt sich aus Wortlaut und Sinn des Art. 267 AEUV nicht – selbst wenn man annimmt, daß der EU-Gerichtshof für die verbindliche Entscheidung über die Gültigkeit und Auslegung von EU-Verwaltungsverträgen ausschließlich zuständig ist – daß er etwa auch Feststellungen über Tatsachen machen und somit über die ordnungsgemäße Erbringung der versprochenen Leistungen (Ausführung des Vertrages) entscheiden kann. Wesentlicher ist indes, daß Art. 267 AEUV nicht zwei anderen AEUV-Normen, nämlich Art. 272 und 274 AEUV, obsolet machen kann.

Das Argument, daß die mitgliedstaatlichen Verwaltungsgerichte – etwa die deutschen Verwaltungsgerichte aufgrund des § 40 VwGO – nur für die Streitigkeiten aus öffentlich-rechtlichen Verträgen zuständig sind, die von einer deutschen Behörde abgeschlossen worden sind, ist ebenso nicht stichhaltig. Ungeachtet der Tatsache, daß § 40 VwGO mit seiner abstrakten und allgemeinen Formulierung schon von alleine die Tür zur Begründung der Zuständigkeit der deutschen Verwaltungsgerichte für die Beilegung von Streitigkeiten aus öffentlich-rechtlichen EU-Verwaltungsverträgen offen hält[605], können Art. 274 in Verbindung mit Art. 272 AEUV auf Grund des Vorrangs und des unmittelbaren Geltungsanspruchs dieser AEUV-Normen die Erstreckung der Zuständigkeit der mitgliedstaatlichen Gerichte auf Streitigkeiten aus öffentlich-rechtlichen EU-Verwaltungsverträgen ohne Weiteres herbeiführen[606]. Die EU-Rechtsordnung

604 vgl. etwa EuGH Slg.1973, S. 77 ff. (87) über den Vertrauensschutz der Unionsbürger; EuGH Slg. 1962, S. 101 ff. (102) über die Rechtssicherheit

605 davon ist offensichtlich das OVG Münster ausgegangen, s. Fn. 577

606 s. aber die vorstehend zitierte Meinung von A. Bleckmann, NJW 1978, S. 466; Änderungen der Zuständigkeiten der mitgliedstaatlichen Gerichte und ihre Verwandlung in EU-Gerichte hat die Gemeinschaftsmarkenverordnung- VO (EG) Nr. 40/1994 des Ra-

leiht sich die mitgliedstaatlichen Gerichte gem. Art. 274 AEUV aus und gebraucht sie als „EU-Gerichte“ für die Schlichtung von Vertragsrechtsstreitigkeiten auf dem Gebiet des direkten Vollzugs des EU-Rechts[607].

Auf diese Weise entstehen zwei verschiedene Rechtsschutz- und Rechtswegmodelle im Bereich des direkten Vollzugs von EU-Recht, die sich danach bestimmen, welcher der zwei Grundhandlungsformen (Beschluss, EU-Verwaltungsvertrag) sich die EU-Organe in diesem Bereich bedienen. Auf der einen Seite steht der Beschluss, der als eine der einseitig-hoheitlichen Handlungsformen des Art. 267 AEUV der richterlichen Kontrolle des EuGH unterliegt (s. Art. 263 AEUV) und auf der anderen Seite steht der EU-Verwaltungsvertrag, der nur dann der im Zuständigkeitsbereich des EuGH fällt, wenn er eine Schiedsklausel enthält (Art. 272 AEUV)[608]. Ansonsten wird seine Rechtmäßigkeit und insbesondere seine ordnungsmäßige Durchführung von den mitgliedstaatlichen Gerichten überprüft (Art. 274 AEUV).

Eine Durchbrechung dieses Systems könnte nur für den Fall akzeptiert werden, in dem sich die Europäische Union des Subordinationsvertrages als Ersatzgeschäft für einen Beschluß bedienen würde[609]. Man könnte in Bezug auf diese Handlungsform die Meinung vertreten, daß die Bezeichnung der Handlungsform für deren Subsumtion unter das eine oder andere Rechtswegsystem nicht ausschlaggebend ist[610]. Man sollte nicht auf die offizielle Bezeichnung und die typische Einordnung in einseitige (Beschluß) oder konsensuale (Vertrag) Handlungsinstrumente abstellen. Es ist vielmehr erheblich, aufzuspüren, welche Rechtswirkung die Handlungsinstrumente entfalten und welche Rechtsfolgen aus ihnen entspringen. Nach dem Modell des ersetzenden Subordinationsvertrags in Deutschland könnte man daher den Standpunkt vertreten, daß der selbe Rechtsgedanke auf den subordinationsrechtlichen EU-Verwaltungsvertrag über-

---

tes, Abl. Nr. L 11 vom 14.1.1994, S. 1ff. – herbeigeführt; vgl. dazu H. Jung, Gemeinschaftsmarke und Rechtsschutz, in: FS für U. Everling, S. 611 ff.

607 vgl. Art. 91 ff. der GemeinschaftsmarkeVO=VO (EG) Nr. 40/1994 des Rates, Abl. Nr. L 11 vom 14.1.1994, S. 1ff

608 vgl. U. Karpenstein,in: Grabitz/Hilf (Hrsg.), EU-Komm, Art. 238 EGV, Rn 1

609 das setzt voraus, daß ein öffentlich-rechtlicher EU-Verwaltungsvertrag, der eine Entscheidung bzw. einen Beschluß ersetzt, im EU-Recht zulässig ist, was zweifelhaft ist: s. oben S. 76, A. Weber, in: M. Schweitzer(Hrsg.), Eur. Verwaltungsrecht, S. 60

610 vgl. W. Spannowsky, Grenzen des Verwaltungshandelns, S. 497, der übrigens die Zuständigkeit des EuGH für Streitigkeiten aus allen öffentlich-rechtlichen EU-Verwaltungsverträgen annimmt, ungeachtet der Einfügung oder nicht einer Schiedsklausel

tragbar ist, der zur Statuierung der ausschließlichen Zuständigkeit des EuGH für Rechtsstreitigkeiten aus Beschlüßen führt (Analogie)[611].

II. Zuständigkeit der mitgliedstaatlichen Gerichte für alle vertragsrechtliche Streitigkeiten

Aufgrund dieser Auslegungsvarianten kann ein Rechtsschutzsystem statuiert werden, das vor allem mit den Unionsgrundrechten und insbesondere dem Recht auf effektiven Rechtsschutz vereinbar ist[612]. Wesentliches Merkmal dieses

611 vgl. zutreffend, von Bogdangy, in: Grabitz/Hilf, EU-Kommentar, EL 17, Art. 288. EGV, Rn. 24, der sich auf Vergleichsverträge bezieht

612 s. eingehend dazu statt aller Nowak, in Terhechte (Hrsg.), Verwaltungsrecht der Europäischen Union, S. 463 ff.; s. Art. 6 Abs. 2 EUV i.V.m. Art. 6 Abs. 1 EMRK und den entsprechenden gemeinsamen Verfassungsüberlieferungen der Mitgliedstaaten; s. auch Art. 47 Charta der Grundrechte, die für die EU - Organe und Einrichtungen und die Mitgliedstaaten bei der Durchführung des EU - Rechts gilt – s. Art. 51, Charta der Grundrechte, der jedoch keine Rechtsverbindlichkeit verliehen wurde und sie daher weit hinter den gegenwärtig geltenden Unionsgrundrechten zurückbleibt, die der EuGH als allgemeine Grundsätze des Unionsrechts anerkennt. Die Grundrechtscharta soll aber den EG- Organen, insb. dem Gerichtshof als mittelbare Rechtserkenntnisquelle der gemeinsamen Verfassungsüberlieferungen der Mitgliedstaaten dienen; zur Grundrechtscharta, s. E. Pache, EuR 2001, S. 475 ff, insb. S. 486.; Knöll, NJW 2001, S. 392 ff.; M. Hilf, Sonderbeilage „Entwurf der Charta der Grundrechte der EU“ zu NJW/EuZW/NVwZ/JuS, S. 5 ff.; S. Magiera, DöV 2000, S. 1017 ff.; A. Weber, NJW 2000, S. 537; I. Pernice, DVBl. 2000, S. 847 ff.; H.-W. Rengeling, in: Ipsen/Schmidt Jörtzig, FS für Rauschning 2001, S. 225 ff.; Art. 6 Abs. 2 EUV hat mit dem Verweis auf die EMRK und die gemeinsamen Verfassungsüberlieferungen seit 1993 den europäischen Grundrechtsschutz soweit verallgemeinert, daß man umfassend von Grundrechten der Person im Europäischen Gemeinschaftsrecht sprechen kann (J. Schwarze, NJ 1994, 53 ff). Nach Art. 46 d EUV unterliegt Art. 6 Abs. 2 der Kontrolle des EuGH. Damit bedarf es nicht mehr des Rückgriffs auf frühere Grundrechtserklärungen, wie zunächst diejenige von Parlament, Rat und Kommission vom 5.4.1977 (Abl. C 103/ 1) oder dann die Entschließung des Europäischen Parlaments von 1989 (Abl. C 120/ 51 ff.) und die Entschließung zur Verfassung der Europäischen Union vom 10.2.1994, Abl. 1994 C 61/155 – vgl. T. Oppermann, Europarecht, Rn 492; vgl. EuGH Slg. 1969, S. 419 – Rs 29/1969 „Stauder“; EuGH Nold/Kommission, Rs. 4/1973, Slg. 1974, S. 491; vgl. auch EuGH Rutili/Minister des Innern, Rs 36/1975, Slg. 1975, S. 1219, EuGH Hauer, Rs. 44/1979, Slg. 1979, S. 3727, (3745); EuGH Johnston/Chief Contable, Rs. 222/1984, Slg. 1986, S. 1651 ff, 1681 f.; EuGH Borelli/Kommission, Rs. C 97/1991, Slg. 1992, S. I-6313 ff., 6334; st. Rechtsprechung; s. eingehend W. Frenz, Handbuch Europarecht, Band 4, S. 43 ff.

Rechtsschutzes ist die Beilegung des Rechtsstreits innerhalb eines angemessenen Zeitraums[613]. Die Streitigkeiten, die vor den EuGH geraten, vermehren sich zunehmend und die Geschwindigkeit, mit der sich die Anzahl von Fällen steigert, über die der EuGH zu befinden hat, scheint durch die Einsetzung des Gerichts der EU nicht gebremst werden zu können. Selbst das Gericht der EU ist mit großen Zahlen von Fällen überhäuft. Das Gebot (und zugleich Grundrecht) des effektiven Rechtsschutzes ist ein allgemeiner Rechtsgrundsatz des Unionsrechts[614]. Diese „grundrechtskonforme"[615] Auslegung der Artt. 272 und 274 AEUV wird also vom Grundrecht des effektiven Rechtsschutzes diktiert[616]. Artikel 272 und 274 AEUV können deshalb der Entlastung der zentralen Gerichte der Europäischen Union dienen, wenn sie dahin ausgelegt werden, daß sie den mitgliedstaatlichen Gerichten die Schlichtung von Streitigkeiten aus EU-Individualverträgen in Auftrag geben, es sei denn eine Schiedsklausel ist in diesen Verträgen enthalten.

Es ist wahrscheinlich, daß die Zahl der Streitigkeiten aus EU-Verwaltungsverträgen in Zukunft ansteigen wird, so daß der EuGH es kaum mehr schaffen könnte, ein Urteil innerhalb von vielen Jahren zu fällen. Artt. 272 und 274 AEUV sind daher von großer Bedeutung, da sie einerseits zur Gewährleistung eines in zeitlicher Hinsicht effektiven Rechtsschutzes[617] beitragen und andererseits die Möglichkeit nicht ausschließen, dass dem EuGH in bestimmten, rechtlich bedeutsamen Streitigkeiten die Entscheidungsbefugnis vorbehalten oder ihm die Zuständigkeit eingeräumt wird, als letztinstanzliches Gericht über

---

613 s. Art. 6 Abs. 1 EMRK: „Jede Person hat ein Recht darauf, daß über Streitigkeiten in Bezug auf ihre zivilrechtlichen Ansprüche oder Verpflichtungen ... innerhalb einer angemessenen Frist verhandelt wird"; Die gemeinsamen Verfassungsüberlieferungen der Mitgliedstaaten stimmen mit der EMRK überein; Art. 47 Charta der Grundrechte ABl. 2000 Nr. C 364/1: „Jede Person hat ein Recht darauf, daß ihre Sache ... innerhalb angemessener Frist verhandelt wird". Der Wortlaut der Charta ist viel weiter, denn sie stellt nicht auf die Rechtsnatur der Ansprüche ab und umfaßt somit sowohl zivilrechtliche als auch öffentlich-rechtliche Ansprüche und Verpflichtungen, s. auch E. Pache, EuR 2001, S. 482; Ders. E. Pache, EuGRZ 2000, S. 601.; s. eingehend J. Gundel, in D. Ehlers (Hrsg.), European Fundamental Richts and Freedoms, S. 490 ff.

614 vgl. hier und zum folgenden auch T.v.Danwitz, NJW 1993, S. 1108 ff.; Obwohl die allgemeinen Rechtsgrundsätze kein Überverfassungsrecht bzw. Übervertragsrecht sind, entziehen sich vor allem die Grundrechte infolge ihrer „fundamentalen Richtigkeit" und Akzeptanz sowohl der Notwendigkeit ausdrücklicher Normierung als auch abändernder Gewohnheitsordnung; s. T. Oppermann, Rn 488

615 vgl. A. Bleckmann, Europarecht, Rn. 607

616 vgl. auch EuGH Rs 222/1986, Slg. 1987, S. 4097 ff.

617 vgl. T.v.Danwitz, NJW 1993, S. 1113

die Streitigkeit zu befinden. Diese Möglichkeit ist insbesondere deshalb wichtig, weil die Handlungsform des EU-Verwaltungsvertrages sich noch nicht rechtstheoretisch verfestigt hat.

III. Die Gestaltungsmöglichkeiten des Rechtsschutzsystems

Artt. 272 und 274 AEUV ermöglichen die folgenden Gestaltungsvarianten des Rechtsschutzsystems:

Die EU- Organe, die als Vertreter der EU den EU-Verwaltungsvertrag mit einer anderen Partei abschließen, können entscheiden, wann die Einbeziehung einer die Zuständigkeit des EuGH begründenden Schiedsklausel zweckmäßig ist[618]. Die Gegenmeinung, die einwenden würde, daß die Schiedsklausel eine vertragliche Vereinbarung darstellt, deren Einbeziehung der Zustimmung der anderen Partei bedürfe, ist prinzipiell richtig, aber im Ergebnis vermag sie nicht zu überzeugen, zumal es den EU-Organen zusteht, den Vertrag mit einer natürlichen oder juristischen Person nicht abzuschließen, die die Einfügung der Schiedsklausel und somit die Begründung der Zuständigkeit des EuGH ablehnt.

Aus dem Prinzip der Vertragsfreiheit folgt, daß der Vertragspartei, die die Einführung einer Schiedsklausel als Kernelement ihres Willens ansieht, freisteht, einen Vertrag nicht abzuschließen, der ihrem Willen nicht entspricht. Natürlich ist die EU-Verwaltung beim Ausdruck ihres Willens nicht frei, sondern sie ist an Recht und Gesetz gebunden, sie muß stets die EU Belange im Auge behalten und das EU-Interesse mit allen Kräften verfolgen[619]. Angesichts dieser Erkenntnis ist es ihr erlaubt, die Einführung einer Schiedsklausel als zwingende Voraussetzung für den Abschluß eines EU-Verwaltungsvertrages zu bestimmen, insbesondere im heutigen unreifen Stand der Entwicklung des EU-Verwaltungsvertrages. Die EU-Organe könnten sich daher dafür entscheiden, vor Abschluß eines EU-Verwaltungsvertrages immer die Einbeziehung einer Schiedsklausel zu verlangen. Die prinzipielle Richtigkeit dieser Ausführungen wird auch von der Vertragspraxis der Kommission bestätigt[620]. Außerdem wird diese Ansicht dadurch bekräftigt, daß es zulässig ist, eine Schiedsklausel, die die ausschließliche Zuständigkeit des Gerichtshofs begründet, in eine EU-Verordnung aufzunehmen, auf deren Grundlage Verwaltungsverträge mit einem

618 vgl. Smitt/Herzog, Rel. 25-3/88, Art. Ex 181 EGV, Nr. 181.04; U. Karpenstein, in: Grabitz/Hilf, EU-Kommentar, EL 16, Art. 238 EGV, Rn. 5

619 vgl. H. Schmitt von Sydow, in: G/T/E, Art. 155 EGV, Rn. 27, 46, 49 u.a

620 vgl. bereits E. Schumann, Z.Z.P. 1965, S. 94, Fn. 77

EU-Organ abgeschlossen und abgewickelt werden[621]. Generalanwalt Jacobs äußert Bedenken gegen die Rechtmäßigkeit dieser Praxis[622]. Er beruft sich darauf, daß es sich um eine vom Art. 272 AEUV nicht gedeckte einseitige Festlegung der Zuständigkeit des EuGH handelt. Der Generalanwalt vergleicht aber die Schiedsklausel des Art. 272 AEUV mit ähnlichen Rechtsinstituten des einzelstaatlichen Rechts. Es scheint, als ob er einzelstaatliche Auffassungen über die Wirksamkeitsvoraussetzungen einer Schiedsklausel auf die EU-Rechtsordnung übertragen will. Diese Ansicht ist mit der Rechtsprechung des EuGH in Bezug auf die Rechtsnatur der Schiedsklausel nicht vereinbar: Der EuGH hat judiziert, daß die Wirksamkeit der Schiedsklausel nach *EU-Recht* zu beurteilen ist, das die Voraussetzungen der Begründung der EuGH-Zuständigkeit nach Art. 272 AEUV abschließend festlegt[623]. "Die Zuständigkeit des EU-Richters für die Entscheidung des Rechtsstreits bestimmt sich jedoch allein nach Art. 272 AEUV und der Schiedsklausel, ohne daß ihm Bestimmungen des nationalen Rechts entgegengehalten werden können, die seine Zuständigkeit angeblich ausschließen"[624]. Daraus geht hervor, daß diese Schiedsklausel nicht zwangsläufig denselben Inhalt hat, die selben Rechtmäßigkeitsvoraussetzungen erfüllen und die selbe Bedeutung wie eine Schiedsklausel des mitgliedstaatlichen Rechts haben muß[625]. Art. 272 AEUV ist nicht zu entnehmen, daß die Schiedsklausel unbedingt einvernehmlich in den Vertrag, vor allem in einen EU-Verwaltungsvertrag, eingeführt werden muß. Der Rechtsbegriff "Schiedsklausel" muß genau so wie viele anderen Begriffe im EU-Recht autonom und unter unionsrechtlichem Blinkwinkel ausgelegt werden[626]. Auch wenn man aber an der einvernehmlichen bzw. konsensualen Einfügung der Schiedsklausel festhalten will, ist der Wille des vertragsschließenden EU-Organs wegen seiner tat-

---

621 EuGH Cebag/Kommission, Rs. C-142/91, Slg. 1993, S. I-553, Rn 11-14; zustimmend U. Karpenstein, in: Grabitz/Hilf, EU-Kommentar, Art. 238 EGV, Rn 1; zustimmend H. Krück, in G/T/E, Art. 181 EGV, Rn. 11; ablehnend aber GA Jacobs in der selben Rechtssache Cebag/Kommission, Slg. 1993, S. I-565

622 s. vorige Fn

623 vgl. Smitt/Herzog, Art. 181, 181.05, S. 5-517

624 EuGH Rs. C-209/90, Kommission/Feilhauer, Slg. 1992, S. I-2613; Rs. C- 299/93, Bauer/Kommission, Slg. 1995, S. I-841; vgl. Schlußanträge Generalanwältin Kokott, Rs. Kommission/AMI Semiconductor Belgium u. a., C-294/02, Slg. 2005, I-2175, I-2178, Nr. 56

625 vgl. Smitt/Herzog, Rel. 15-3/88, Art. Ex 181 EGV, Nr. 181.05 (b): "the effectiveness of the clause is to be determined by Community law..."

626 zur autonomen Auslegung von Rechtsbegriffen im EU-Recht und die Ablehnung der Verweisungsmethode s. oben, im Abschnitt über die wertende Rechtsvergleichung

sächlichen Überlegenheit ausschlaggebend und sein potentieller Vertragspartner kann nichts anderes als seine Zustimmung erteilen[627].

Der Einbezug einer Schiedsklausel wäre aber nicht in allen Fällen notwendig und sie könnte sogar zur Belastung des EuGH, zur Verlangsamung der Prozeße bis hin zur Verletzung des unionsrechtlichen Grundsatzes des effektiven Rechtsschutzes führen. Bei Verträgen, die sehr oft vorkommen, die rechtlich unkompliziert sind und über die der EuGH schon viele Rechtsfragen[628] geklärt hat, scheint es nicht zweckmäßig und vielmehr übertrieben zu sein, auf der Einführung einer Schiedsklausel zu beharren. Die Schlichtung der Streitigkeiten aus Alltagsverträgen oder aus gewöhnlichen Privatrechtsverträgen können problemlos den mitgliedstaatlichen Gerichten überlassen werden[629]. Die Einfügung einer Schiedsklausel hat nur dann Sinn, wenn mit dem Abschluß der betreffenden Vereinbarung wichtige EU-Interessen berührt werden[630].

Dennoch scheint es auch im Falle von Hilfsgeschäften des Beschaffungswesens manchmal rechtlich geboten zu sein, das letztinstanzliche Urteil dem EuGH vorzubehalten, zumal es niemals ausgeschlossen werden kann, daß irgendwelche, von vornherein nicht erkennbare Rechtsprobleme auftauchen können, wozu sich der EuGH aus Gründen der Rechtsvereinheitlichung und Wahrung der Rechtssicherheit äußern müsste[631]. Nur wenn es sich um EU-Verwaltungsverträge handelt, die in der Vergangenheit eingehend erörtert und die diesbezüglichen Rechtsfragen vom EuGH größtenteils geklärt worden sind, ist die Befassung der mitgliedstaatlichen Gerichten mit der Schlichtung der entsprechenden Streitigkeiten unproblematisch. In der Regel wird aber eine solche

---

627 vgl. von Bogdandy, in: Grabitz/Hilf, EU-Kommentar, Art. 288 EGV, Rn. 24 "die Unionsorgane wirken auf die Aufnahme der Klausel in die Verträge hin, die nach Art. 238 EGV die Zuständigkeit des EuGH begründet"

628 das entspricht dem heutigen Stand der Entwicklung allerdings nicht

629 vgl. U. Karpenstein,in: Grabitz/Hilf, EU-Kommentar, Art. 238 EGV, Rn 5, der die Vereinbarung einer Schiedsklausel in Fällen, wo sich die gegenseitigen Leistungen auf die Zahlung von Geldbeträgen oder auf fiskalische Hilfsgeschäfte beschränken, für unnötig hält; vgl. z.B. den Mietvertrag in EuG v. 8.5.2007, Rs. T-271/04, Citymo SA/Kommission, Rn. 3 ff.

630 Rengeling/Middecke/Gellermann, § 15, Rn. 482 mit Verweis auf E. Grabitz,in: Grabitz (Hrsg), EWGV-Kommentar, ex. Art. 181, Rn. 2

631 vgl. über die Möglichkeit der Gestaltung eines mehrinstanzlichen Prozeßes, H. Krück, in G/T/E, Art. 181 EGV, Rn 14, der ferner meint, daß solche Regelungen dem Gemeinschaftsrecht nicht fremd sind, da z.B. Artikel 18 Abs. 2 EAG –Vertrag gegen Entscheidungen des in Art. 18 Abs. 1 EAG - Vertrag vorgesehenen Schiedsausschusses beim Gerichtshof ein Rechtsmittel mit aufschiebender Wirkung eingelegt werden kann; zustimmend U. Karpenstein, in: Grabitz/Hilf, EU-Kommentar, Art. 238 EGV, Rn. 13

Konstellation sehr selten vorkommen, zumal es sehr schwer zu erkennen ist, wann alle Rechtsfragen in Bezug auf einen bestimmten Vertragstyp hinreichend geklärt sind.

Gegenwärtig befindet sich die Handlungsform des EU-Verwaltungsvertrages in einem frühen Stadium seiner potentiellen (wissenschaftlichen und praktischen) Entwicklung. Nicht einmal ein EU-Vertragstypus kann als wissenschaftlich erforscht und dogmatisch verfestigt gelten. Das hat in Bezug auf die Ermessensfreiheit der EU-Verwaltung[632], eine Schiedsklausel in EU-Verwaltungsverträge einzuführen, zur Folge, daß der EU-Verwaltung eigentlich kein Ermessen zugesprochen werden darf. Die Tatsache selbst, daß der EU-Verwaltungsvertrag als Handlungsform keine scharfe Konturen gewonnen hat, führt zu einer Ermessensschrumpfung bzw. zu einer Ermessensreduzierung der EU-Verwaltung auf Null[633]. Trotzdem zeigt die Kommissionspraxis eine entgegengerichtete Tendenz in Bezug auf EU-Verwaltungsverträge, die sehr wichtig und neuartig sind. Das beste Beispiel ist ein Vertrag im Rahmen des EU Programmes Leader + [634], das in seinem Art. 25 vorsieht, daß für alle Streitigkeiten zwischen der Kommission und ihrem Vertragspartner, sowie für alle von einer der beiden Parteien geltend gemachten Ansprüchen aus diesem Vertrag, die nicht einvernehmlich geregelt werden konnten, die Gerichte des Mitgliedstaates zuständig sind, in dem der Auftragnehmer seinen Sitz hat[635].

A. Bleckmann scheint am Ende seiner Ausführungen zum Thema Abgrenzung der Zuständigkeit des EuGH von der der mitgliedstaatlichen Gerichte auf die vorstehend vorgeschlagene Lösung implizit hinzudeuten. Er entnimmt dem Rechtsstaatsprinzip, daß die EU-Organe verpflichtet sind, in einen EU-Verwaltungsvertrag eine Schiedsklausel zugunsten des EuGH einzuführen[636]. Es ist nun deutlich, daß er zu seinen vorigen Ausführungen aus denselben Erwägungsgründen getrieben worden ist, die hier zur Annahme einer Ermessensredu-

---

632 insbesondere der Kommission als „Hütterin der Verträge“

633 Vgl. T. v. Danwitz, Europäisches Verwaltungsrecht, S. 366; zum Ermessensspielraum der europäischen Organe im allgemeinen, s. A. Bleckmann, Ermessensfehlerlehre, S. 59 ff.

634 gem. Art. 20 der VO (EG) Nr. 1260/1999 des Rates vom 21. Juni 1999 mit allgemeinen Bestimmungen über die Strukturfonds, ABl. L 161, 26.6.1999, S. 1. und der VO des Rates (EG) Nr. 1257/1999 vom 17. Mai 1999 über die Förderung der Entwicklung des ländlichen Raums durch den Europäischen Ausrichtungs- und Garantiefonds (EAGFL), ABl. L 160, 26.6.1999, S. 80

635 s. Leader+ Beobachtungsstelle für den ländlichen Raum, Vertrag abrufbar im Internet unter: http://europa.eu.int/comm/agriculture/tender/spec_de.pdf (letzter Abruf: März 2002)

636 s. A. Bleckmann, NJW 1978, S. 466

zierung auf Null bezüglich des Einbezugs einer Schiedsklausel geführt haben. Er versucht jedoch nicht weiter zu differenzieren und erklärt nicht, unter welchen Voraussetzungen eine Pflicht der EU-Organe zur Einfügung der Schiedsklausel vorliegt. Er scheint daher von einer allgemeinen und ausnahmslosen Pflicht auszugehen, was aber verfehlt wäre und den Gesetzeszweck der Art. 272 und 274 AEUV mißachten würde, zumal die ratio legis dieser Artikel die Schaffung eines dezentralisierten Rechtschutzsystems nach dem Vorbild der mitgliedstaatlichen Rechtsschutzsysteme im Bereich der Individualverträge der Europäischen Union zur Entlastung der zentralen EU-Gerichte unter gleichzeitiger Beachtung und Wahrung des Rechtsgrundsatzes des effektiven Rechtsschutzes ist.

IV. Materiellrechtliche Notwendigkeit der Unterscheidung

Nach anderer Ansicht erübrigt sich die Unterscheidung zwischen öffentlichrechtlichem und privatrechtlichem Verwaltungsvertrag der Europäischen Union insoweit, als sämtliche (privatrechtliche und öffentlich-rechtliche) Verträge „trotz der Regelung der Art. 272 und 274 AEUV der Gerichtsbarkeit des EuGH unterworfen sind“[637] und die Kontrollmaßstäbe seiner Gültigkeit und seines Inhalts dem EU-Recht zu entnehmen sind[638], da gem. Art. 272 AEUV sämtliche vertragliche Rechtsmaterien in die Zuständigkeit der Europäischen Union fallen[639]. „Der Grund, warum öffentlich-rechtliche Verwaltungsverträge der Überprüfung des EuGH und nicht der Inhaltskontrolle nationaler Gerichte unterstehen, ist nicht in der Rechtsnatur der Verträge zu erblicken, sondern liegt darin, welcher Kontrollmaßstab zur Anwendung kommt und welches Gericht zur Anlegung dieses Kontrollmaßstabes berufen ist.“ „Ausschlaggebend ist nicht das „Etikett“ der Verträge, sondern welcher rechtliche Maßstab für die Beurteilung der Gültigkeit des Vertrages herangezogen werden muß. Soweit es sich um Verträge der Kommission handelt, ist also zu fragen, welche Aufgabe die Europäische Kommission erfüllt und an welchen rechtlichen Kriterien die Rechtmäßigkeit ihres Handelns zu messen ist“[640].

Die Frage, ob alle EU-Verwaltungsverträge trotz der Regelung der Art. 272 und 274 AEUV der Gerichtsbarkeit des EuGH unterworfen sind, wurde vorstehend erörtert. EU-Verwaltungsverträge, die keine Schiedsklausel enthalten,

---

637 W. Spannowsky, Grenzen des Verwaltungshandelns, S. 497 und S. 499; s. auch auf S. 500, 4. Bemerkung

638 W. Spannowsky, Grenzen des Verwaltungshandelns, S. 498

639 W. Spannowsky, Grenzen des Verwaltungshandelns, S. 499

640 W. Spannowsky, Grenzen des Verwaltungshandelns,S. 498

die die Zuständigkeit des Gerichtshofs (EuG, EuGH) begründet, unterstehen der mitgliedstaatlichen Gerichtsbarkeit[641].

Es muß außerdem betont werden, daß die Auffassung, daß sich die Unterscheidung zwischen öffentlich-rechtlichen und privatrechtlichen EU-Verwaltungsverträgen erübrigt, mit dem Wortlaut des Art. 272 AEUV nicht vereinbar ist. Dort werden die Verträge in zwei Kategorien unterteilt. Die Bezeichnung „privatrechtlich“ steht offensichtlich als ein „aliud“ der Bezeichnung „öffentlich-rechtlich“ gegenüber[642]. Es ist nicht nachvollziehbar, wie diese zwei Begriffe entgegen dem Wortlaut des Art. 272 AEUV durch den abstrakten Begriff „EU-rechtlich“ ersetzt werden könnten. Dies wäre nur dann möglich, wenn Art. 272 AEUV lediglich über Verträge der EU mit natürlichen und juristischen Personen sprechen würde, ohne diese Verträge weiter zu qualifizieren.

Die zitierte Meinung wirft weitere Fragen auf: „Ist Art. 272 AEUV von der Zuständigkeit der Europäischen Union für sämtliche vertragliche Rechtsmaterien ausgegangen?“. Wie schon oben dargelegt, vermag Art. 272 AEUV mittelbar die allgemeine Zuständigkeit der Europäischen Union zu begründen, öffentlich-rechtliche und privatrechtliche Verträge abzuschließen[643]. Dennoch umfaßt diese Zuständigkeit nicht die spezielle materielle Zuständigkeit nach dem Prinzip begrenzter Ermächtigung, sondern sie betrifft lediglich die Handlungsform „privatrechtlicher und öffentlicher-rechtlicher Vertrag“ und verleiht der EU die allgemeine Vertragsschließungsbefugnis. Ob die materielle Zuständigkeit bei der Europäischen Union liegt, den Rechtsgehalt jedes einzelnen Vertrages durchzunormieren und zwingende Rechtsvorschriften zu erlassen, beurteilt sich nach jeder einzelnen AEU-Vertragsnorm und dem auf ihrer Grundlage erlassenen Sekundärrecht[644].

Es stellt sich nun die Frage, auf welche Rechtsgrundlage sich die Verabschiedung von zwingenden und dispositiven Rechtsregelungen für einen unionseigenen Mietvertrag stützen läßt. Aus keiner einzelnen Vertragsnorm ergibt sich, daß die Europäische Union dafür zuständig ist, ein eigenes Recht für ihre Miet-

---

641 so der eindeutige Wortlaut der Art. 238 und 240 EGV; s. Einzelheiten dazu oben; so auch die herrschende Meinung der Lehre, vgl. nur von Bogdandy, in: Grabitz/Hilf, EU-Kommentar, EL 17, Art. 288 EGV, Rn. 24 und siehe vorige Ausführungen mit weiteren Verweisen auf das Schrifttum

642 vgl. D. Triantafyllou, Vom Vertrags- zum Gesetzesvorbehalt, S. 292, der von einer vertraglichen Verankerung der Unterscheidung zwischen privat- und öffentlich-rechtlicen Verträgen spricht

643 s. oben

644 Prinzip des begrenzten Ermächtigung, s. oben im Kapitel über die EU-Kompetenzverteilung und den EU-Verwaltungsvertrag

verträge, Bauverträge usw. zu schaffen[645]. Dagegen ergibt sich aus Art. 335 AEUV, daß die Europäische Union insbesondere bewegliches und unbewegliches Vermögen aufgrund ihrer mitgliedstaatlichen Geschäftsfähigkeit in jedem Mitgliedstaat erwerben kann[646]. Aus Art. 335 AEUV folgt also, daß die EU auf das mitgliedstaatliche Recht angewiesen ist, wenn es sich um Verträge handelt, die zur Erwerbung von beweglichem und unbeweglichem Vermögen oder zu ähnlichen Zwecken abgeschlossen werden[647]. Auf jeden Fall kann die EU und ihr Vertragspartner vereinbaren, dass ihr Vertrag dem auf vertragliche Schuldverhältnisse anzuwendende Recht (Rom I) der VO (EG) Nr. 593/2008 unterliegt, das in erster Linie zur Förderung innergemeinschaftlichen Handelns verabschiedet wurde[648].

Das bedeutet auf keinen Fall, daß Art. 335 AEUV der Schaffung von Unionsprivatrecht[649] bzw. der Vereinheitlichung oder Angleichung[650] des zwingenden und/oder dispositiven Rechts entgegensteht, das zur Ergänzung oder Lückenschließung des von den Parteien vereinbarten Regelungsgehalts dieser Verträge herangezogen wird[651]. Die Angleichung bestimmter Teile des Privatrechts

645 unter Mietrecht, Baurecht usw. werden hier nicht die unabdingbaren Rechtsnormen - die leges cogentes – gemeint und die abdingbaren Rechtsnormen, die im Falle, in dem die Parteien keine eigene, einvernehmliche Regelung getroffen haben, anzuwenden sind

646 vgl. D. Triantafyllou, Vom Vertrags- zum Gesetzesvorbehalt, S. 290: „ Diese Auffassung mag durch den Wortlaut des Art. 211 EGV nicht unterstützt werden, der zum Erwerb und Veräußerung von Vermögen ausdrücklich „ermächtigt“

647 auf die Vertragstypen im Einzelnen, die unter ex Art. 282, 1. Satz, 2. Halbsatz EGV subsumiert werden können, kann im Rahmen dieser Untersuchung nicht eingegangen werden

648 vgl. W. Frenz, Handbuch Europarecht, Band 5, S. 509

649 s. zum Begriff des Gemeinschaftsprivatrechts, P.-C. Müller-Graff, in: Ders./M. Zuleeg (Hrsg.), Staat und Wirtschaft in der EG, 1987, S. 27 ff.; Ders., Privatrecht und europäisches Gemeinschaftsrecht, S. 24; Ders., Europäisches Gemeinschaftsrecht und Privatrecht, NJW 1993, S. 13; Ders., in: Ders.(Hrsg.), Gemeinsames Privatrecht in der Europäischen Gemeinschaft, S. 26 f.

650 vgl. P.-C. Müller-Graff, NJW 1993, S. 13; einen guten Überblick über die einzelnen Privatrechtsangleichungs- und vereinheitlichungsgebiete und Rechtsprobleme, die dabei auftauchen, C. Joerges/G. Brüggemeier, Europäisierung des Vertragsrechts und Haftungsrechts, S. 301 ff. (313f.), in: P.-C. Müller-Graff(Hrsg.), Gemeinsames Privatrecht in der Europäischen Gemeinschaft; P.-C. Müller-Graff, in: Ders.(Hrsg.), Gemeinsames Privatrecht in der Europäischen Gemeinschaft, S. 28 ff.

651 obwohl der AEUV keine ausdrückliche Ermächtigung zur Rechtsetzung auf dem Gebiet des Privatrechts im allgemeinen enthält, nimmt die herrschende Meinung an, daß das Privatrecht von der EU-Rechtsetzung nicht ausgenommen ist, vgl. nur P.-C. Müller-Graff, NJW 1993, S. 17; Ders., Privatrecht und europäisches Gemeinschaftsrecht, S. 27

durch Richtlinien kann und ist in erheblichem Maße aufgrund anderer Vertragsnormen erfolgt[652]. Es ist darüber hinaus möglich, auf Grund dieser und anderer Vertragsnormen auch einheitliche Regeln des Privatrechts mit unmittelbarer Anwendbarkeit festzulegen, die in Form von Verordnungen ergehen[653]. Art. 335 AEUV kann nur entnommen werden, daß die Europäische Union nicht über die Rechtsetzungskompetenz verfügt, ihre eigenen Verträge, die unter die Kategorie der Verträge "*insbesondere* zur Erwerbung und Veräußerung beweglichen und unbeweglichen Vermögens" fallen, selbst durchzunormieren.

Es bleibt abzuwarten[654] und ist umstritten[655], ob einer oder mehreren AEUV-Normen die Zuständigkeit der Europäischen Union entnommen werden kann, das ganze Kaufrecht, und nicht nur das Recht für bestimmte Kaufvertragstypen – wie z.B. Verträge zwischen Käufern, die die Eigenschaft des Verbrauchers haben, und Verkäufern, die die Eigenschaft des Gewerbetreibenden besitzen – zu harmonisieren[656]. Darüber hinaus ist umstritten, ob die EU dafür zuständig ist, nicht nur Kaufverträge für bewegliche Sachen, sondern auch für unbewegliche Sachen sowie weitere Verträge, wie Mietverträge, Bauverträge und andere Vertragstypen in allen ihren Zügen zu vergemeinschaften[657]. Das EU-

---

652 insbesondere Art. 44 Abs. 2 lit. g, Art. 83, Art. 94, Art. 95, Art. 153 Abs. 3a EGV; s. gerechtfertigte Kritik von P.-C. Müller-Graff, NJW 1993, S. 22 an die Inanspruchnahme der Richtlinie als Rechtsetzungsform auf dem Gebiet des Privatrechts; s. auch zutreffende Argumente über die Nachteile der Angleichungsmethode durch Richtlinien, Ders, Privatrecht und europäisches Gemeinschaftsrecht, S. 34

653 Auf Grund von ex Art. 83, Art. 95, Art. 308 EGV; vgl. P.-C. Müller-Graff, NJW 1993, S. 14 über die EWIV-Verordnung – VO Nr. 2137/1985 des Rates vom 25.7.1985 über die Schaffung einer Europäischen Wirtschaftlichen Interessenvereinigung, ABlEG 1985 L 199, S. 1 ff.; vgl. auch Ders., Privatrecht und europäisches Gemeinschaftsrecht, der sich für die Bevorzugung der Rechtsetzungsform der Verordnung auf dem Gebiet des Privatrechts äußert

654 so P.-C. Müller-Graff, NJW 1993, S. 14

655 vgl. P.-C. Müller-Graff, NJW 1993, S. 17

656 s. RL 1999/44/EG, ABLEG Nr. L 171, S. 12; für mißbräuchliche Klauseln in Verbraucherverträgen im allgemeinen (also nicht nur in Kaufverträgen), s. RL 93/13/EWG ABlEG Nr. L 95, S. 29; für Verbrauchervertragsabschlüsse im Fernabsatz s. RL 97/7/EG, ABlEG Nr. L 144, S. 19; für Verbraucherverträge als „Haustürgeschäfte" s. RL 85/577/EWG, ABl. 1985, Nr. L 372, S. 31; s. C. Joerges/G. Brüggemeier, in: P.-C. Müller-Graff (Hrsg.), Gemeinsames Privatrecht in der Europäischen Gemeinschaft, S. 322 f.; Europäische Kommission, Communication from the Commission to the Council and the European Parliament on European Contract Law, S. 1 ff.

657 vgl. Autoren, die die Schaffung eines europäischen Zivilgesetzbuches fordern: so bereits W. Tilmann, Zur Entwicklung eines europäischen Zivilrechts, in: FS für Oppenhoff, 1985, S. 495 ff.; Ders., Wirtschaftsrecht, 1986, S. 302 ff.; Ders., in: P.-C. Müller-

Privatrecht ist bisher in „sachgebietlich zerstückelter Form und ohne deutlich erkennbare privatrechtssystematische Gesamtkonzeption" geschaffen worden[658]. Es ist aber möglich, daß infolge der Harmonisierung des Rechts bestimmter Vertragstypen auch zu einer Harmonisierung allgemeiner Vertragsrechtsregeln kommen wird[659]. Die Vergemeinschaftung des ganzen Privatrechts und die Schaffung eines europäischen Zivilgesetzbuches bleibt immer noch ein ehrgeiziges, allerdings sehr integrationsförderliches Projekt der Zukunft[660].

Natürlich werden die Individualverträge der Europäischen Union im Falle der Vereinheitlichung und Vergemeinschaftung des Rechts für diese Vertragstypen einem Recht unterstehen, das dann der EU-Rechtsordnung und nicht mehr den mitgliedstaatlichen Rechtsordnungen eigen sein wird. Im Falle der Vereinheitlichung des Privatrechts wird sogar Art. 335 AEUV zum größten Teil obsolet sein, weil ihm dann nur ein Anwendungsbereich für öffentlich-rechtliche Verträge des mitgliedstaatlichen Rechts zwischen der EU-Verwaltung und den mitgliedstaatlichen Verwaltungen übrig bleiben wird. Das Phänomen, daß einer Vertragsnorm droht, gegenstandslos zu werden, ist dem EU-Recht nicht fremd. Art. 321 AEUV zum Beispiel kann nur in Bezug auf Mitgliedstaaten von Bedeutung sein, die an der Währungsunion nicht teilnehmen[661]. In Bezug auf die übrigen siebzehn Mitgliedstaaten ist er gegenstandslos geworden.

Graff, Gemeinsames Privatrecht in der Europäischen Gemeinschaft, S. 579 f.; a.A. B. Börner, Studien III, S. 24, zitiert nach P.-C. Müller-Graff, Privatrecht und europäisches Gemeinschaftsrecht, S. 37; vgl. P.-C. Müller-Graff, Privatrecht und europäisches Gemeinschaftsrecht, S. 11, der sich fragt, ob nicht ex Art. 94 und 95 EGV als die Rechtsgrundslage für die Kompetenz der Gemeinschaft nicht angesehen werden könnte, das gesamte Privatrecht anzugleichen und auf S. 32 f. das Bestehen einer entsprechenden Gemeinschaftskompetenz im Detail prüft. Letzterer (P.-C. Müller-Graff), Privatrecht und europäisches Gemeinschaftsrecht, S. 35, hält die Schaffung einer EU-Privatrechtsordnung für Rechtsverhältnisse mit grenzüberschreitendem Element für geboten

658 s. P.-C. Müller-Graff, NJW 1993, S. 13 und Kritik darüber auf S. 19-20; Ders., Privatrecht und europäisches Gemeinschaftsrecht, S. 29

659 vgl. P.-C. Müller-Graff, NJW 1993, S. 14

660 Das europäische Parlament hat in seiner Entschließung bereits im Jahre 1989 - ABlEG 1989 Nr. C-158, S. 400 die Forderung nach Vorbereitungsarbeiten zur Schaffung eines europäischen Zivilgesetzbuches geäußert; Die Entschließung wurde durch seinen Beschluß vom 2.5.1994, ABl. 1994, C 205/ S. 457, 518 bekräftigt; s. auch dazu W. Tilmann, NJW 1991, S. 3266; H. Kötz, Gemeineuropäisches Zivilrecht, in: FS K. Zweigert, 1981, S. 481 ff.; Ders., Rechtsvereinheitlichung-Nutzen, Kosten, Methoden, Ziele, RabelsZ 1986, S. 1 ff. (11, 13, 16, Fn. 12); U. Drobnig, Ein Vertragsrecht für Europa, in: FS E. Steindorff, 1990, S. 1141 ff.

661 Schweden, Dänemark, Vereinigtes Königreich

Art. 335 AEUV zeigt also, daß die Zuständigkeit für die rechtsnormative Ausgestaltung der Verträge des Beschaffungswesens noch nicht bei der Europäischen Union, sondern bei den Mitgliedstaaten liegt[662]. Die Europäische Union kann sich natürlich entscheiden, welche Rechtsgeschäfte sie vornehmen will. Ihre Zuständigkeit beschränkt sich also auf den Willensbildungsprozeß der EU-Organe[663]. Für den Bereich ihrer Willensbildung kann die Europäische Union selbst Vorschriften mit Außenwirkung[664] erlassen und eventuell interne Vorschriften ohne Außenwirkung über die ihrerseits gewünschte Ausgestaltung des dispositiven Teils dieser Verträge verabschieden[665]. Auf das anwendbare mitgliedstaatliche ius cogens kann sie jedenfalls keinen Einfluß nehmen.

Es stellt sich nun die Frage, ob Art. 335 AEUV zur Bedienung lediglich privatrechtlicher Vertragsformen des mitgliedstaatlichen Rechts zwingt. In denjenigen Mitgliedstaaten, wo die Rechtsgeschäfte zwischen einer juristischen Person des öffentlichen Rechts und einem Privaten – unbeschadet der Tatsache dass sie in anderen Mitgliedstaaten als Privatrechtsgeschäfte eingestuft werden – dem öffentlichen Recht bzw. dem öffentlichen Verwaltungsvertragsrecht unterstellt sind, könnte theoretisch die Europäische Union auf Grund ihrer „quasi öffentlich-rechtlichen Rechtspersönlichkeit", die sie im innerstaatlichen, nicht vergemeinschafteten Rechtsverkehr der Mitgliedstaaten besitzt, mitgliedstaatliche Verwaltungsverträge abschließen[666]. Es wurde aber oben gezeigt, daß sich die Europäische Union Handlungsformen des mitgliedstaatlichen öffentlichen Rechts nicht bedienen darf[667].

---

662 in diese Richtung auch H.P. Ipsen, Gemeinschaftsrecht, 22/25-27, S. 479

663 vgl. große Ähnlichkeiten zu der Beteiligung der Gemeinschaft im völkerrechtlichen Rechtsverkehr, Simma/Vedder, in: Grabitz/Hilf, EU-Kommentar, EL 14, Art. 281, Rn. 8 f.

664 vgl. Titel IV: Auftragsvergabe, Bestandsverzeichnisse und Rechnungsführung, insbesondere Abschnitt I: Auftragsvergabe für Lieferungen, Bau- und sonstige Leistungen, Käufe, Mieten, Art. 56-64 der ehemaligen Haushaltsordnung vom 21.12.1977, Abl. 1977, L 356 vom 31.12.1977, S. 1 zuletzt geändert durch die VO (EG/EGKS/EAG) Nr. 762/2001 des Rates vom 9.4.2001. Gemäß Art. 143 der Haushaltsordnung ist sie in allen ihren Teilen verbindlich und gilt unmittelbar in jedem Mitgliedstaat; vgl. F. Fugmann, in: M. Dauses (Hrsg.), HdB des EU-WiR, Bd. 1, A II, Rn. 9

665 s. Verdingungsordnungen: Die Verdingungsordnung ist ein internes Dokument der Kommission, welches allgemeine Bestimmungen für die Vergabe von Leistungen und Bauleistungen enthält. Die Verdingungsordnung kann einerseits als "interne Dienstanweisung", die eine gewisse Uniformität der von der Gemeinschaft abgeschlossenen Verträge gewährleisten soll, teils als eine Gesamtheit von allgemeinen Geschäftsbedingungen eingeordnet werden, s. J. Grunwald, in: G/T/E, ex Art. 211, Rn. 23

666 vgl. etwa H. Krück, in: G/T/E, Art. 181 EGV, Rn. 23

667 s. oben und auch M. Schweitzer/W. Hummer, Europarecht, Rn. 721

Aus Art. 335 AEUV kann keine Kompetenz der Europäischen Union zur Schaffung des Vertragsrechts für Rechtsgeschäfte „insbesondere zur Erwerbung und Veräußerung beweglichen und unbeweglichen Vermögens“ erschlossen werden. Zwar könnte man behaupten, daß ihr z.B. das französische, griechische, belgische usw. Recht einen Ermessensspielraum in Bezug auf die Auswahl verwaltungsvertraglicher oder privatvertraglicher Handlungsformen eröffnet, dennoch bedeutet die Selektion einer verwaltungsvertraglichen Handlungsform die Ausübung von Hoheitsgewalt, die in Frankreich, Griechenland usw. der französischen, griechischen usw. Verwaltung zusteht[668]. In Deutschland und Großbritannien u.a. wird den entsprechenden Administrationen ein solches Sonderrecht nicht eingeräumt und die entsprechenden Verträge unterliegen dem Privatrecht. Die Entscheidung über die Bedienung der verwaltungsvertragsrechtlichen oder der privatvertragsrechtlichen Handlungsform innerhalb der französischen, griechischen, spanischen, portugiesischen, belgischen usw. Rechtsordnungen trifft aber ein EU-Organ, das dazu berufen ist, die Grundrechte der Bürger aller Mitgliedstaaten zu wahren, die zugleich Unionsbürger sind. Das EU-Organ, das die Entscheidung über die Handlungsform trifft, ist an den allgemeinen Gleichheitsgrundsatz gebunden und muß diejenige Vertragsform wählen, die ihre Vertragspartner innerhalb der französischen, griechischen, spanischen usw. Rechtsordnung im Vergleich zu ihren Vertragspartnern innerhalb der deutschen, britischen u.a. Rechtsordnung nicht benachteiligt[669]. Das mitgliedstaatliche Privatvertragsrecht ist das einzige zulässige Vertragsrecht, da es von der rechtlichen Gleichstellung der Vertragspartner ausgeht[670].

Die Auffassung, die der zitierte Autor bezüglich der Nichtnotwendigkeit der Differenzierung zwischen öffentlich-rechtlichen und privatrechtlichen EU-Verwaltungsverträgen vertritt, ist zum Teil überzeugend, allerdings nicht was die Erschließung der Zuständigkeit des Gerichtshofs für alle EU-Vertragsrechtstreitigkeiten und die Rechtsetzungszuständigkeit für Verträge des Beschaffungswesens betrifft. Eine Differenzierung zwischen öffentlich-rechtlichen und privatrechtlichen Verträgen auf dem Gebiet des EU-Rechts hat keinen rechtspraktischen Wert, auch wenn in den streitigen Vertrag keine Schiedsklausel eingeführt wurde und für die Beilegung der Streitigkeit insoweit ein mitgliedstaatliches Gericht zuständig ist. Auch wenn ein mitgliedstaatliches Zivilgericht seine Zuständigkeit in Frage stellt, etwa weil es sich seiner Ansicht

668 s. vorige Fn

669 vgl. Art. 109 Abs. 1 ex Haushaltsordnung der EU: „Finanzhilfen unterliegen den Grundsätzen der Transparenz und der Gleichbehandlung.“

670 vgl. P.-C. Müller-Graff, in Ders.(Hrsg.), Gemeinsames Privatrecht in der Europäischen Gemeinschaft, S. 14

nach um eine „öffentlich-rechtliche Rechtsstreitigkeit" handelt, kann bzw. muß es gem. Art. 267 Abs. 1 b AEUV das Vorlageverfahren einleiten. Der Gerichtshof könnte antworten, daß es unerheblich ist, ob der EU-Verwaltungsvertrag dem „Privatrecht" oder dem „öffentlichen Recht" untersteht. Entscheidend ist, daß er auf Grund einer Ermächtigung im Sekundärrecht geschlossen wurde, die ihrerseits in Übereinstimmung mit einer AEUV-Norm erteilt wurde, der kein Verbot für den Vertrag als Vollzugsform entnommen werden kann[671]. Wenn der Vertrag zum Vollzug einer sekundärrechtlichen Bestimmung geschlossen wurde, dann stellt er einen EU-Verwaltungsvertrag dar, dem das EU-Recht zugrundeliegt, das das Primärrecht, das einschlägige Sekundärrecht, die allgemeinen Rechtsgrundsätze des EU-Vertragsrechts, die vereinbarten Vertragsklauseln und im Falle von Lücken das subsidiär für anwendbar erklärte mitgliedstaatliche Privatrecht einschließt[672]. Wenn es sich also um einen EU-Verwaltungsvertrag handelt, dann kann der Gerichtshof ausführen, daß es auf die innerstaatliche Verteilung der Gerichtszuständigkeiten nicht ankommt. Art. 274 i.V.m. Art. 272 AEUV verlangen lediglich, daß die Vertragsstreitigkeiten der Europäischen Union mit einem Individuum von einem einzelstaatlichen Gericht beigelegt werden müssen, das das Unionsrecht gut beherrscht, ohne daß das Gericht besondere Eigenschaften und Merkmale aufweisen muß. Auch wenn sich z.B. ein deutsches Zivilgericht irrtümlicherweise zur Beilegung einer Rechtsstreitigkeit aus einem EU-Verwaltungsvertrag für zuständig erklärt, der nach den Abgrenzungstheorien des deutschen Rechts[673] öffentlich-rechtlicher Natur ist, ist es für die EU-Rechtsordnung nur von Bedeutung, daß das mitgliedstaatliche Zivilgericht die Rechtsstreitigkeit nach EU-Recht beurteilt.

Art. 272 i.V.m. Art. 274 AEUV "verwandeln" die mitgliedstaatlichen Gerichte im Falle von Vertragsstreitigkeiten auf dem Gebiet des direkten externen Vollzugs von EU-Recht in quasi "EU-Gerichte". Alle Zivil- und Verwaltungsgerichte müssen mit dem Unionsrecht vertraut sein und dürfen Vertragsstreitigkeiten zwischen der Europäischen Union und einem Individuum, die dem EU-Recht unterliegen, beilegen. Probleme bei der Auslegung des EU-Vertragsrechts können dank der Möglichkeit bzw. Rechtspflicht zur Einleitung des Vorlageverfahrens gem. Art. 267 AEUV leicht überwunden werden[674].

---

671 s. oben

672 Vgl. EuG v. 17.06.2010, verb. Rs T-428/07 und T-455/07, Centre d'étude et de valorisation des algues SA (CEVA)/Europäische Kommission, Rn. 60; EuG, Rs. T-460/08, Kommission/Acentro Turismo SpA, Rn. 29

673 s. oben im Kapitel über die allgemeine Rechtsgrundsätze

674 vgl. auch oben

Anders geartet ist der Fall, wo der Vertrag zwischen der Europäischen Union und einem Privaten nicht dem EU-Recht unterliegt, weil die EU keine Zuständigkeit zur Regelung des Gegenstandes des Vertrages und somit auch zur Aufstellung vor allem zwingender Vertragsregeln besitzt[675]. Dann unterliegt der Vertrag dem mitgliedstaatlichen Recht und der EuGH wird in seiner Vorabentscheidung das mitgliedstaatliche Gericht darauf hinweisen, daß es den Fall ausschließlich nach nationalem Recht zu beurteilen hat.

Die kritische Frage ist daher nicht, ob ein streitiger Vertrag öffentlichrechltlicher oder privatrechtlicher Natur ist, sondern ob er ein Vertrag des EU- oder aber des mitgliedstaatlichen Rechts ist. Allerdings sind Verträge, die der Kategorie der Verträge „insbesondere zur Erwerbung und Veräußerung beweglichen und unbeweglichen Vermögens" unterfallen, zwangsläufig privatrechtlicher Natur[676].

Einer solchen Auslegung steht aber der Wortlaut des Art. 272 AEUV entgegen, der über öffentlich-rechtliche und privatrechtliche Verträge der Europäischen Union spricht[677]. Andererseits ist die Klärung der Rechtsnatur der Verträge der Europäischen Union für die Unionsbürger aus der Mehrheit der Mitgliedstaaten, in denen das Rechtsschutzsystem gespalten ist, von erheblicher Bedeutung, zumal sie mit der Gefahr der Abweisung ihrer Klagen konfrontiert sind, wenn das mitgliedstaatliche Gericht aufgrund des Grundsatzes der Verfahrensautonomie der Mitgliedstaaten sich für verpflichtet hält, seiner prozeßrechtlich vorgeschriebenen Aufspaltung des Rechtswegs Folge zu leisten.

Die entgegengesetzte Ansicht, die sich unter Berufung auf mitgliedstaatliche Abgrenzungskriterien für die Auseinanderhaltung von öffentlich-rechtlichen und privatrechtlichen Verträgen der Europäischen Union ausspricht, scheint dem Wortlaut des Art. 272 AEUV Rechnung zu tragen und ist zutreffender. Diese Ansicht weist aber darauf hin, daß es auch innerhalb der vergemeinschafteten bzw. EU-erfassten Materien öffentlich-rechtliche und privatrechtliche Verträge der Europäischen Union geben könnte. Es ist charakteristisch, daß viele Vertreter dieser Ansicht sich über die Rechtsnatur von Verträgen, die auf Grund von EU-Rechtsnormen geschlossen werden, nicht einig sind. So charakterisiert E. Klein einen Forschungsauftrag als privatrechtlichen Vertrag[678], womit auch M.

---

675 Das hat aber W. Spannowsky nicht gemeint. Er ist von der Zuständigkeit der EU zur Regelung aller ihrer Vertragsmaterien ausgegangen, s. W. Spannowsky, Grenzen des Verwaltungshandelns, S. 499

676 vgl. M. Schweitzer/W. Hummer, Europarecht, Rn. 719

677 s. oben

678 s. E. Klein, in: Hailbronner/Klein/Magiera/Müller-Graff, EU-HdKomm, 3. Lieferung, Art. 215, Rn. 3, ohne Begründung

Schweitzer/W. Hummer einverstanden sind[679], während U. Karpenstein[680] den gleichen Vertrag als öffentlich-rechtlichen Vertrag bezeichnet. Entsprechendes gilt für Subventionsverträge: U. Karpenstein unf U. Stelkens[681] meinen, daß sie öffentlich-rechtlicher Natur sind, während M. Schweitzer und W. Hummer[682] der Ansicht sind, daß sie privatrechtlicher Natur sind[683].

Ein Forschungsvertrag, für den der Beschluß 1999/65/EG des Rates vom 22.11.1998 (ABl. 1999, L 26/S. 46) teilweise zwingende Vertragsregeln aufgestellt hat und der gem. Art. 12 Abs. 1 und 2 desselben Beschlußes ausgestaltet und abgeschlossen wurde, unterliegt auf alle Fälle dem EU-Recht. Das hat für die vorstehend zitierten Ansichten die folgende Bedeutung: Nach der ersten Ansicht ist dieser Forschungsvertrag ein EU-Privatrechtsvertrag, während er nach der zweiten Ansicht ein EU-Verwaltungsvertrag ist. Nach der ersten Ansicht enthält der vorerwähnte Beschluß und sein Art. 12 Abs. 2 ermächtigt die EU-Organe zur Schöpfung von Eigenprivatvertragsrecht der Europäischen Union, während nach der zweiten Ansicht die selbe Vorschrift die EU-Organe zur Schöpfung von Eigenverwaltungsvertragsrecht ermächtigt. Dennoch enthält der Beschluß zwingende Vorschriften für diese Verträge und sein Art. 12 Abs. 2 ermächtigt zur Schaffung von ergänzendem Vertragsrecht, das lediglich das Verhältnis zwischen der Europäischen Union und einem Privaten und nicht auch das Verhältnis zwischen zwei Privaten regeln könnte. Insofern kann dieser Forschungsvertrag, wenn man die Zuordnungstheorie des deutschen Rechts zugrundelegt, nur noch ein öffentlich-rechtlicher EU-Verwaltungsvertrag sein. Zum selben Ergebnis führt die Anwendung sowohl der Interessentheorie, der service public-Lehre, als auch der Subordinationstheorie und der Theorie über die clauses exorbitantes. Die Verträge der Europäischen Union, die auf Grund einer Ermächtigung in einer Verordnung zur Durchführung von EU-Politiken geschlossen wurden, sind sowohl nach deutschem, als auch nach französischem, griechischem, spanischem, belgischem usw. Verständnis öffentlich-rechtliche

---

679 M. Schweitzer/W. Hummer, Europarecht, Rn. 720, die sogar auf ihren Abschluß aufgrund einer Rechtsnorm im EAGV hinweisen

680 U. Karpenstein, in: Grabitz/Hilf (Hrsg.), EU-Komm, Art. 238 EGV, Rn. 17 mit Hinweis darauf, daß diese Verträge in Ausführung einer bestimmten EU-Politik geschlossen wurden

681 U. Karpenstein, in: Grabitz/Hilf (Hrsg.), EU-Komm, Art. 238 EGV Rn. 17 mit Hinweis darauf, daß wesentliches Merkmal dieser Verträge ihre Zielsetzung zur Verwirklichung einer EU-Politik ist; U. Stelkens, EuZW 2005, S. 299

682 M. Schweitzer/W. Hummer, Europarecht, Rn. 720

683 vgl. auch A. Bleckmann, DVBl. 1981, S. 893, das Subventionsrecht ist nicht eindeutig dem öffentlichen oder privatem Recht zuzuordnen

Verträge[684] und für sie ist die Bezeichnung öffentlich-rechtliche EU-Verwaltungsverträge paßend.

V. Rechtsprechung und Verwaltungspraxis zum EU-Verwaltungsvertragsrecht

1. Privatrechtliche Verträge

Bei privatrechtlichen Verträgen beurteilt das EuG bzw. der EuGH den ihm unterbreiteten Rechtsstreit grundsätzlich nach dem von den Vertragsparteien ausdrücklich oder stillschweigend vereinbarten Recht[685]. Die Vertragsparteien vereinbaren grundsätzlich, daß die betreffende Verdingungsordnung oder sonstige allgemeine Geschäftsbedingungen Bestandteil des Vertrages sind[686]. Die Verdingungsordnung ist ein internes Dokument der Kommission, welches allgemeine Bestimmungen für die Vergabe von Leistungen und Bauleistungen enthält[687]. Die Verdingungsordnung kann einerseits als "interne Dienstanweisung"[688], die eine gewisse Uniformität der von der Europäischen Union abgeschlossenen Verträge gewährleisten soll, teils als eine Gesamtheit von allgemeinen Geschäftsbedingungen eingeordnet werden[689]. In der Praxis wird gewöhnlicherweise ein Exemplar der Verdingungsordnung in den Vertrag als dessen Bestandteil eingefügt, gegebenfalls nach teilweiser Abänderung zur Berücksichtigung des Willens des Vertragspartners oder zur Anpassung an die Besonderheiten des betreffenden Rechtsgeschäftes[690]. Im übrigen bestimmen die Vertragsparteien für die

684 Diese Verträge werden aufgrund einer Verordnung geschlossen, die nur die EG-Organe und nicht jederman anspricht (nach der Zuordnungstheorie), die Verträge dienen dem öffentlichen Interesse (Interessentheorie) und somit auch der Durchführung der in der einschlägigen EG-Vertragsnorm festgelegten services publics=öffentliche Aufgaben der EU.

685 Borchardt, in: Lenz (Hrsg.), EGV-Komm, Art. 238 EGV, Rn. 12 m.w.N.; Lageard, S. 1952, Rn 4; U. Karpenstein,in: Grabitz/Hilf (Hrsg.), EU-Komm, Art. 238 EGV, Rn. 24, 25; Rengeling/Middecke/Gellermann, § 15, Rn. 493; EuGH Pellegrini/Kommission, Rs. 23/1976, Slg. 1976, S. 1807, 1818; EuGH Porta/Kommission, 109/1981, Slg. 1982, S. 2469, 2480; EuGH CO.DE.MI/Kommission, Rs. 318/1981, Slg. 1985, S. 3693, 3711 ff.

686 vgl. U. Karpenstein, in: Grabitz/Hilf, EU-Kommentar, EL 16, Art. 238 EGV, Rn. 24

687 s. Rengeling/Middecke/Gellermann, §15, Rn. 493

688 vgl. die Verwaltungsvorschriften im deutschen Recht

689 J. Grunwald, in: G/T/E, ex Art. 211, Rn. 23

690 J. Grunwald, in: G/T/E, ex Art. 211, Rn. 23

von der Verdingungsordnung nicht gedeckten Vertragsangelegenheiten das auf den Vertrag anwendbare Recht in der großen Mehrheit der Verträge ausdrücklich (soweit ersichtlich ist in allen Verträgen bis jetzt ein mitgliedstaatliches Privatrecht zum Vertragsrecht erklärt worden)[691]. Es steht den Parteien grundsätzlich frei, auf welches Recht sie verweisen wollen[692]. Es kann sich um das Recht eines Mitgliedstaates oder eines Drittstaates handeln[693], um das Völkerrecht (z.B. UN-Kaufrecht), um allgemeine Rechtsgrundsätze oder Billigkeitsgrundsätze handeln[694]. Im Regelfall entscheiden sich die Vertragsparteien zumeist für das Recht desjenigen Mitgliedstaates, in dessen Geltungsbereich der Vertragspartner seine Leistungen zu erbringen hat und in dessen Sprache der Vertrag abgefaßt ist[695].

Nach einer Ansicht ist das Prinzip, daß die Parteien unter gewissen Einschränkungen befugt sind, das anwendbare Recht zu vereinbaren, auf Grund seiner allgemeinen Anerkennung zu einem allgemeinen Prinzip des Unionsrechts geworden[696]. Diese Rechtswahl bereitet in der Praxis der EU-Organe kaum Probleme[697]. Bisweilen kann eine Streitfrage auch ausschließlich auf der Basis des Vertrages ohne weitere Hinzulegung des mitgliedstaatlichen Rechts gelöst werden[698].

Wenn es an einer entsprechenden Vereinbarung in Bezug auf das anwendbare Vertragsrecht fehlt, dann ist zunächst auf die dem Vertrag zugrundeliegende Verdingungsordnung der Europäischen Union, die Vertragsbestandteil ist, zurückzugreifen[699]. Im übrigen gelten für die Ermittlung des anwendbaren Rechts die Grundsätze des IPR[700]. Dies ist ein eher theoretischer Fall, zumal die

691 Rengeling/Middecke/Gellermann, §15, Rn. 492

692 U.Karpenstein, in: Grabitz/Hilf, EU-Komm, Rn. 24; Rengeling/Middecke/Gelermann, §15, Rn. 492

693 Lageard, in: Lenz (Hrsg), EGV-Komm, S. 1952, Rn. 4

694 H. Krück, in: G/T/E, ex Art. 181, Rn. 21; Rengeling/Middecke/Gellermann, §15, Rn. 492

695 so Rengeling/Middecke/Gellermann, §15, Rn. 492

696 so Smitt/Herzog, Rel. 15-3/88, ex Art. 181 EGV, Nr. 181.06

697 U. Karpenstein, in: Grabitz/Hilf, EU-Komm, Rn. 24 unter Verweis auf J. Grunwald, EuR 1984

698 s. Versicherungsvertrag: EuGH, Rs. 23/81; Lageard, S. 1952, Rn 4

699 J. Grunwald, in: G/T/E, ex Art. 211 EGV, Rn. 11, Fn. 39

700 Lageard, S. 1952, Rn 4; Borchardt,in: Lenz(Hrsg.), EGV-Komm, Art. 238 EGV, Rn 12; U. Karpenstein, in: Grabitz/Hilf, EU-Komm, Art. 238 EGV, Rn. 24; so auch R. Geiger, S. 739, Rn 3, der sagt, daß das anwendbare Recht sich aus dem Kollisionsrecht des zuständigen nationalen Gerichts ergibt. Ist der EuGH zur Streitentscheidung zuständig, so ist das Vertragsstatut aufgrund einer ungeschriebenen Regel des EU-Rechts zu ermit-

EU-Organe in ihren Verträgen das anwendbare Recht ausdrücklich vereinbaren wollen[701]. Probleme der Ermittlung des anwendbaren Rechts nach den Regeln des IPR stellen sich daher in der Praxis nicht[702]. Die EU-Organe lassen es zurecht nicht zu, daß das anwendbare Recht schwebend unbestimmt bleibt, da durch eine solche Praxis große Gefahren für die Rechtssicherheit und die ordnungsgemäße Abwicklung ihrer Verträge entstehen würden.

Trotz der klaren Unterteilung der EU-Individualverträge in öffentlichrechtliche und privatrechtliche Verträge gem. Art. 272 AEUV schließt die Kommission Individualverträge ab, ohne sie in die eine oder andere Teilrechtsordnung einzuordnen. In der Praxis der Kommission wurde in der Vergangenheit oft das Recht des Herkunftslandes des Vertragspartners als anwendbares Rechts vereinbart und zwar unabhängig davon, ob der Vertrag öffentlichrechtlicher oder privatrechtlicher Natur war. Ratio dieser Praxis war, dass die Vertragspartner der Kommission sich in ihren eigenen Rechtsordnungen besser auskennen, besser verteidigen können und im Endeffekt nicht benachteiligt werden dürfen, denn die EU-Verwaltung verfügt über einen multinationalen Verwaltungsapparat und juristischen Dienst mit Kenntnissen in allen mitgliedstaatlichen Rechtsordnungen. In der jüngsten Praxis wird über das anwendbare Recht nicht verhandelt, sondern die Kommission bestimmt, dass das belgische Recht für anwendbar erklärt werden muß[703]. Dies ist in der Regel unabdingbare Voraussetzung für den Abschluss des Vertrages und deutet auf das Subordinationsverhältnis zwischen EU-Verwaltung und ihren Vertragspartnern hin, denn die Bestimmung des anwendbaren Rechts erfolgt im Endeffekt von dem mit Hoheitsgewalt ausgestatteten Vertragspartner einseitig. Diese Verwaltungspraxis bringt sehr oft zusätzliche Kosten für die nicht-belgischen Vertragspartner, die regelmäßig auf die juristischen Dienstleistungen von in Brüssel ansässigen internationalen oder belgischen Kanzleien angewiesen sind, um im Falle von Rechtsstreitigkeiten ihre Rechte zur Geltung zu bringen. Diese Praxis der Kommission könnte nach französischem Verständnis als Indiz für das Vorliegen eines öffentlich-rechtlichen EU-Verwaltungsvertrages interpretiert werden.

---

teln. Dieses stellt primär auf den Willen der Vertragsparteien ab, wie er z.B. in der Unterwerfung unter die Verdingungsordnung der Gemeinschaft zum Ausdruck kommen kann

701 vgl. Rengeling/Middecke/Gellermann, §15, Rn. 493; ebenso P. Gilsdorf/P. Oliver, in: G/T/E, ex Art. 215, Rn. 8

702 J. Grunwald, in: G/T/E, ex Art. 211 EGV, Rn. 11, Fn. 39

703 vgl. W. Frenz, Handbuch des Europarechts, Band 5, S. 510: beim Gerichtshof des EU kommt luxemburgisches und bei der EZB deutsches Recht zur Anwendung.

2. Öffentlich-rechtliche Verträge

Die Meinungen hierzu sind geteilt[704]: Viele Autoren vertreten die Ansicht, daß es den Vertragsparteien im Bereich der öffentlich-rechtlichen Verträge auch freisteht, das anwendbare Recht einvernehmlich zu bestimmen, indem sie ausdrücklich oder stillschweigend auf ein mitgliedstaatliches öffentliches Vertragsrecht verweisen[705]. Diese Meinung vertritt auch das EuG im Fall Kommission/IIC Informations-Industrie Consulting GmbH[706]. Die selbe Meinung vertritt auch Generalanwalt Mengozzi in seinen Schlussanträgen im Streitfall Evropaiki Dynamiki/EZB[707] über die Vergabe eines öffentlich-rechtlichen EU-Verwaltungsvertrags und zwar eines IT-Dienstleistungsvertrags[708]. GA Mengozzi begründet aber seine Meinung damit, dass das EU-Verwaltungsvertragsrecht häufig etliche – nach unserer Auffassung – rechtsdogmatisch verfehlte Verweisungen auf das mitgliedstaatliche Recht enthält[709]. Daraus ergeben sich erhebliche Auslegungs- und Anwendungsschwierigkeiten für das Unionsgericht, das sich mit der Einschränkung seiner Prüfungsbefugnis auf die Frage begnügen muß, ob das betroffene Organ bei der Auslegung der nationalen Vorschriften, deren Beachtung bei der Durchführung des Auftrags erforderlich ist, keine schweren und offensichtlichen Fehler begangen hat[710]. GA Mengozzi favorisiert dagegen die vollumfängliche Prüfung der Anwendung des nationalen Rechts durch ein EU-Organ unter Beachtung der mitgliedstaatlichen Rechtsprechung[711]. Dies ist für privatrechtliche Verträge zwar unproblematisch. Für öffentlich-

---

704 vgl. Rengeling/Middecke/Gellermann, §15, Rn. 494

705 U. Karpenstein, in: Grabitz/Hilf, EU-Kommentar, EL 16, Rn. 17; J. Grunwald, EuR 1984, S. 240; Ders., in: G/T/E, ex Art. 211 EGV, Rn. 11 mit unverständlichem Verweis auf A. Bleckmann unter Fn. 42, der ja genau die entgegengesetzte Ansicht vertritt; K. Hailbronner, in: Ders/Klein/Magiera/Müller-Graff, HdKomm-EWGV, ex Art. 181 EWGV, Rn. 6; im Ergebnis so auch Rengeling/Middecke/Gellermann, § 15, Rn. 494, insbesondere, S. 259

706 EuG v. 22.5.2007, Rs. T-500/04, Kommission/IIC Informations-Industrie Consulting GmbH, Rn. 43

707 Schlußanträge Schlussanträge GA Mengozzi v. 27.01.2011, Rs. C-401/09 P, Evropaiki Dynamiki, Rn. 70: „In derartigen Fällen ist es ganz normal, dass das Unionsgericht das anwendbare nationale Recht auslegt, wobei es gegebenenfalls auch die dazu vorliegende nationale Rechtsprechung berücksichtigt"

708 Schlussanträge GA Mengozzi v. 27.01.2011, Rs. C-401/09 P, Evropaiki Dynamiki, Rn. 7

709 Schlussanträge GA Mengozzi, Rn. 64.

710 Ebenda Rn. 67

711 Ebenda. Rn. 73-75

rechtliche EU-Verwaltungsverträge ist diese Ansicht jedoch aus den Gründen, die nachfolgend erläutert werden, abzulehnen.

Nach einem Teil des Schrifttums sind die Lücken des öffentlich-rechtlichen EU-Verwaltungsvertrages ausnahmeweise durch Heranziehung der den Mitgliedstaaten gemeinsamen Rechtsgrundsätze zu schließen, wenn keine Auswahlmöglichkeiten für das anwendbare öffentlich-rechtliche Vertragsrecht bestehen[712]. Die anwendbaren materiellen Regeln sind entsprechend Art. 340 Abs. 2 AEUV den allgemeinen Rechtsgrundsätzen zu entnehmen, die den Rechtsordnungen der Mitgliedstaaten gemeinsam sind[713]. Die Kommission stellt in den besonderen Vertragsbedingungen ihrer EU-Verwaltungsverträge der letzten 9 Jahren klar, dass das anwendbare Recht zwar das EU-Recht ist, im Falle von Regelungslücken wird dies jedoch durch das materielle Recht Belgiens ergänzt[714]. Aus den Gründen, die nachfolgend erläutert werden, ist diese Praxis nicht ohne Weiteres zu begrüßen.

Einer der Autoren, der diese Ansicht vertritt, hat behauptet, daß Generalanwalt Lenz[715] diese Meinung ebenfalls geteilt hat[716]. Dennoch zeigt eine vorsichtigere Lesung der Schlußanträge des Generalanwalts Lenz, daß er so etwas nicht gemeint hatte. Der GA erkennt an, daß der Vertrag in einem EU-rechtlichen Kontext steht[717]. Unter Erwägungsgrund Nr. 22 findet man bahnbrechende Ausführungen. Dort betont der GA, daß der Vertrag ein öffentlich-rechtlicher Subventionsvertrag ist, der der Verwirklichung der Ziele der VO Nr. 1302/78 dient und daher auf erster Linie dem EU-Recht unterliegt. Die Parteien haben aber mangels eines unionsrechtlichen Gesetzestextes bzw. einer „Kodifikation des EU-Rechts" für diese Verträge mit den einzelnen Vertragsklauseln „diese besondere, keineswegs typische Interessenlage regeln wollen"[718]. Diese

712 U. Karpenstein, in: Grabitz/Hilf, EU-Kommentar, EL 16, Art. 238 EGV, Rn. 17 mit unverständlichem Verweis auf A. Bleckmann, der sich - wie schon oben dargestellt - für die ausschließliche Anwendbarkeit des EU-Rechts auf alle öffentlich-rechtliche EU-Verwaltungsverträge ausgedrückt hat; R. Geiger, EGV-Komm, S. 739, Rn. 3; Borchardt,in: Lenz (Hrsg.), EGV-Komm, S. 1777, Rn. 12; differenzierter H. Krück, in: G/T/E, ex Art. 181 EGV, Rn. 23; im Ergebnis ihm zustimmend Rengeling/Middecke/Gellermann, §15, Rn. 494, S. 259

713 R. Geiger, EGV-Komm, S. 739, Rn 3

714 s. z.B. Dienstleistungsvertragsmuster abrufbar im Internet unter: ec.europa.eu/enterprise/newsroom/cf/_getdocument.cfm?doc_id=6811 (letzter Abruf: November 2011)

715 EuGH Feilhauer/Kommission, Rs. C- 209/1990, Slg. 1992 S. 2613 ff.

716 s. U. Karpenstein, in: Grabitz/Hilf, EU-Kommentar, Art. 238 EGV, Rn. 17

717 Erwägungsgrund 18

718 zitiert nach GA Lenz

besondere, keineswegs typische Interessenlage muß offensichtlich in der Besonderheit des in Betracht kommenden Vertrages gesehen werden, als Durchführungshandlungsform einer Verordnung der Kommission zur Verfügung zu stehen. Aus dieser „Besonderheit“ des Vertrages folgt, daß im Rahmen des Art. 14 des Vertrages Vorschriften des deutschen Rechts nicht angewandt werden können, deren Heranziehung mit Wesen und Zielsetzung des Vertrags oder einzelner seiner Vorschriften nicht vereinbar sind, so wie sich letztere aus Wortlaut, Aufbau und Kontext der Regelung ergeben. Das gilt auch für die Vorschriften des BGB, an die mit der Verweisung auf das „deutsche Recht“ mit Sicherheit gedacht war[719].

Der entscheidende Punkt ist der Erwägungsgrund Nr. 25: Da führt der GA Lenz aus, daß er die Frage, ob Art. 14[720] auch auf Vorschriften des deutschen öffentlichen Rechts, insbesondere des Verwaltungsrechts verweist, nicht beantworten wird, da die Beilegung der Streitigkeit es auch nicht anfordert. Dennoch geht er darauf ein, wenn er im Erwägungsgrund Nr. 66 feststellt, daß es keine kodifizierten und damit inhaltlich klaren EU-Regeln über das Recht des öffentlich-rechtlichen Vertrages gibt, die zur Lückenfüllung herangezogen werden könnten. Gleichwohl drohen aber bei Heranziehung des nationalen Rechts wegen des „atypischen Vertragscharakters“ größere Unwägbarkeiten. Es wird somit deutlich, daß der GA Lenz die Heranziehung des nationalen öffentlichen Rechts zur Lückenfüllung eher ablehnt, und zwar mit der Begründung, daß diese Verträge „atypischen Vertragscharakter“ haben, wodurch er zum Ausdruck bringt, daß sie eigentümlich sind. Ihre Eigentümlichkeit kann daran erkannt werden, daß sie der Verwirklichung von EU-Politiken dienen. Aus den Erwägungsgründen Nr. 22 und Nr. 66 ergibt sich also, daß der GA Lenz die Heranziehung des mitgliedstaatlichen Rechts eher ablehnt. Dem kann nicht entgegengehalten werden, daß GA Lenz sich im Erwägungsgrund 75. mit der Zurückweisung der Argumente der Kommission beschäftigt, die vorgebracht hatte, daß das ergänzend anwendbare deutsche Recht ihrer Ansichten stattgibt. Generalanwalt Lenz geht auf die Prüfung des deutschen Rechts ein, weil er ausnahmslos auf alle Argumente der Parteien erwidern wollte.

Er hatte schon zuvor das Argument der Kommission unter Berufung auf das EU-Recht bzw. auf die von der Kommission abschließend in dem *Standardvertrag* niedergelegten Regelungen[721] und die Verordnung, die die Kommission zur „Ausarbeitung eines Standardvertrages ermächtigte, in dem die Rechte und die Pflichten jeder Vertragspartei, insbesondere die Modalitäten einer etwaigen

---

719 so GA Lenz

720 Art. 14 lautet: Das auf den Vertrag anwendbare Recht ist das deutsche Recht

721 s. Erwägungsgrund Nr. 70

Rückzahlung der Unterstützungsbeträge aufgeführt sind“[722], zurückgewiesen. Auch die Kommission hatte ihr Argument vorwiegend auf einen im EU-Recht geltenden, für Rücktritte von öffentlich-rechtlichen Subventionsverträgen aufzufindenden allgemeinen Rechtsgrundsatz gestützt.

GA Lenz geht auf die Untersuchung des deutschen Rechts ein, um zu beweisen, daß, auch wenn das deutsche öffentliche Recht anwendbar wäre, es zu einem die Ansicht der Kommission begünstigenden Ergebnis ebenfalls nicht kommen würde. Die einzige Erklärung, die jemandem dafür einfallen könnte, warum der GA Lenz sich nicht mit der Zurückweisung der Ansicht der Kommission auf Grund des EU-Rechts begnügt, sondern es für nötig hält, ihre Ansicht dazu noch auf Grund des deutschen öffentlichen Rechts zurückzuweisen, ist erstens seine bemerkenswerte Akribie und zweitens seine Furcht, daß manche Richter eventuell der falschen Rechtsauffassung sein würden, daß nicht das EU-Recht, sondern das deutsche öffentliche Recht maßgeblich ist. Er wollte aber alle Richter überzeugen und erschöpfte zu diesem Zweck alle denkbaren Auslegungsvarianten.

In Übereinstimmung mit dem Gedankengang von GA Lenz wird von vielen Autoren die Meinung vertreten, dass auf öffentlich-rechtliche EU-Verwaltungsverträge grundsätzlich das EU-Recht anzuwenden ist. Das anwendbare EU-Recht wird nach dieser Ansicht durch die den mitgliedstaatlichen Rechtsordnungen gemeinsamen Rechtsgrundsätze ergänzt[723].

Wie schon oben gezeigt wurde, dürfen die EU-Organe das mitgliedstaatliche öffentliche Recht nicht anwenden[724]. Die erste Auffassung, die von einem Teil des Schrifttums vertreten wird, kann daher nicht angenommen werden. In diesem Zusammenhang ist noch auf eine Anmerkung einzugehen, die von einem Teil des Schrifttums in Bezug auf die Anwendung des EU-Rechts auf öffentlich-rechtliche EU-Verwaltungsverträge gemacht wurde. Es wurde nämlich kritisiert, daß die “Befürworter des EU-Rechts zwar dessen Anwendung propagieren, jedoch ohne im einzelnen die in Betracht kommenden Vorschriften zu benennen. Dies ist nicht weiter verwunderlich, da ein den Mitgliedstaaten gemeinsames

722 VO (EWG) Nr. 1302/78 des Rates, ABlEWG. 1978 Nr. L 158/ S. 3

723 so E. Grabitz, in: Grabitz (Hrsg.), EWGV, ex. Art. 181 EWGV, Rn. 16; von Bogdandy, in: Grabitz/ Hilf, EU-Kommentar, EL 17, Art. 288 EGV, Rn. 24; A. Bleckmann, NJW 1978, S. 466; Ders., DVBl. 1981, S. 894; Ders.,in: Bleckmann, Europarecht, Rn. 484; W. Spannowsky, S. 497-500; A. Weber, in: M. Schweitzer (Hrsg.), Europäisches Verwaltungsrecht, S. 60; F. Ossenbühl, Staatshaftungsrecht, S. 438; E. Klein, in: Hailbronner/Klein/Magiera/Müller-Graff (Hrsg.), HdKomm zum EUV, EL 3, Art. (ex) 215 EGV, Rn. 4; D. Triantafyllou, Vom Vertrags- zum Gesetzesvorbehalt, S. 292; W. Cremer, in: C. Kalliess/M. Ruffert (Hrsg.) Komm. zu EUV-EGV, Art. 238 EGV, Rn. 9

724 s. oben

oder gar europäisches Vertragsrecht bislang noch nicht besteht"[725]. Diese Kritik richtet sich nicht nur gegen die Auffassung über die ausschließliche Anwendbarkeit des EU-Rechts auf alle öffentlich-rechtliche EU-Verwaltungsverträge, sondern auch gegen die Ansicht über die komplementäre und lückenschließende Funktion des Unionsrechts und der allgemeinen Rechtsgrundsätze. Dieser Meinung kann entgegengehalten werden, daß die von ihr kritisierten Autoren in ihren Abhandlungen und Beiträgen nicht auf alle Rechtsangelegenheiten und –probleme des EU-Verwaltungsvertrages eingehen wollten und könnten, zumal die Entwicklung einer Theorie und einer vollständigen Rechtssystematik für den öffentlich-rechtlichen EU-Verwaltungsvertrag mehrere umfangreiche und eingehende Studien verlangt. Sie haben sich nur auf Teilaspekte konzentriert. Diese Meinung hat ferner übersehen, daß sowohl A. Bleckmann[726], als auch W. Spannowsky[727] bereits Vorschläge zum Inhalt und den anwendbaren Prinzipien auf solche Verträge unter Berufung auf allgemeine Rechtsgrundsätze des EU-Rechts gemacht haben.

Alle kritisierten Autoren haben zumindest den Grundstein für die Eröffnung eines wissenschaftlichen Diskurses sowohl unter den Rechtslehrern als auch zwischen Rechtslehre und Rechtsprechung gelegt. Sie haben die Richtung für die rechtswissenschaftliche Weiterentwicklung des öffentlich-rechtlichen EU-Verwaltungsvertrages gewiesen. Die gegen sie gerichtete Kritik ist nicht gerechtfertigt, zumal ein inhärentes Merkmal des Begriffes Entwicklung die Existenz eines Ausgangspunktes ist. Diesen Ausgangspunkt stellen die kritisierten Auslegungsversuche dar.

Schließlich übersieht die Meinung, die Kritik ausübt, daß es ein Vertragsrecht für die EU-Verwaltungsverträge schon (in unkodifizierter Form) gibt. Zahlreiche Verordnungen ermächtigen nicht nur die Kommission, Verträge zur Durchführung der in ihnen rechtsnormativ geregelten EU-Politiken abzuschliessen und das auf diese Individualverträge anzuwendende Recht in Standardverträgen herauszuarbeiten[728], sondern sie enthalten selbst

725 Rengeling/Middecke/Gellermann, §15, Rn. 494, S. 259

726 s. NJW 1978, S. 464 ff. und DVBl. 1981, S. 889 ff. und neuerdings in seinem Buch: Zur Dogmatik des Allgemeinen Verwaltungsrechts I, S. 339 ff.

727 Grenzen des Verwaltungshandelns durch Verträge und Absprachen, S. 466

728 vgl. nur EuGH Feilhauer/Kommission, Rs. EuGH Feilhauer/Kommission, Rs. C-209/1990, Slg. 1992 S. 2613 ff. und insbesondere Erwägungsgrund Nr. 22 der Schlußanträge des GA Lenz; vgl. Schlußanträge der Generalanwältin Kokott in der Rechtssache Kommission/AMI Semiconductor Belgium u. a., C-294/02, Urteil des Gerichtshofs vom 17. März 2005, Slg. 2005, I-2175, I-2178, Nr. 2 ff.

rechtsnormative, zwingende Vorgaben zum Inhalt dieser Verträge[729]
Der größte Teil des auf die öffentlich-rechtlichen EU-Verwaltungsverträge anwendbaren Rechts ist daher in Verordnungen und in den von der Kommission herausgearbeiteten Standard- bzw. Musterverträgen enthalten. Die Ermächtigungen der Verordnungen können als Ermächtigungen an die Kommission angesehen werden, die allgemeinen Rechtsgrundsätze des EU-Verwaltungsvertragsrechts herauszuarbeiten, sie auf die einzelnen Vertragstypen zuzuschneiden und damit eine allgemeine zukünftige Kodifikation vorzubereiten[730]. Das Unionsverwaltungsverfahrensrecht ist ebenfalls im Rahmen der Entwicklung allgemeiner Grundsätze des Unionsrechts unter vergleichender Berücksichtigung der mitgliedstaatlichen Regelungen durch den EuGH enstanden[731]. Es muß getrennt untersucht werden, ob die Vertragsklauseln der Standard- bzw. Musterverträge rechtsnormative Verbindlichkeit geniessen, oder ob sie erst durch ihre Einfügung in den Vertrag für den Vertragspartner bindend sind. Darauf kann im Rahmen dieser Untersuchung nicht eingegangen werden. Es reicht nur anzumerken, daß diese Vertragsklauseln unverändert in alle Verträge des gleichen Typs mit einbezogen werden, gewöhnlicherweise als kompakte Vertragsanlage. Sie weisen ferner Kontinuität auf, im Sinne, daß sie nicht einmalig sind und sogar von einer inneren Systematik geprägt sind[732]. Im Falle, in dem der ausgewählte Vertragskandidat mit diesen Vertragsklauseln nicht einverstanden ist und über sie verhandeln will, ist der Vertragsabschluß mit ihm in der Regel ausgeschlossen[733]. Diese öffentlich-rechtlichen EU-Verwaltungsverträge und die zu ihrem Abschluß ermächtigenden Rechtsnormen des abgeleiteten EU-Rechts, die normative Vorgaben zum Inhalt der EU-

---

729 vgl. nur Bechluss(EG)1999/65 des Rates vom 22.12.1998, ABl 1999, L 26/ S. 46 und die Durchführungsverordnung (EG) Nr. 996/1999 der Kommission vom 11. Mai 1999, Abl Nr. L 122 vom 12.5.1999, S. 9 ff., die zwingendes Recht für diese Verträge festlegen

730 vgl. insbesondere Art. 12 Abs. 2 des Beschlußes 1999/65/EG des Rates vom 22.12.1998, ABl 1999, L 26/46, wo bestimmt wird, daß sich die Verträge auf den einschlägigen Mustervertrag stützen müssen, den die Kommission im Benehmen mit den Mitgliedstaaten – gegebenfalls unter Berücksichtigung der verschiedenen betroffenen FTE-Tätigkeiten erstellt

731 s. nur T. v. Danwitz, Europäisches Verwaltungsrecht, S. 259

732 Obwohl hier weitere Verträge aus verschiedenen EU-Bereichen als Beispiel angeführt werden könnten, war dies wegen des zu beschränkenden Umfangs der Untersuchung nicht möglich

733 vgl. Art. 12 Abs. 2 des Beschlusses 1999/65/EG des Rates vom 22.12.1998, Abl. 1999, L 26/ S. 46 ff.: “Die Verträge müssen sich auf die einschlägigen Musterverträge stützen”.

Verwaltungsverträge enthalten, sind noch nicht rechtssystematisch untersucht worden. Insofern ist der (öffentlich-rechtliche) EU-Verwaltungsvertrag bis dato lediglich eine Schattenfigur neben den anderen Handlungsinstrumenten der EU-Organe geblieben.

Andererseits ist es richtig, daß es Unterschiede zwischen den mitgliedstaatlichen Verwaltungsvertragsrechten gibt, die aber nicht so ausgeprägt sind. Die Unterschiede scheinen oberflächlich zu sein und eine tiefgreifende Untersuchung zeigt, daß die wertende Rechtsvergleichung zu einer fruchtbaren Synthese der verschiedenen mitgliedstaatlichen Eigenheiten, zu ihrer Anpassung an die Bedürfnisse der EU-Rechtsordnung und letztenendes zur autonomen Schöpfung eines eigenständigen EU-Verwaltungsvertragsrechts führen kann[734].

VI. Die problematische neuere Rechtsprechung

Der Gerichtshof unterscheidet in der neueren Rechtsprechung zwischen öffentlich-rechtlichen Verwaltungsverträgen und privatrechtlichen (Verwaltungs)verträgen nicht, obwohl Art. 272 AEUV eine klare Unterteilung der EU-Individualverträge in öffentlich-rechtliche und privatrechtliche Verträge vorsieht[735]. Eine Ausnahme stellt das Urteil des EuG Kommission/IIC Informations-Industrie Consulting GmbH dar, in dem das EuG den strittigen Verwaltungsvertrag ausdrücklich als öffentlich-rechtlichen Vertrag kennzeichnet, ohne jedoch auf die Unterscheidungsmerkmale eines öffentlich-rechtlichen EU-Verwaltungsvertrags einzugehen[736]. Charakteristisch für die Ignoranz des EuGH ist die Ausführung, dass die Kommission in Vertragsangelegenheiten den für Verträge geltenden Grundsätzen unterworfen ist[737]. „Grundsätzlich verfügt sie in

---

734 vgl. oben und siehe Bemerkungen über die nicht sehr große Unterschiede von A. Bleckmann, Zur Dogmatik, S. 339 ff.

735 Näheres hierzu s. unten

736 EuG v. 22.5.2007, Rs. T-500/04, Kommission/IIC Informations-Industrie Consulting GmbH, Rn. 43

737 Generalanwältin Kokott übersieht den besonderen Charakter des in Frage stehenden Forschungsförderungsvertrags, der öffenltich-rechtlicher Natur ist, in Rs. Kommission/AMI Semiconductor Belgium u. a., C-294/02, Slg. 2005, I-2175, I-2178, wenn sie in Rn. 134 ausführt: „Zu berücksichtigen ist auch der besondere Charakter des Vertrages als Instrument der Forschungsförderung, den die Kommission in der mündlichen Verhandlung – wenn auch in anderem Zusammenhang – besonders herausgestellt hat. Mit der Förderung von Forschung und Entwicklung sind große Risiken verbunden. Gerade weil private Investoren in der Regel nicht bereit sind, diese Risiken zu übernehmen, ist die Unterstützung aus öffentlichen Mitteln erforderlich.“

Die Finanzierung mit öffentlichen Mitteln hätte logischerweise die Begründung weitreichender Überwachungsmöglichkeiten und Gestaltungsrechte zugunsten der Kommisdiesem Rahmen nicht über das Recht, einseitige Handlungen zu erlassen. Demzufolge steht es ihr nicht zu, eine Handlung mit Entscheidungscharakter an den betreffenden Vertragspartner zu richten, damit dieser seine vertraglichen Verpflichtungen finanzieller Art erfüllt, sondern sie muss gegebenfalls beim zu ständigen Gericht eine Zahlungsklage erheben"[738].

Diese Rechtsprechung ist in Bezug auf privatrechtliche Verwaltungsverträge der EU mit Privaten zutreffend. Für die öffentlich-rechtlichen EU-Verwaltungsverträge ist sie jedoch unzutreffend. Das Problem ist jedoch, dass der Gerichtshof und zwar die Generalanwältin Kokott die Existenz öffentlich-rechtlicher EU-Verwaltungsverträge und ihrer Eigenheiten offensichtlich leug-

sion zur Folge, wie sie im französischen Verwaltungsrecht bekannt sind. Die Generalanwältin spricht sich dennoch weiter in ihren Schlußanträgen für den Schutz kleinerer Unternehmen, deren Insolvenzrisiko die Kommission in Kauf nehmen und auf die Rückzahlung nicht vertragsmäßig verwendbarer öffentlicher Mittel verzichten müsse. Die Ansicht der Generalanwältin kann mit dem Verständnis kleiner Unternehmen als Verbraucher in Zusammenhang gebracht werden, die vor der erheblichen Verhandlungs- und Wirtschaftsmacht von Großunternehmen/Produzenten geschützt werden müssen. In diesem Sinne fasst die Generalanwältin irrtümlicherweise die Vertragsmuster der Kommission, die eigentlich u.a. die Funktion der Herausarbeitung und Formulierung von einheitlichem EU-Eigeinverwaltungsvertragsrecht erfüllen (s. dazu eingehend oben), als Allgemeine Geschäftsbedingungen (Nr. 139 ihrer Schlußanträge). Dieses Verständnis ist auf Verwaltungsrechtsverhältnisse nicht analog anwendbar, denn bei Verwaltungsrechtsverhältnissen überwiegt das öffentliche Interesse dem privaten Interesse, es sei denn das öffentliche Interesse fällt mit dem privaten Interesse zusammen (z.B. beim Grundrechtsschutz). Vorformulierte Verwaltungsverträge dienen der Transparenz und Vorhersehbarkeit der Verwaltungstätigkeit und verwirklichen das Gebot der Gleichbehandlung der Bürger, wenn sie mit der Verwaltung Vertragsverhältnisse begründen wollen. Bei Verwaltungsverträgen sind es grundsätzlich der Grundrechtsschutz, das Verhältnismäßigkeitsprinzip und die allgemeinen Verwaltungsrechtsgrundsätze, die der Vorrangstellung der Verwaltung Grenzen setzen und den Vertragspartner schützen und nicht die nur subsidiär anwendbaren Privatrechtsnormen. Wie bereits gezeigt wurde, darf bei öffentlich-rechtlichen EU-Verwaltungsverträgen kein migliedstaatliches Vertragsrecht angewandt werden. Die Vertragsmuster der Kommission enthalten grundsätzlich abschließende Regeln, die keiner Ergänzung durch das nationale Privatvertragsrecht bedürfen. Dies hat die Generalanwältin Kokott praktisch auch bestätigt, indem sie ihre juristische Beurteilung auf die im Vertragsmuster der Kommission enthaltenen Regeln stützen konnte, ohne auf das deutsche Privatvertragsrecht Rückgriff nehmen zu müssen.

738 vgl. Schlussanträge GA Mengozzi v. 27.01.2011, Rs. C-401/09 P, Evropaiki Dynamiki, Rn. 68

nen[739]. Wie die Vertragspraxis der Kommission und die allgemeinen Grundsätze des Unionsrechts zeigen, sind in öffentlich-rechtlichen EU-Verwaltungsverträgen immer einseitige Gestaltungsrechte zugunsten der Kommission vorgesehen, die der typischen Gleichordnung der Vertragspartner in Privatrechtsverhältnissen nicht entsprechen und den „für Verträge geltenden Grundsätzen nicht unterworfen sind". Sie sind clauses exorbitantes du droit commun[740]. Vielmehr darf die Kommission gem. Art. 299 AEUV eine Entscheidung/einen Beschluss z.B. eine Einziehungsanordnung im Falle von Vertragsverletzungen erlassen, die einen Verwaltungsakt und zugleich einen vollstreckbaren Titel darstellt und somit eine von Gesetzes wegen einseitig-hoheitliche Intervention der Verwaltung in das Vertragsverhältnis darstellt[741]. Art. 299 AEUV beschränkt die Beitreibungsbefugnis der Kommission nicht nur auf Ansprüche aus einseitig-hoheitlichen Rechtsakten (Beschlüssen) und eine teleologische Reduktion seines Anwendungsbereichs nur auf Ansprüche aus EU-Verwaltungsakten wäre nicht gerechtfertigt. Zweck dieser Vorschrift ist es, der EU-Verwaltung die Möglichkeit zu geben, die finanziellen Interessen der Union effektiv und unverzüglich zu schützen, damit der Union keine Finanzschäden entstehen, die ihr die Verfolgung ihrer Gemeinwohlziele erschweren könnten. Wenn die EU-Administration nämlich abwarten müsste, bis die Unionsgerichte ein Urteil über strittige Erstattungs- und Rückzahlungsansprüche der Union fällen, um einen vollstreckbaren Titel zu erwirken, dann könnten die Politikmaßnahmen und die Effizienz der Union in Gefahr gebracht werden. Es ist vielmehr offensichtlich, dass die Möglichkeit der Eröffnung der Zwangsvollstreckungsverfahrens gem. Art. 299 AEUV in der Mehrheit der Fälle bei öffentlich-rechtlichen Vertragsansprüchen und nicht bei den viel selteneren Ansprüchen aus einseitig-hoheitlichen Verwaltungsakten praktische Anwendung findet. Der effet-utile der Vorschrift kann daher nur dann entfaltet werden, wenn man annimmt, dass die Ausübung der Beitreibungsbefugnisse des Art. 299 AEUV vorwiegend bei Forderungen aus öffentlich-rechtlichen Verwaltungsverträgen gerechtfertigt ist.

Aus diesem Grunde ist auch die Rechtsauffassung des EuG im Falle Toditec NV/Kommission" verfehlt, in dem das Gericht ausgeführt hat, dass die von den Parteien im Verlauf des Verfahrens unterschiedlich beantwortete Frage, wie der Vertrag einzustufen sei, für die Entscheidung des Rechtsstreits ohne Bedeu-

---

739 vgl. Generalanwältin Kokott, Schlußanträge Rs. Kommission/AMI Semiconductor Belgium u. a., C-294/02, Slg. 2005, I-2175, I-2178, Nr. 168 und Nr. 170

740 s. statt aller U. Stelkens, EuZW 2005, S. 300

741 s. statt aller U. Stelkens, EuZW 2005, S. 300; vgl. EuG, Rs. T-432/93 bis T-434/93, Socurte u. a./Kommission, Slg. 1995, II-503

tung sei. Die Begründung – „wie die Parteien selbst eingeräumt haben, hatten sie nämlich ihre vertraglichen Verpflichtungen ungeachtet der Rechtsnatur des Vertrages zu erfüllen“[742] – ist unreflektiert, da, wie vorstehend gezeigt wurde, die Rechte und Pflichten aus einem privatrechtlichen und einem öffentlichrechtlichen EU-Verwaltungsvertrag erheblich voneinander abweichen können. Der EuGH und seine Generalanwälte scheinen nur von der Existenz von privatrechtlichen EU-Verwaltungsverträgen auszugehen und leugnen den Rechtsakt öffentlich-rechtlicher EU-Verwaltungsvertrag vollkommen, da sie bei Rechtsstreitigkeiten nicht bemüht sind, herauszuarbeiten, welcher Vertragskategorie jeder umstrittene Vertrag zuzuordnen ist, obwohl Art. 272 AEUV die Existenz beider Vertragstypen in der EU-Rechtsordnung vorschreibt. Somit leugnen die Unionsgerichte auch die vorstehend analysierten Eigenheiten des öffentlichrechtlichen EU-Verwaltungsvertrags und deren Bedeutung für die Auslegung und Abwicklung dieses Vertragstyps. Das Problem jedoch, das am meisten schwerwiegen dürfte, ist das die Unionsgerichte mit dieser Rechtsprechung eine im EU-Primärrecht ausdrücklich vorgesehene Rechtshandlungsform praktisch für obsolet erklären, was auf alle Fälle rechtwidrig und äußerst bedenklich ist.

VII. Praktische Bedeutung der Unterscheidung zwischen den zwei Vertragstypen

Die große praktische Bedeutung der Auseinanderhaltung der beiden Vertragsformen besteht darin, daß der Gerichtshof im Falle der Verträge, die dem Art. 335 AEUV unterliegen, stets prüfen muß, ob die vertragsschließenden Parteien nicht die Grenzen überschritten haben, die ihrer Willensfreiheit die zwingenden Rechtsnormen desjenigen mitgliedstaatlichen Vertragsrechts setzen, die die Parteien für anwendbar erklärt haben. Wie schon oben gezeigt, wurde der Europäischen Union noch nicht die Zuständigkeit zugesprochen, das Privatvertragsrecht in seiner Gesamtheit in allen Mitgliedstaaten bzw. auf EU-Ebene einheitlich zu normieren. Daraus ergibt sich, daß die Europäische Union innerhalb des mitgliedstaatlichen Rechtsverkehrs das Privatrecht der Mitgliedstaaten respektieren und ihm Folge leisten muß[743]. Als Privatvertragsrecht der Mitgliedstaaten werden hier die leges cogentes der verschiedenen Zivilgesetzbücher einschließlich anderer noch nicht angeglichenen und/oder vereinheitlichten Spezialrechtsvor-

742 EuG, Rs. T-68/99, Toditec/Kommission, Slg 2001, II-1443, Rn. 77

743 zu manchen groben Unterschieden der mitgliedstaatlichen Privatrechte s.P.-C. Müller-Graff, in: Ders(Hrsg.), Gemeinsames Privatrecht in der Europäischen Gemeinschaft, S. 18

schriften sowie das dispositive Recht verstanden, das im Falle einer fehlenden besonderen Vereinbarung der Vertragpartein und einer bestehenden Regelungslücke, herangezogen werden muß. Für den dispositiven Teil des Privatvertragsrechts der Mitgliedstaaten kann jedoch die Europäische Union durch ihre Vertragspraxis, die auf die Auffindung allgemeiner Rechtsgrundsätze eines europäischen Privatvertragsrechts gerichtet sein muß, eigene EU-privatrechtliche Regeln entwickeln[744]. Solche Regeln findet man bereits in den "Grundregeln des Europäischen Vertragsrechts", die von der Kommission für Europäisches Vertragsrecht herausgearbeitet und überarbeitet worden sind[745]. Ungeachtet dieser Entwicklung innerhalb der EU-Rechtsordnung geht aus der vorangehenden Analyse hervor, daß der Gerichtshof bei Verträgen, deren Abschluß sich auf keine AEU-Vertragsrechtsgrundlage mittelbar stützen läßt, immer prüfen muß, ob die Vertragsklauseln der EU-Privatverträge nicht gegen das zwingende mitgliedstaatliche Vertragsrecht verstößen, das die Parteien für anwendbar erklärt haben.

Beim öffentlich-rechtlichen EU-Verwaltungsvertrag ist die Sache anders. Der Gerichtshof muß als Rechtmäßigkeitsmaßstäbe weder das Privatvertragsrecht noch das öffentliche Vertragsrecht desjenigen Mitgliedstaates heranziehen, dessen Recht die Vertragsparteien auf ihren Vertrag für anwendbar erklärt haben. Das öffentliche Vertragsrecht der Mitgliedstaaten darf, wie schon oben dargelegt, nicht herangezogen werden. Der Verweis auf das Recht eines Mitgliedstaates beschränkt sich beim EU-Verwaltungsvertrag ebenfalls auf das Privatvertragsrecht[746]. Es stellt sich nun die Frage, welchen Sinn der Verweis auf das Privatvertragsrecht hat, zumal auf den (öffentlich-rechtlichen) EU-Verwaltungsvertrag lediglich das EU-recht angewandt wird[747].

Dieser Verweis kann seine Erklärung darin haben, daß das vertragsschließende EU-Organ den Verweis auf das Privatrecht eines Mitgliedstaates in den öffentlich-rechtlichen EU-Verwaltungsvertrag inkorporieren will, um die selben rechtlichen Probleme, insbesondere Abwicklungsprobleme (z.B. Leistungsstörungen) zu überwinden, die die Verwaltungen der Mitgliedstaaten zur Übernahme von (privatrechtlichen) Schuldrechtslösungen als öffentlich-rechtliche Rechtsgrundsätze geführt haben[748]. In vielen Mitgliedstaaten werden auf Grund der unvollständigen Ausgestaltung des öffentlich-rechtlichen Verwaltungsver-

---

744 vgl. J. Grunwald, in: G/T/E, Art. Ex 211 EGV, Rn. 9; s. Vorschläge bei H. Kötz, Europäisches Vertragsrecht, Band. 1, Tübingen 1996; Ole Lando/Hugh Beale, The Principles of European Contract Law, Part. I, 1995

745 http://frontpage.cbs.dk/law/commission_on_european_contract_law/

746 vgl. GA Lenz, Erwägungsgrund 22, EuGH Fidelaar/Kommission, s. oben, S. 97

747 s. oben

748 vgl. deutsches, französisches, griechisches Recht

trages entweder analog oder als Rechtsgrundsätze des Verwaltungsrechts privatrechtliche Vorschriften angewendet. Für die öffentlich-rechtlichen EU-Verwaltungsverträge gilt Entsprechendes: Die Europäische Union hat noch keine speziell auf ihre Verwaltungsverträge zugeschnittenen schuldrechtlichen Vorschriften erlassen. Daher ist sie auf das allgemeine Schuldrecht der Mitgliedstaaten angewiesen. Die Kommission scheint in ihrer Vertragspraxis der hier vertretenen Ansicht zu folgen[749].

Die Kommission bemühl sich in letzter Zeit darum, den Inhalt der EU-Verwaltungsverträge in den jeweiligen Standardverträgen so ausführlich wie möglich zu normieren, so daß es kaum Raum für die komplementäre Anwendung des mitgliedstaatlichen Privatrechts frei bleibt[750].

Der Gerichtshof muß also bei öffentlich-rechtlichen EU-Verwaltungsverträgen nur überprüfen, ob die in ihnen enthaltenen Vertragsklauseln mit den (herauszufindenden) allgemeinen Rechtsgrundsätzen des Verwaltungsvertragsrechts bzw. des Eigenverwaltungsrechts der Europäischen Union vereinbar sind. Der Gerichtshof kann zwar prüfen, ob eine Vertragsklausel, die der Europäischen Union eine gehobene Position im Rahmen des Vertrages zulasten ihres Vertragspartners (s. clauses exorbitantes) mit den allgemeinen Rechtsgrundsätzen des Eigenverwaltungsrechts der Europäischen Union vereinbar ist und insbesondere, ob die EU-Verwaltung in seine Grundrechte in unverhältnismäßiger Weise eingreift, aber aus den Ausführungen des Generalanwalts Lenz im Feilhauer Urteil kann erschlossen werden, daß der Gerichtshof umgekehrt nicht einen Rechtsgrundsatz auffinden und für anwendbar erklären darf, der der Europäischen Union eine noch "vorteilhaftere" Position einräumen würde, als die jenige, die im EU-Verwaltungsvertrag ausdrücklich vorgesehen ist[751].

---

749 vgl. Art. 6 Abs. 1 der allgemeinen Vertragsbedingungen für den Kooperationsforschungsvertrag: „Die Haftung der vertragsschließenden Parteien untereinander für Verluste oder Schäden jeglicher Art, die ihnen bei der Ausführung dieses Vertrages entstehen, wird durch das in Artikel 5 Absatz 1 des Vertrages genannte (mitgliedstaatliche) Gesetz geregelt". Für den Rest der vertraglichen Beziehungen enthält der Standardvertrag eingehende und abschließende Vorschriften, die die Anwendung des mitgliedstaatlichen Rechts ausschliessen

750 vgl. Lageard, S. 1952, Rn 4; vgl. Schlußanträge der Generalanwältin Kokott in der Rechtssache Kommission/AMI Semiconductor Belgium u. a., C-294/02, Urteil des Gerichtshofs vom 17. März 2005, Slg. 2005, I-2175, I-2178, Rn. 8 ff.; vgl. U. Stelkens, EuZW 2005, S. 304

751 vgl. GA Lenz, Erwägungsgrund Nr. 70, Rs. C- 209/1990, Slg. 1992 S. 2613; zum Ziel der allgemeinen Verwaltungsrechtsgrundsätze des EU-Rechts, die Unionsbürger zu schützen, s. J. Schwarze, Der Schutz des Gemeinschaftsbürgers durch allgemeine Verwaltungsrechtsgrundsätze im EG-Recht, in: NJW 1986, S. 1067 ff.

Die Vertragsrechte der Mitgliedstaaten stellen eine Reserve von Lösungen dar, die zur Auffindung dieser allgemeinen Rechtsgrundsätze von Nutzen sein können. Dennoch stellen die verwaltungsvertragsrechtlichen Lösungen der Mitgliedstaaten nicht die äußersten Grenzen der potentiellen Ausgestaltung des EU-Verwaltungsvertrages. Der EU-Verwaltungsvertrag ist ein eigenständiges Rechtsinstitut, das seine eigene Entwicklung erfährt. Die äußersten Grenzen dieser Entwicklung sind die Unionsgrundrechte und die allgemeinen Rechtsprinzipien, die alle EU-Organe binden.

Literaturverzeichnis

Autexier, Christian, Verträge und Absprachen zwischen der Verwaltung und Privaten in Frankreich, Veröffentlichungen der Vereinigung der Deutschen Staatsrechtslehrer 52, Berlin New York 1993, S. 285 ff.

Bar, Christian von/Zimmermann, Reinhard, Grundregeln des Europäischen Vertragsrecht, Teile I und II, Kommission für Europäisches Vertragsrecht, München 2002

Bar, Christian von/Zimmermann, Reinhard, Grundregeln des Europäischen Vertragsrecht, Teil III, Kommission für Europäisches Vertragsrecht, München 2005

Beinhardt, Gerd, Der öffentlichrechtliche Vertrag im deutschen und französischen Recht, Vew.Arch 55 (1964), S. 151 ff.

Becker, Bernd, Zur föderalen Konstruktion des Vollzugs (Verwaltung) in der Bundesrepublik Deutschlad, in den Vereinigten Staaten und in der Europäischen Union, JöR, Bd. 39 (1990), S. 67 ff.

Bernhardt, Wilfried, Verfassungsprinzipien – Verfassungsgerichtsfunktionen – Verfassungsprozeßrecht im EWG-Vertrag, Berlin 1987

Beutler, Bengt/ Bieber, Ronald/ Pipkorn, Jörn/ Streil, Jochen, Die Europäische Union: Recthsordnung und Politik, 4. Auflage, Baden-Baden 1993

Bleckmann, Albert, Die öffentlichrechtlichen Verträge der EWG, Neue Juristen Wochenschrift (NJW) 1978, S. 464 ff.

Ders., Der Verwaltungsvertrag als Handlungsmittel der Europäischen Gemeinschaften, Deutsches Verwaltungsblatt (DVBl.) 1981, S. 889, ff.

Ders., Europarecht, 6. Auflage, Köln-Berlin-Bonn-München 1997 (zit.: Bearbeiter, in: A. Bleckmann, Europarecht)

Ders. Ermessensfehlerlehre, Köln-Berlin-Bonn-München 1997

Ders., Zur Dogmatik des Allgemeinen Verwaltungsrechts I, Die Handlungsmittel der Verwaltung in rechtsvergleichender Sicht, Baden-Baden 1999 (zit.: A. Bleckmann, Zur Dogmatik)

Bleckmann, Albert/ Pieper, Stefan Ulrich, Rechtsetzung und Vollzug des EG-Rechts/ Rechtsquellen, in: Dauses, Manfred (Hrsg.), Handbuch der EU-Wirtschaftsrechts, Bd. 1, B. I, München 2001

Bodandy, Arnim von (Hrsg.), Europäisches Verfassungsrecht, Berlin 2003

Böhm, Reinhard von, Kompetenzauslegung und Kompetenzlücken im Gemeinschaftsrecht, ein Beitrag zur Klärung und Abgrenzung von effet utile, implied powers, resulting powers und Lückenklauseln, Frankfurt a.M.-Bern-New York 1985

Borries, Reimer von, Das Subsidiaritätsprinzip im Recht der Europäischen Union, EuR 1994, S. 263 ff.

Borries, Reinhard von, Verwaltungskompetenzen der Europäischen Gemeinschaft, in: Due, Ole/Lutter, Marcus/Schwarze, Jürgen, FS für Ulricht Everling, Baden-Baden 1995, Bd. 1, S. 127 ff.

Braibant, Guy, Le droit administratif francais, Paris 1992

Ders., Le droit administratif francais, Paris 2005

Bullinger Martin, Vertrag und Verwaltungsakt, Stuttgart 1962

Chapus, René, Droit Administratif Général, Tome 1, 12e édition, 1999

Constantinesco, Léontin-Jean, Das Recht der Europäischen Gemeinschaften, Bd. I- Das institutionelle Recht, Baden-Baden 1977 (zit.: L.-J. Constantinesco, Das institutionelle Recht)

Craig, Paul, Administrative Law, London 1983

Craig, Paul, Administrative Law, London 2008

Danwitz, Thomas von, Die Garantie effektiven Rechtsschutzes im Recht der Europäischen Gemeinschaft, NJW 1993, S. 1108 ff.

Danwitz, Thomas von, Europäisches Verwaltungsrecht, Berlin-Heidelberg 2008

Dauses, Manfred, Handbuch des EU-Wirtschaftsrechts, Loseblattsammlung, 2. Bände, Stand: Mai 2001, Ergänzungslieferung 10., München 2001 (zit,: Bearbeiter, in: M. Dauses (Hrsg.)

Davies, Anne, The Public Law of Government Contracts, Oxford Scholarschip Online 2009

Davies, Anne, 'English Law's Treatment of Government Contracts: The Problem of Wider Public Interests' in J.-B. Auby and M. Freedland (eds),*The Public Law/Private Law Divide: une entente assez cordiale?,* Hart Publishing, London 2006

Drobnig, Ulrich, Conflict of Laws and the European Economic Community, American Journal of Comparative Law 15 (1966-1967), S. 204 ff.

Ehlers, Dirk (Hrsg.), European Fundamental Rights and Freedoms, Berlin 2007

Efstratiou, Pavlos-Michael, Die Bestandskraft des öffentlichrechtlichen Vertrages, Berlin 1988

Erichsen, Hans-Uwe (Hrsg.), Allgemeines Verwaltungsrecht, 11. Auflage, Berlin-New York 1998

Europäische Kommission, Gesamthaushaltsplan der Europäischen Union für das Haushaltsjehr 2002, Brüssel-Luxemburg, Januar 2002

Europäische Kommission, Communication from the Commission to the Council and the European Parliament on European Contract Law, COM (2001) 398 final, Brüssel 2001, abrufbar im Internet unter: frontpage.cbs.dk/law/commission_on_european_contract_law/Recent_Developments.htm

Everling, Ulrich, Elemente eines europäischen Verwaltungsrechts, DVBl. 1983, S. 649 ff.

Foulkes, David, Administrative Law, 7 Auflage 1990

Frenz, Walter, Handbuch Europarecht: Band 1: Europäische Grundfreiheiten, Berlin 2004

Ders., Handbuch Europarecht: Band 4: Europäische Grundrechte, Berlin 2008

Ders., Handbuch Europarecht: Band 5: Wirkungen und Rechtsschutz, Berlin 2010

Fuß, (Hrsg.), Der Beitrag des Gerichtshofs der Europäischen Gemeinschaften zur Verwirklichung des Gemeinsamen Marktes, Baden- Baden, 1981

Geiger, Rudolf, EG-Vertrag: Kommentar zu dem Vertrag zur Gründung der Europäischen Gemeinschaft, 2. Auflage, München 1995

Geiger, Rudolf/Khan, Daniel-Erasmus/Kotzur, Markus, EUV/AEUV: Vertrag über die Europäische Union, Vertrag über die Arbeitsweise der Europäischen Union, München 2010

Grabitz, Eberhard, Europäisches Verwaltungsrecht-Gemeinschaftsrechtliche Grundsätze des Verwaltungsverfahrens, NJW 1989, S. 1776 ff.

Grunwald, Jürgen, Die nicht-völkerrechtlichen Verträge der Europäischen Gemeinschaften, EuR 1984, S. 227 ff.

Grabitz, Eberhard/Hilf, Meinhard, Kommentar zur Europäischen Union, Loseblattsammlung, 4. Ordner, Stand: 18. Ergänzungslieferung, München 2002 (zit.: Bearbeiter, in: Grabitz/Hilf)

Grabitz, Eberhard/Hilf, Meinhard/Nettesheim, Martin, Das Recht der Europäischen Union, Loseblattsammlung, 45. Ergänzungslieferung, München 2011

Groeben, Hans von der/ Thiesing, Jochen/ Ehlermann, Claus-Dieter, Kommentar zum EWG- Vertrag, 4. Auflage, Baden-Baden 1991 (zit.: Bearbeiter, in: G/T/E)

Dies., Kommentar zum EU-/EG-Vertrag, 5. Auflage, Baden-Baden 1997-1999

Groeben, Hans von der/Schwarze, Jürgen, Kommentar zum EU-/EG-Vertrag, Baden-Baden 2003

Grunwald, Jürgen, Die nicht – völkerrechtlichen Verträge der Europäischen Gemeinschaften, EuR 1984, S. 227 ff.

Härtel, Ines, Handbuch Europäische Rechtsetzung, Berlin 2006

Hailbronner, Kay/ Klein, Eckart/ Magiera, Siegfried/ Müller-Graff, Peter-Christian, Handkommentar zum Vertrag über die Europäische Union (EUV/EGV), Loseblattsammlung, Stand: 5. Lieferung, Juni 1996, Köln-Berlin-Bonn-München 1996 (zit.: Bearbeiter, in: Hailbronner/Klein/Magiera/Müller-Graff)

Hilf, Meinhard, Die Organisationsstruktur der Europäischen Gemeinschaften, Berlin-Heidelberg-New York 1982

Hoffmann-Riem, Wolfgang/ Schmidt-Aßmann, Eberhard (Hrsg.), Innovation und Flexibilität des Verwaltungshandelns, Baden-Baden 1994

Ipsen, Hans Peter, Europäisches Gemeinschaftsrecht, Tübingen 1972

Jacoby, Siegrid, Allgemeine Rechtsgrundsätze, Berlin 1997

Jarass, Hans. D, Die Kompetenzverteilung zwischen der EG und den Mitgliedstaaten, AöR Bd. 121 (1996), S. 173 ff.

Kadelbach, Stefan, Allgemeines Verwaltungsrecht unter europäischem Einfluß, Tübingen 1999

Klein E., Die materielle Bedeutung der EMRK für das EG- Recht, in: Grundrechtsschutz in Europa, Berlin 1977, S. 133 ff

Klösters Anton, Kompetenzen der EG-Kommission im innerstaatlichen Vollzug von Gemeinschaftsrecht, Köln-Berlin-Bonn-München 1994

Knack, H.-J. / Busch, J.-D. / Clausen W. / Hennecke, H.-G. / Klappstein, W. / Möllgaard, J., Verwaltungsverfahrensgesetz (VwVfG), Kommentar, 6. Aufl., Köln 1998

Dies., Verwaltungsverfahrensgesetz (VwVfG), Kommentar, 9. Aufl., Köln 2010

Konow, Gerhard, Zum Subsidiaritätsprinzip des Vertrags von Maastricht, DÖV 1993, S. 405 ff.

Kopp, Ferdinand/ Ramsauer, Ulrich, Verwaltungsverfahrensgesetz, 7. Auflage, München 2000

Kraußer, Hans-Peter, Das Prinzip begrenzter Ermächtigung im Gemeinschaftsrecht als Strukturprinzip des EWG-Vertrages, Berlin 1991

Lagrange Maurice, Les pouvoirs de la Haute Autorité et l' application du Traité de Paris, RDP 1961, S. 40 ff.

Larenz, Karl/Canaris, Klaus Wilhelm, Merthodenlehre der Rechtswissenschaft, 3. Auflage, Berlin-Heidelberg-New York

Laubadère, André de, Traité élémentaire de droit administratif, Bd. I, 3. Auflage, Paris 1963

Ders., Traité théorique et pratique des contrats administratifs, 3 Bände, 1. Auflage, Paris 1956-Nachtrag 1959

Laubadère, André de/ Venezia, Jean-Claude/ Gaudement, Yves, Traité de droit administratif, Tome 1, 13e édition, Paris 1994

Lecheler, H., Der Europäische Gerichtshof und die allgemeinen Rechtsgrundsätze, Berlin 1971

Lenz, Carl Otto (Hrsg.), EG-Vertrag, Kommentar zu dem Vertrag zur Gründung der Europäischen Gemeinschaften, Köln/Basel/Wien 1994

Ders./Borchardt, Dieter, EU- und EG-Vertrag, Köln 2006

Lüthje, Uwe, Die Theorie des contrat administratif im französischen Verwaltungsrecht, Hamburg 1964

Markopoulos, Titos, Die Prognoseentscheidung in der europäischen Fusionskontrolle, Baden-Baden 2009

Markopoulos, Titos, Juristische und ökonomische Prognosemethoden und –modelle in der Fusionskontrolle, Frankfurt 2011

Maurer, Hartmut, Allgemeines Verwaltungsrecht, München 2000

Ders., Allgemeines Verwaltungsrecht, München 2004

Merten, Detlef, Subsidiarität als Verfassungsprinzip, in: ders. Die Subsidiarität Europas, 2. Auflage, Berlin 1994, S. 77 ff.

Meessen, Karl Mathias, Zur Theorie allgemeiner Rechtsgrundsätze des Internationales Rechts: Der Nachweis allgemeiner Rechtsgrundsätze des Europäischen Gemeinschaftsrechts, JIR Bd. 17 (1974), S. 283-306

Möller, W., Die Verordnungen der Europäischen Gemeinschaften, JÖR 1969, S. 1 ff.

Müller-Graff, Peter Christian, in: Ders./M. Zuleeg (Hrsg.), Staat und Wirtschaft in der EG, 1987

Ders., Die Rechtsangleichung zur Verwirklichung des Binnenmarktes, EuR 1989, S. 107 ff.

Ders. Privatrecht und europäisches Gemeinschaftsrecht, Baden-Baden 1991, S. 24

Ders., Europäisches Gemeinschaftsrecht und Privatrecht, NJW 1993, S. 13 ff.

Ders., Verfassungsziele der EG/EU, in: Dauses, Manfred (Hrsg.), Handbuch des EU-Wirtschaftsrechts, Band. 1, A. I, Müchen 2001

Nicolaysen, Gerd, Europarecht I, Baden-Baden 1991

Ders., Zur Theorie von den implied powers in den Europäischen Gemeinschaften, EuR 1966, S. 129 ff.

Oppermann, Thomas, Europarecht, München 1999

Ders./Classen, Claus-Dieter/Nettesheim, Martin, Europarecht, München 2010

Pechstein, Matthias, Die Mitgliedstaaten der EG als „Sachwalter des gemeinsamen Interesses“, Baden-Baden 1987

Péquignot, Georges, La théorie générale du contrat administratif, Thése, Pédone, Montpelliert-Paris, 1945

Pescatore, Pierre, Mit der Subsidiarität leben: Gedanken zu einer drohenden Balkanisierung der Europäischen Gemeinschaft, in: Due, Ole/ Lutter, Marcus/ Schwarze, Jürgen (Hrsg.), Festschrift für Ulrich Everling, Baden-Baden 1995, S. 387 ff.

Ders., Referat, in: Grundrechtsschutz in Europa, Berlin 1977, S. 64 ff.

Rengeling, Hans-Werner, Rechtsgrundsätze beim Verwaltungsvollzug des Europäischen Gemeinschaftsrechts, in: Kölner Schriften zum Europarecht (KSE) 27, Köln-Berlin-Bonn-München 1977

Ders., Das Beihilferecht der Europäischen Gemeinschaften, in: Börner Bodo/Bullinger Martin (Hrsg.), Subventionen im Gemeinsamen Markt, Kölner Schriften zum Europarecht (KSE) 32, Köln-Berlin-Bonn-München 1984, S. 23 ff.

Rabe, Hans-Jürgen, Das Verordnungsrecht der Europäischen Wirtschaftsgemeinschaft, Hamburg 1963

Rebmann, Kurt/Säcker, Jürgen, Münchener Kommentar zum Bürgerlichen Gesetzbuch, Band 7, 2. Auflage, München 2000

Rengeling, Hans-Werner/ Middecke Andreas/ Gellermann Martin: Rechtsschutz in der Europäischen Union: Durchsetzung des Gemeinschaftsrechts vor europäischen und deutschen Gerichten, München 1994

Rivero Jean/ Waline Jean, Droit administratif, 17e édition, Paris 1998

Rüfner, Wolfgang, Formen öffentlicher Verwaltung im Bereich der Wirtschaft. Untersuchungen zum Problem der leistenden Verwaltung, Berlin 1967

Scheuing, Dieter H., Europarechtliche Impulse für innovative Ansätze im deutschen Verwaltungsrecht, in: Hoffmann-Riem, Wolfgang / Schmidt-

Aßmann, Eberhard (Hrsg.), Innovation und Flexibilität des Verwaltungshandelns, Baden-Baden 1994, S. 289 ff.

Schlüter, Bernhard, Die innerstaatliche Rechtsstellung der internationalen Organisationen unter besonderer Berücksichtigung der Rechtslage in der Bundesrepublik Deutschland, Köln 1972

Schmidt-Aßmann, Eberhard, Deutsches und Europäisches Verwaltungsrecht, DVBl. 1993, S. 924 ff.

Schumann, Ekkerhard, Das Verhältnis des deutschen Richters zum Gerichtshof der Europäischen Gemeinschaften, Z.Z.P. 78 (1965), S. 77 ff.

Schreiber, Stefanie, Verwaltungskompetenzen der Europäischen Gemeinschaft, Baden-Baden 1997

Schwarze, Jürgen, Die Befugnis zur Abstraktion im europäischen Gemeinschaftsrecht: Eine Untersuchung zur Rechtsprechung des Europäischen Gerichtshofs, Baden-Baden 1976

Ders. Europäisches Verwaltungsrecht, 2 Bände, Baden-Baden 1988

Ders., Europäisches Verwaltungsrecht, Baden-Baden 2005

Ders. Kompetenzverteilung in der EU, DVBl. 1995, S. 1265 ff.

Ders./P.-C. Müller-Graff (Hrsg.) Das öffentliche Auftragswesen in der EG, EuR-Beiheft, Bader-Baden 1996

Schwarze, Jürgen/ Becker, Ulrich/ Pollack, Christiane, Die Implementation von Gemeinschaftsrecht: Untersuchungen zur Gesetzgebungs- und Verwaltungspolitik der Europäischen Gemeinschaft und ihrer Mitgliedstaaten, Baden-Baden 1993

Schweitzer Michael, Die Verwaltung der Europäischen Gemeinschaften, DV 1984, S. 137 ff.

Ders.(Hrsg.), Europäisches Verwaltungsrecht, Wien 1991

Schweitzer, Michael/ Hummer, Waldemar, Europarecht, 5. Auflage, Berlin 1996

Seeler, Hans-Joachim, Die Legitimation des hoheitlichen Handelns der Europäischen Gemeinschaft/Europäischen Union, EuR 1998, S. 721

Seidel M., Die Direkt- oder Drittwirkung von Richtlinien des Gemeinschaftsrechts, NJW 1985, S. 517 ff., 522

Smitt, Hans/ Herzog, Peter E., The Law of the European Economic Community – A commentary on the EEC Treaty, Loseblattsammlung, 6. Bände, Stand: November 1995, Matthew Bender 1995

Spannowsky, Willy, Grenzen des Verwaltungshandelns durch Verträge und Absprachen, Berlin 1994

Σπηλιωτόπουλος, Επαμεινώνδας (Spiliotopoulos, Epameinondas), Εγχειρίδιο Διοικητικού Δικαίου I (Enheiridio Dioikitikou Dikaiou I), 7. Auflage, Athen 1996

Spannowksy, Willy, Verwaltungshandeln durch Verträge und Absprachen, Tübingen 1994

Stelkens, Ulrich, Probleme des Europäischen Verwaltungsvertrags nach dem Vertrag zur Gründung einer Europäischen Gemeinschaft und dem Vertrag über eine Verfassung für Europa, EuZW 2005, S. 299 ff.

Stettner, Rupert, Rechtsetzung und Vollzug des EG-Rechts/ Verwaltungsvollzug in: Dauses, Manfred (Hrsg.), Handbuch des EU-Wirtschaftsrechts, Band 1, B. III, München 2001

Streinz, Rudolf, Der Einfluß des Europäischen Verwaltungsrechts auf das Verwaltungsrecht der Mitgliedstaaten, in: Schweitzer, Michael (Hrsg.), Europäisches Verwaltungsrecht, Wien 1991, S. 241 ff.

Ders., in: Isensee/Kirchhof, Handbuch des Staatsrechts, Band VII

Terhechte, Jörg Philipp (Hrsg.), Verwaltungsrecht der Europäischen Union, Baden-Baden 2011

Thomy. Patricia, Individualrechtsschutz durch das Vorabentscheidungsverfahren, Baden-Baden 2009

Triantafyllou, Dimitris, Vom Vertrags- zum Gesetzesvorbehalt: Ein Beitrag zum positiven Rechtmäßigkeitsprinzip in der EG, Baden-Baden 1996

Weber, Albrecht, in: Schweitzer, Michael (Hrsg.), Europäisches Verwaltungsrecht, Wien 1991, S. 60

Zuleeg, Manfred, Das Recht der Europäischen Gemeinschaften im innerstaatlichen Bereich, Kölner Schriften zum Europarecht (KSE) 9, Köln-Berlin-Bonn-München 1969

Ders., Vorbehaltene Kompetenzen der Mitgliedstaaten der EG auf dem Gebiete des Umweltschutzes, NVwZ 1987, S. 280 ff.

Ders. Betrachtungen zum Gleichheitssatz im Europäischen Gemeinschaftsrecht, in FS für Bodo Börner, Köln 1992, S. 473 ff.